공개경쟁·경력경쟁 임용시험 대비

청원경찰

한국사

PREFACE

청원경찰은 국가기관 또는 공공단체. 국내 주재 외국기관 등의 장이나 중요 시설 또는 사업장의 경영자가 그 소요경비를 부담하고 경찰관의 배치를 신청하는 경우 그 기관·시설 또는 사업장에 배치하는 경찰로 관할 경찰서장의 감독을 받아 그 경비구역만의 경비를 목적으로 필요한 범위에서 경찰관의 직무를 수행한다.

출입금지구역 및 금연구역, 휴대금지물품 등을 통제하고 규칙위반자를 경고 및 추방하며, 도난, 폭력, 규칙위반 또는 기타 불법적인 행위를 예방하기 위해 건물이나 산업체·산업체의 작업현장 등을 정기적으로 순찰한다.

본서는 청원경찰 필기시험 과목 중 하나인 한국사에 대한 핵심이론을 체계적으로 정리하고 이를 바탕으로 출제가 예상되는 문제를 수록하여, 이를 통해 이론에 대한 빠른 학습과 문제를 통한 응용학습이 가능하도록 하였다. 또한 각 문제마다 상세한 해설을 담아 보다 효율적인 학습을 할 수 있도록 하였다.

신념을 가지고 도전하는 사람은 반드시 그 꿈을 이룰 수 있습니다.
도서출판 서원각은 수험생이 합격이라는 꿈을 이룰 수 있도록 열심히 응원하고 있습니다.

INFORMATION

■ 응시자격

① 응시결격사유 : 「국가공무원법」 제33조(결격사유) 및 「청원경찰법」 제10조의6(당연퇴직) 제3호에 해당되거나, 기타 법령에 의하여 응시자격을 정지당한 자는 응시할 수 없음

> 「국가공무원법」 제33조(결격사유)
> 다음의 어느 하나에 해당하는 자는 공무원으로 임용될 수 없다.
> 1. 피성년후견인
> 2. 파산선고를 받고 복권되지 아니한 자
> 3. 금고 이상의 실형을 선고받고 그 집행이 종료되거나 집행을 받지 아니하기로 확정된 후 5년이 지나지 아니한 자
> 4. 금고 이상의 형을 선고받고 그 집행유예 기간이 끝난 날부터 2년이 지나지 아니한 자
> 5. 금고 이상의 형의 선고유예를 받은 경우에 그 선고유예 기간 중에 있는 자
> 6. 법원의 판결 또는 다른 법률에 따라 자격이 상실되거나 정지된 자
> 6의2. 공무원으로 재직기간 중 직무와 관련하여 「형법」 제355조 및 제356조에 규정된 죄를 범한 자로서 300만 원 이상의 벌금형을 선고받고 그 형이 확정된 후 2년이 지나지 아니한 자
> 6의3. 「성폭력범죄의 처벌 등에 관한 특례법」 제2조에 규정된 죄를 범한 사람으로서 100만 원 이상의 벌금형을 선고받고 그 형이 확정된 후 3년이 지나지 아니한 사람
> 6의4. 미성년자에 대한 다음의 어느 하나에 해당하는 죄를 저질러 파면·해임되거나 형 또는 치료감호를 선고받아 그 형 또는 치료감호가 확정된 사람(집행유예를 선고받은 후 그 집행유예기간이 경과한 사람을 포함)
>   가. 「성폭력범죄의 처벌 등에 관한 특례법」 제2조에 따른 성폭력범죄
>   나. 「아동·청소년의 성보호에 관한 법률」 제2조제2호에 따른 아동·청소년대상 성범죄
> 7. 징계로 파면처분을 받은 때부터 5년이 지나지 아니한 자
> 8. 징계로 해임처분을 받은 때부터 3년이 지나지 아니한 자
>
> 「청원경찰법」 제10조의6(당연퇴직) 제3호
> 3. 나이가 60세가 되었을 때. 다만, 그 날이 1월부터 6월 사이에 있으면 6월 30일에, 7월부터 12월 사이에 있으면 12월 31일에 각각 당연 퇴직된다.

② 거주지 제한(다음 ㉠과 ㉡의 요건 중 어느 하나를 충족하면 응시가능)
  ㉠ 2021년 1월 1일 이전부터 최종시험(면접시험)일까지 계속하여 주민등록상 주소지 또는 국내거소신고(재외국민에 한함)가 응시지역으로 되어 있는 자
    ※ 위 기간 중 주민등록의 말소 및 거주불명으로 등록된 사실이 없어야 함
  ㉡ 2021년 1월 1일 이전까지 주민등록상 주소지 또는 국내거소신고(재외국민에 한함)가 응시지역으로 되어 있었던 기간을 모두 합산하여 총 3년 이상인 자
    ※ 주민등록의 말소 및 거주불명으로 등록된 기가은 제외함
    ※ 행정구역의 통·폐합 등으로 주민등록상 시·군·구의 변경이 있는 경우 현재 행정구역을 기준으로 하며, 과거 거주사실의 합산은 연속하지 않더라도 총거주한 기간을 월 단위로 계산하여 36개월 이상이면 충족함
    ※ 거주지 요건의 확인은 개인별주민등록표를 기준으로 함

③ 응시연령 : 18세 이상자

④ 성별 : 남자(군복무를 마쳤거나 면제된 자에 한함)

⑤ 신체조건(청원경찰법 시행규칙 제4조)
  • 신체가 건강하고 팔다리가 완전할 것

- 시력(교정시력을 포함)은 양쪽 눈이 각각 0.8 이상일 것
- 주간 및 야간 교대 근무가 가능하여야 함
  ※ 응시자는 신제조건 등을 반드시 확인하고 응시하여야 한다.

■ 시험과목
- 필기시험과목은 자체출제로 각 시·도마다 상이하므로 반드시 각 시행계획 공고문을 참고하여야 한다.
- 일반적인 시험과목으로는 한국사, 민간경비론(청원경찰법 포함) 또는 일반상식을 포함하는 경우가 대부분이며, 제주도의 경우에는 한국사, 사회를 시행한다.

■ 시험방법
① 제1차 시험 – 선택형 필기시험
- 매 과목별 만점의 40퍼센트 이상 득점자 중에서 고득점자순으로 선발예정인원의 1.5배수 범위 내에서 합격자를 선정하고 동점자가 있을 때에는 1.5배수를 초과하여 합격자 결정 가능
- 필기시험 성적은 자치단체 통합 인터넷원서접수센터 본인에 한하여 확인할 수 있음(전화 확인불가)

② 제2차 시험 – 서류전형
- 응시자격 요건의 가산특전 해당여부 등 심사
- 서류전형은 필기시험 합격자에 한해 응시자격, 가산점 적용 등의 적합여부를 서면으로 심사

③ 제3차 시험 – 체력시험
- 경찰(순경)채용 체력시험 준용 – 경찰공무원 임용령 시행규칙 별표5의2 참고
- 합격자 결정 : 각 종목을 합산한 만점(30점) 중 40퍼센트(12점) 이상 득점자를 합격자로 결정. 단, 평가종목 중 1종목 이상 1점을 받은 경우 불합격으로 함

④ 제4차 시험 – 면접시험
- 평가요소 및 평가점수
  - 청원경찰로서의 정신자세(20점)
  - 전문지식과 그 응용능력(20점)
  - 의사표현의 정확성과 논리성(20점)
  - 예의품행과 성실성(20점)
  - 창의력·의지력 및 발전가능성(20점)
- 합격자 결정 : 총점의 40퍼센트(40점) 이상 득점자를 합격자로 결정. 단, 면접위원 과반수가 2개 이상의 평가요소에 대하여 40퍼센트(8점) 미만의 점수를 평정하거나 면접위원 과반수가 동일한 평가요소에 대하여 40퍼센트(8점) 미만의 점수를 평정한 경우에는 불합격으로 함

⑤ 최종합격자 결정
- 면접시험 합격자 중에서 시험단계별 점수를 100점 만점 기준으로 환산해 필기시험 성적 50퍼센트, 체력시험 성적 25퍼센트, 면접시험 성적 25퍼센트의 비율로 합산한 성적(소수점 셋째자리 이하 절사)의 고득점자순으로 선발예정인원 범위 안에서 최종합격자를 결정함
- 선발예정인원을 초과하여 동점자가 있는 경우 필기시험 성적이 우수한 자, 체력시험 성적이 우수한 자 순으로 합격자를 결정함

STRUCTURE

❶ 고구려의 건국과 성장

(1) 고구려의 건국(B.C. 37)

① 부여 출신의 주몽이 이끈 이주민이 압록강

② 국내성 천도 … 유리왕 때 압록강 중류의 국내

(2) 고구려의 성장

① 태조왕(1세기 후반) … 중앙 집권 국가의 기틀
확립, 계루부 고씨의 왕위 독점 세습

❷ 고국천왕(2세기 후반) … 부족적 성격의
대법 실시

…는 국경 지역에 천리장성을 축조

…를 구실로 당의 고구려 침략→양만춘 장군

군 퇴각(645)

✍TIP

남북 세력과 동서 세력의 대립

6세기 말~7세기 초, 한반도에서는 한강유역을 차지한 신라를 견
하고 있었다(여·제 동맹). 이 당시 동북아시아에서는 '돌궐·고
북 세력과 신라·수·(당)'를 연결하는 동서 세력 간 대립 구도가

물리친 고구려

…력동력 : 강한 군사력, 요동 지방의 풍부한 철, 평
…통로로 활용하여 적을 공격하는 전술
…초지와 모든 군수물자와 식량 등을 없애 적군을 지치게
…반도 전체를 보호함

❶ 고대의 정치활동

❶ 고구려의 건국과 성장

(1) 고구려의 건국(B.C. 37)

① 부여 출신의 주몽이 이끈 이주민이 압록강 유역의 토착민과 함께 졸본 지방에서 건국

② 국내성 천도 … 유리왕 때 압록강 중류의 국내성으로 천도

(2) 고구려의 성장

① 태조왕(1세기 후반) … 중앙 집권 국가의 기틀 마련, 옥저와 동예 정복, 요동 지방으로 진출, 5부 체제 확립, 계루부 고씨의 왕위 독점 세습

② 고국천왕(2세기 후반) … 부족적 성격의 5부→행정 구역 성격의 5부로 개편, 부자 상속제 확립, 진 대법 실시

③ 미천왕(4세기 초반) … 대동강 유역 확보(낙랑군 몰아냄), 요동 지역으로 세력 확대(서안평 점령)

④ 고국원왕(4세기 중반) … 전연의 침입, 백제 근초고왕의 공격으로 전사→국가적 위기

⑤ 소수림왕(4세기 후반) … 불교 수용, 율령 반포, 태학 설립→중앙 집권 체제 강화

(3) 고구려의 전성기

① 광개토 대왕의 영토 확장

㉠ 백제를 공격하여 한강 이북 차지, 신라에 침입한 왜 격퇴(호우명 그릇의 기록)

㉡ 거란, 후연 격파해 요동 반도 차지, 만주 대부분 차지함→광개토 대왕릉비(장수왕이 광개토 대왕의 업적을 기록하여 세움)

㉢ '영락' 연호 사용, 스스로를 '성왕·태왕'으로 부르게 함

② 장수왕의 남진 정책

㉠ 대외교류 : 중국의 남북조와 각각 교류하면서 고구려의 안정을 꾀함

㉡ 평양성 천도(427) : 국내성→평양성, 백제와 신라가 이에 대항하기 위해 나·제동맹 체결

㉢ 남진정책 : 백제를 공격하여 한성함락, 한강 유역 차지→한반도 중부 지방까지 진출

㉣ 중원고구려비 : 장수왕의 업적을 기록, 고구려의 한강 유역 진출을 보여줌

❶ 핵심이론정리

한국사에 대한 필수적인 내용만을 정리하여 수록하였다. 출제가 예상되는 핵심적인 내용만을 학습함으로써 단기간에 학습효율을 높일 수 있다.

❷ Tip

추가적으로 알아두어야 하는 내용들을 보기 쉽게 별도의 요소로 구성하여 학습의 효율성을 높였다.

핵심 예상 문제

01 다음 시가 쓰인 시기의 역사적 사실로 옳은 것은?

> 신묘한 계책은 천문을 꿰뚫어 볼 만하고
> 기묘한 방략은 지리를 통달하였소.
> 싸워서 이긴 공이 이미 높으니
> 족함을 알거든 그치기를 바라노라.

① 을파소를 재상에 임명하여 왕권을 강화하였다.
② 수나라 문제의 선공격으로 여수전쟁이 시작되었다.
③ 내물왕의 요청으로 신라에 침입한 왜구를 격퇴하였다.
④ 수나라는 멸망하였고 고구려도 국력의 소모로 쇠락하였다.

✓ **정답 및 해설**

01. 자료는 고구려의 을지문덕이 살수대첩을 치르기 전에 적장이었던 수나라의 우중문에게 보낸 시이다. 살수대첩은 612년에 고구려가 중국 수나라의 군대를 살수(지금의 청천강)에서 크게 격파한 싸움이다.
① 을파소를 재상에 임명하여 왕권을 강화하려고 한 때는 고국천왕 때이다.(2C)
② 고구려가 말갈군과 함께 영주(요서지방)를 먼저 공격하였다. 이에 수 문제의 30만 대군의 침공을 받게 되면서 4차에 걸친 여수전쟁이 시작되었다.(598년)
③ 내물왕의 요청으로 신라에 침입한 왜구를 격퇴한 때는 광개토대왕 때이다.(5C)

▶정답 … 01.④

❸ 핵심예상문제

기출문제를 분석하여 실제 출제유형과 가장 유사한 예상문제들만 엄선하여 수록하였다.

❹ 상세한 해설

매 문제마다 상세한 해설을 달아 문제풀이만으로도 개념학습이 가능하도록 하였다. 문제풀이와 함께 이론정리를 함으로써 완벽하게 학습할 수 있다.

CONTENTS

01 PART

선사시대 문화와
국가의 형성

01 우리나라의 선사시대

① 구석기 시대

(1) 시기

약 70만 년 전

(2) 도구

뗀석기(사냥도구 − 찍개 · 찌르개, 조리도구 − 긁개 · 밀개, 주먹도끼, 뼈도구)

① **전기** … 큰 석기 한 개를 여러 가지 용도로 사용

② **중기** … 큰 몸돌에서 떼어 낸 돌조각인 격지들로 석기를 만듦

③ **후기** … 돌날격지, 슴베찌르개, 이음도구

(3) 생활모습

① **경제** … 채집, 사냥, 어로

② **주거** … 동굴, 바위그늘, 강가의 막집 등에서의 이동 생활

③ **사회** … 평등 사회

(4) 종교와 예술

① 시체 매장

② 동굴 벽화

③ 다산과 풍요를 기원함

(5) 유적지

① 경기 연천 전곡리

② 평남 상원 검은모루 동굴

③ 충북 단양 금굴

④ 충남 공주 석장리

구석기 시대의 유적지

❷ 신석기 시대

(1) 시기

기원전 8,000년경 시작

(2) 도구

① 간석기 ··· 사용 목적에 따라 돌을 갈아서 사용

② 토기 ··· 음식을 조리하거나 식량을 저장(빗살무늬 토기, 이른 민무늬 토기, 덧무늬 토기, 갈돌과 갈판)

(3) 생활모습

① 경제 ··· 신석기 혁명

　　㉠ 농경과 목축을 통해 정착 생활의 시작

　　㉡ 조 · 피 · 기장 등의 곡물 재배

② 주거 ··· 움집 거주, 정착 생활

③ 사회

　　㉠ 씨족 간의 통합으로 부족 형성

　　㉡ 평등 사회 ··· 지배와 피지배의 개념이 형성되지 않음

신석기 시대의 유적지

(4) 종교와 예술

① 애니미즘 ··· 태양, 바위, 나무 등 자연에 영혼이 존재한다고 생각하는 신앙

② 토테미즘 ··· 특정 동물이나 식물이 자기 부족과 관련이 있다고 믿으며 숭배하는 신앙

③ 샤머니즘 ··· 무당과 주술을 통해 영혼이나 하늘과 연결된다고 믿는 신앙

(5) 유적지(주로 강가나 바닷가에 분포)

① 서울 암사동

② 부산 동삼동

③ 양양 오산리

④ 경남 김해 등

핵심 예상 문제

01 다음 유적을 남긴 사람들에 대한 설명으로 옳지 <u>않은</u> 것은?

> 이 시대의 집터는 강이나 바닷가에서 많이 발견된다. 대표적인 형태는 바닥을 둥글게 파고 나무로 기둥을 세워 지붕을 덮었으며, 햇빛을 많이 받는 남쪽에 출입문을 두었다. 대체로 4명 정도가 살 수 있는 크기였다.

① 농경과 목축을 시작하였다.
② 울주와 고령에 바위그림을 남겼다.
③ 계급이 없는 평등사회를 이루었다.
④ 씨족회의에서 중대한 일을 만장일치로 결정하였다.

정답 및 해설

01. 제시된 자료는 움집에 대한 설명이다. 움집은 신석기 시대의 대표적인 주거양식이다. 울주와 고령의 바위그림은 청동기 시대의 유적이다.

▶정답 … 01.②

02 다음 유물이 만들어진 시대의 상황으로 옳은 것을 〈보기〉에서 고르면?

∥보 기∥

㉠ 문을 남쪽으로 내고 문 옆에 구덩이를 파서 곡식이나 도구를 저장했다.

㉡ 씨족회의에서 중대한 일을 만장일치로 결정하였다.

㉢ 많은 취락들이 구릉에 위치하고 여러 가지 방어 시설이 만들어졌다.

㉣ 생산 활동에서 남성의 역할이 커지면서, 남성 중심의 사회로 변화하였다.

① ㉠, ㉡

② ㉠, ㉢

③ ㉡, ㉢

④ ㉡, ㉣

 **정답 및 해설**

02. 제시된 유물은 신석기 시대의 조개껍데기 가면과 가락바퀴이다.

　㉢ 취락들이 구릉에 위치하고 계급전쟁으로 인한 방어 시설이 만들어진 시기는 청동기이다. 신석기 취락은 강 주변에 위치한다.

　㉣ 신석기는 모계 중심 사회이며 청동기가 부계 중심 사회이다.

▶ 정답 … 02.①

03 철기시대 이후의 사회모습을 바르게 설명한 것으로 옳은 것을 <u>모두</u> 고른 것은?

> ㉠ 가벼운 무기의 제작으로 정복사업이 활발하게 전개되었다.
> ㉡ 세형 동검으로 군장의 세력을 과시하였다.
> ㉢ 청동기 및 철기로 말의 안장을 만들었다.
> ㉣ 철제 농기구의 보급으로 생산량이 증가하였다.
> ㉤ 지배와 피지배 계급이 발생하였다.

① ㉠, ㉡

② ㉠, ㉡, ㉢, ㉣

③ ㉠, ㉢, ㉤

④ ㉠, ㉢, ㉣, ㉤

04 자료의 (가)에 들어갈 내용으로 옳은 것은?

> ◎ 가상박물관
> ▶유물개관
> 김해 조개더미에서 왕망전, 탄화미가 출토되어 당시의 활발한 교역, 벼농사의 발달을 알려주고, 성산에서는 야철지의 발견으로 철이 수출되었음을 알 수 있다. 이 시기에는 _____ (가)
> _____

① 계급이 없는 평등한 생활을 영위하였다.

② 가락바퀴를 이용하여 옷을 만들기 시작하였다.

③ 자연물에 정령이 있다고 믿는 애니미즘이 등장하였다.

④ 잉여생산물을 둘러싼 교역이 활발하여 연맹국가로 발전하는 기반이 되었다.

◉ **정답 및 해설**

03. ㉤ 지배와 피지배 계급이 발생한 시기는 청동기 시대이다.
청동기 시대에는 여성은 주로 집안일을, 남성은 농경과 전쟁 등 외부 일을 맡게 되어 신석기 시대의 모계중심 사회가 붕괴되었다. 또한 잉여생산물의 축적과 사적소유로 인하여 빈부의 차이와 노예가 발생하였다. 청동·철제 무기의 사용으로 정복전쟁이 활발히 일어나 계급사회가 출현하게 되었고, 이 때 권력과 경제력을 가진 지배자를 군장이라 칭하였는데, 군장은 북부지역에서부터 등장하였다.
철기 시대에 철제농기구를 사용하여 농업생산력이 급증하였으며 청동기 시대에 사용했던 비파형 동검은 세형동검으로 변화하였으며 잉여생산물을 둘러싼 교역이 활발해지면서 문화적 접촉도 확대되어 결국 초기국가(연맹국가)로 발전하게 되었다.

04. 철기 시대에는 본격적으로 벼농사가 이뤄졌으며 철제 농기구를 사용했다.
① 구석기 시대이며, ②, ③는 신석기 시대의 특징이다.

▶ 정답 … 03.② 04.④

05 ㈎에서 ㈏시대로 바뀌면서 나타난 현상으로 옳은 것은?

시대	주거 위치	주거 형태	출토유물
㈎	동굴, 바위그늘	막집	무먹토기, 찍개, 긁개, 밀개
㈏	강가, 바닷가	움집	가락바퀴, 빗살무늬 토기

① 군장이 정치와 종교를 주관하였다.
② 천군이 지배하는 소도를 신성시하였다.
③ 계급이 형성되고 정복전쟁이 강화되었다.
④ 태양이나 물 등의 자연물에 정령이 있다고 믿었다.

 정답 및 해설

05. ㈎는 구석기 시대이고 ㈏는 신석기 시대이다.

　신석기 시대에는 태양이나 물, 자연물에 정령이 있다고 믿는 ④ 애니미즘과 함께 샤머니즘, 토테미즘이 존재했다. ①, ②는 철기 시대이며 ③은 청동기 시대의 특징이다.

※ 신석기의 원시 신앙
 • 애니미즘 : 농경과 정착생활에 접어들면서 자연의 섭리를 중요하게 여겨 특히 농사에 관계되는 해, 구름 비 등과 같은 자연현상과 산, 하천 같은 자연물에 정령이 있다고 믿었는데, 그 중에서 태양과 물에 대한 숭배가 으뜸이었다. 정령신앙의 대표적인 삼신숭배는 천신, 지신, 조상신을 말한다.
 • 샤머니즘 : 인간과 영혼 또는 하늘을 연결시켜 주는 존재인 무당과 그 주술을 믿는 신앙으로 고조선의 단군이나 삼한의 천군, 신라의 차차웅이 이러한 역할을 했다.
 • 토테미즘 : 자기 부족의 기원을 특정 동·식물과 연결시켜 그것을 숭배하는 신앙으로서, 단군 신화의 곰·호랑이, 박혁거세의 말, 석탈해의 까치, 김알지의 닭, 동명왕의 개구리를 숭배하는 사상이 이에 해당한다.

▶ 정답 … 05.④

⊖2 국가의 형성

① 고조선과 청동기 문화

(1) 시기

기원전 2,000년부터

(2) 도구

① 청동기 … 금속 무기의 등장(비파형 동검, 거친무늬 거울)

② 석기 … 반달 돌칼, 홈자귀

③ 토기 … 미송리식 토기, 민무늬 토기, 붉은 간토기

(3) 생활모습

① 경제 … 벼농사 시작, 조·피·보리 등도 여전히 재배

② 주거 … 강 주변 야산이나 구릉지대의 움집(직사각형이나 원형)에 거주

③ 사회
  ㉠ 계급 사회의 성립 : 농업 생산력 증대 → 잉여 생산물과 사유 재산 등장 → 빈부의 격차 발생 → 계급 사회 성립
  ㉡ 군장의 등장 : 제정일치 사회

(4) 종교와 예술

① 선민사상

② 사후세계를 믿어서 고인돌, 돌널무덤 등 제작

(5) 유적지

① 충남 부여 송국리

② 전남 순천 대곡리

③ 평북 의주 미송리

(6) 고조선

① 청동기 문화를 바탕으로 단군왕검이 기원전 2333년에 건국

② 건국 설화 … 환인과 환웅의 후손(선민사상), 곰 부족을 숭배하고 호랑이 부족은 연합에서 배제(토테미즘), 농사에 필요한 비, 바람, 구름을 주관(농경 중시)

③ 건국 이념 … 홍익인간(널리 인간을 이롭게 한다.) → 민족의 자긍심을 일깨워줌

④ 변천과정 … 중국의 연과 대립으로 쇠퇴 → 철기 도입 → 위만조선 건국(기원전 194년) → 철기와 중계무역으로 성장 → 한의 침입으로 멸망

⑤ 의의 … 민족사의 유구성과 독자성

TIP

고조선의 8조의 법
ㄱ 사람을 죽인 자는 즉시 죽인다. → 생명과 노동력 중시
ㄴ 남에게 상처를 입힌 자는 곡물로써 갚는다. → 사유 재산 인정, 농경 사회
ㄷ 도둑질한 자는 그 집의 노비로 삼는다. 단, 노비를 면하고자 할 때에는 많은 돈을 내야 한다. → 사유 재산 인정, 계급 사회, 화폐 사용
ㄹ 8조의 법은 현재 중국의 「한서지리지」를 통해 전해지고 있다.

❷ 철기의 사용과 여러 나라의 등장

(1) 철기의 사용

① 철제 농기구 사용 … 농업 생산량과 인구 증가,

② 철제 무기 사용 … 주변 부족을 정복하거나 연합하며 국가로 발전

③ 명도전, 반량전, 오수전(화폐) 등을 통해 중국과 교류

(2) 철기 시대의 사회

① 무덤 … 널무덤, 독무덤

② 토기 … 민무늬 토기, 덧띠 토기, 검은 간토기 사용

(3) 여러 나라의 등장

① 부여
ㄱ 정치 : 5부족 연맹 왕국, 왕 아래 마가 · 우가 · 저가 · 구가 등이 사출도를 다스림
ㄴ 경제 : 밭농사와 목축
ㄷ 풍속 : 순장, 엄격한 법률, 흰옷을 즐겨 입음, 우제점복(소의 굽으로 점을 침)
ㄹ 제천행사 : 영고(12월)

② 고구려

    ㉠ **정치** : 5부족 연맹 왕국, 왕 밑에 대가들이 각자의 지역을 통치

    ㉡ **경제** : 산간 지역이라 농토 부족, 적극적인 대외 정복 활동

    ㉢ **풍속** : 무예 숭상, 사냥과 씨름 대회, 서옥제(데릴사위제)의 결혼 풍습

    ㉣ **제천행사** : 동맹(10월)

 TIP

부여와 고구려의 공통점

    ㉠ 부여족의 자손으로 5부족연맹체를 이루었다.

    ㉡ 군장과 관리의 명칭에 가(加)와 사자(使者)가 있다.

    ㉢ 하호가 생산을 담당하였다.

    ㉣ 1책 12법이 행하여졌다.

    ㉤ 우제점법(점복)이 행하여졌다.

③ 옥저와 동예

    ㉠ **옥저** : 해산물 풍부, 농경 발달, 고구려의 지배를 받음(어물, 삼베 등을 바침), 민며느리제

    ㉡ **동예** : 단궁(활), 과하마(작은 말), 반어피(바다표범 가죽) 등의 특산물이 유명

    ㉢ **풍속**

      • 책화 : 다른 읍락의 경계를 침범할 경우 노비나 소, 말 등으로 보상

      • 족외혼 : 같은 씨족끼리 혼인하지 않음

    ㉣ **제천행사** : 동예 – 무천(10월)

 TIP

옥저와 동예의 공통점

    ㉠ 변방에 치우쳐 있어 선진 문화의 수용이 늦었으며, 일찍부터 고구려의 압력을 받아 크게 성장하지 못하였다.

    ㉡ 고구려에 **공납**을 바쳤다.

    ㉢ 각 읍락에는 읍군, 삼로라는 군장이 자기 부족을 다스렸다(큰 정치 세력을 형성하지는 못함).

④ 삼한 … 마한 · 진한 · 변한

    ㉠ **정치** : 군장(신지, 읍차 등)이 다스림

    ㉡ **경제** : 벼농사를 중심으로 한 농업 발달, 저수지 풍부, 변한은 철이 풍부해 낙랑 · 왜 등에 수출, 철을 화폐처럼 사용함

    ㉢ **풍속** : 천군(제사장)이 소도라는 특별 구역에서 제천 행사 주관

    ㉣ **제천행사** : 계절제(5월, 10월)

TIP

삼한의 천군과 소도

삼한에는 제사장인 천군이 있었다. 천군은 소도를 지배하며 농경과 종교에 관한 의식을 주관하였다. 소도에는 군장의 세력이 미치지 못하며, 죄인이라도 그곳에 숨으면 잡지 못하였는데, 이를 통해 삼한이 제정 분리 사회였음을 알 수 있다.

각 나라별 특징					
구분	부여	고구려	옥저	동예	삼한
위치	송화강 (장춘, 농안)	압록강 (졸본, 국내성)	함흥평야	함경도 강원도	한반도 남부
성격	• 중국과 우호 • 부여족의 종주국	중국과 대립		씨족적 성격	고조선 유이민+토착민의 결합(78개 연맹)
정치	• 5부족 연맹체 • 마, 우, 저, 구가 • 사출도, 대사자, 사자	• 5부족 연맹체 • 고추가, 상가 • 사자, 조의, 선인	• 삼로, 읍군 (왕없음) • 군장국가		• 진왕(마한왕) : 목지국 • 대족장 : 신지, 견지 • 소족장 : 읍차, 부례
경제	• 반농반목 • 말, 주옥, 모피	• 부경(창고) • 맥궁	• 해산물 • 오곡, 어, 염	• 방직(누에) • 단궁, 과하마, 반어피	• 수전농업(저수지) • 벼농사, 철(변한)
제천 행사	영고(12월)	동맹(10월)		무천(10월)	• 수릿날(5월) • 계절제(10월)

풍속	• 순장
	• 1책12법
	• 흰옷 숭상
	• 형사취수
	• 은력사용
	• 왕권약화
	• 일부다처제
	• 점복(우제점법)
		• 서옥제(데릴사위)
		• 점복(우제점법)
		• 1책12법
		• 국동대혈
		• 왕권약화
			• 민며느리제
			• 가족 공동묘
			• 골장제(곽),
			  세골장,
			  두벌묻기
				• 족외혼
				• 책화
				  (폐쇄 경제)
				• 범 토템
				• '凸 呂자형 집
				  터
				• 잡혼
					• 소도(제정분리)
					• 두레
					• 반움집, 귀틀집

핵심 예상 문제

01 다음의 건국설화를 통해 알 수 있는 사실로 옳지 <u>않은</u> 것은?

> • 고구려 : 금와왕은 유화를 방에 가두었다. 방 안에 햇빛이 비치고 유화가 태기가 있어 큰 알
> 을 낳았는데, 그가 주몽이다. 주몽은 부여를 떠나 고구려를 건국하였다.
> • 백제 : 백제의 시조 온조는 주몽의 아들인데, 부여에서 유리가 오자 고구려를 떠나서 한강
> 유역에서 백제를 건국하였다.
> • 신라 : 우물곁에 큰 알이 있었는데, 깨어 보니 어린 아이가 있어 여섯 마을 사람들이 기이하
> 게 여겨 길러서 왕으로 삼았다.

① 같은 계통의 사람이 삼국을 건국했음을 알 수 있다.
② 난생설화는 왕권의 신성함을 강조하려는 것이었다.
③ 고구려는 부여 계통의 주몽이 건국했음을 알 수 있다.
④ 신라는 여러 세력이 연합하여 이루어진 나라임을 보여준다.

정답 및 해설

01. 백제의 건국 세력은 부여족 계통의 고구려 유민이지만 신라와는 관계가 없다. 신라 건국 설화에서 6촌 촌장들의
추대를 받고 왕위에 오른 박혁거세가 신라를 세웠다고 기록하고 있다. 이는 신라가 씨족사회가 연합하여 세운
나라임을 알려준다. 고대 시조의 탄생설화에서 난생설화가 공통적으로 나타나는데, 이는 시조의 탄생을 신비롭게
묘사함으로써 왕권의 신성함을 강조하려는 목적을 갖고 있다.

▶ 정답 … 01.①

02 다음과 관련된 나라에 대한 설명으로 옳은 것은?

> 큰 산이 많고 골이 깊으며 평야가 없다. 사람들은 산골짜기에 살며 산골물을 마신다. 좋은 농토가 없어 애써서 경작하나 식구들의 식생활에 부족하다. 그 나라 사람들은 성미가 사납고 성급하며 노략질하기를 좋아한다. 그 나라 안의 대가(大家, 부족장)들은 농사를 짓지 않으며 좌식자(坐食者, 일하지 않는 자)가 만여 명이나 된다. 하호(下戶, 평민)는 식량과 고기와 소금을 멀리서 져다 이들에게 공급하고 있다. 10월에 하늘에 제사지낸다.
>
> － 「삼국지 위지 동이전」 －

① 엄격한 족외혼과 책화의 풍습이 있었다.

② 철(凸)자형과 여(呂)자형 집터는 이 나라의 주거문화를 보여준다.

③ B.C. 37년 동가강 졸본지역에 거주하던 맥족에 의해 건국되었다.

④ 왕이 없고 읍락마다 스스로 삼로라고 하는 군장이 다스렸다.

 **정답 및 해설**

02. 제시된 자료는 고구려에 대한 설명이다.
①, ②는 동예에 대한 설명이며, ④는 옥저·동예에 대한 설명이다.

▶ 정답 … 02.③

03 다음 문화적 특징이 나타나는 나라에 대한 설명으로 옳지 <u>않은</u> 것은?

> 천군이라는 종교지배자가 지배하는 신성지역으로 긴 나무를 세우고 청동방울을 달아 표시하였다. 신·구 문화의 충돌과 갈등 완화의 기능을 하였으며 제정이 분리된 사회였음을 알 수 있다. 솟대의 높은 나무나 무당의 어깨춤은 하늘로 비상하려는 염원을 담은 것이고 삼박자의 무당노래는 천지인의 합일을 상징한다.

① 김제 벽골제, 밀양 수산제 등의 저수지를 축조하였다.
② 두레의 풍습은 신석기 씨족사회의 공동체적 전통을 보여준다.
③ 이 나라의 토기는 일본의 스에키 토기에 직접적인 영향을 미쳤다.
④ 움무덤과 돌곽무덤이 있었으며 장례 시 큰 새의 날개를 사용하였다.

04 다음과 같이 고대 사회의 발전 과정을 나타냈을 때 각 과정에 대한 설명으로 옳은 것은?

> (가)   (나)   (다)
> 군장국가 → 연맹왕국 → 중앙 집권 국가

① (가)의 단계에서 멸망한 국가는 부여이다.
② (나)는 왕위 세습제가 확립되고 부족장들이 중앙 귀족화하였다.
③ 가야는 (나)의 단계에서 벗어나 (다)의 형태를 이루었다.
④ 태조왕, 고이왕, 내물왕은 모두 (다)를 형성한 왕이다.

✅ **정답 및 해설**

03. 삼한에 대한 설명이다. 삼한은 기원전 2세기 말에 고조선이 위만에 망하자, 유이민의 대거 남하로 철기문화가 보급되어 토착문화와 결합되면서 진국이 처음으로 발전하였다. 이 과정에서 마한, 진한, 변한의 연맹체로 분리되었다. 또한 벼농사가 발달하였으며 제정이 분리되었다.
③ 일본의 스에키 토기에 직접적인 영향을 미친 나라는 가야이다.

04. ① 부여는 연맹왕국 단계에서 멸망하였으며, ② 중앙 집권 국가에서 왕위 세습제가 확립되었다.
③ 가야는 (나)의 단계에 머물렀다.

▶ 정답 … 03.③ 04.④

05 밑줄 그은 '왕'을 알아보는 탐구 활동으로 가장 적절한 것은?

> 거북 머리 모양의 구지봉은 왕의 탄생과 관련된 곳이다. 원래 9촌의 장이 있어서 각 촌을 다스리다가, 왕이 나와서 9촌을 통일하였다고 한다. 백제와 신라의 분쟁으로 인해 발전하지 못하고 532년 법흥왕에게 점령되었다.

① 삼국유사의 가락국기를 찾아본다.
② 동맹과 서옥제에 대해서 조사한다.
③ 천마총에서 출토된 유물을 조사한다.
④ 철자형 집터와 여자형 집터를 살펴본다.

 정답 및 해설

05. 가야 김수로 왕에 대해 묻고 있다. 가야는 중앙집권적인 고대국가로 발전하지 못하고 연맹국가 단계에서 백제와 신라의 침공으로 정치적 불안에 시달리다가 결국 멸망하고 말았다. 대표적 유물·유적으로는 삼국유사의 가락국기, 고령 지산동 고분, 부산 복천동 고분 등이 있다.
② 고구려 ③ 신라 ④ 동예

▶ 정답 ⋯ 05.①

06 다음은 고조선의 '8조법'의 일부이다. 이를 통해 알 수 있는 당시 사회 모습을 〈보기〉에서 모두 고르면?

- 사람을 죽인 자는 사형에 처한다.
- 남을 다치게 한 자는 곡물로 갚는다.
- 도둑질한 자는 잡아다 종으로 삼는데, 용서를 받으려면 많은 돈을 내야 한다.

▌보 기▌

ㄱ 평등사회   ㄴ 농경사회
ㄷ 물물교환   ㄹ 사유 재산 인정
ㅁ 개인생명 존중

① ㄱ, ㄴ, ㅁ

② ㄴ, ㄷ, ㅁ

③ ㄴ, ㄹ, ㅁ

④ ㄴ, ㄷ, ㄹ, ㅁ

✓ **정답 및 해설**

06. 우리 역사상 가장 먼저 정치적 사회를 이룩한 고조선은 청동문화를 기반으로 아사달에 국가를 건국하고 철기문화를 수용하면서 요하와 대동강 일대의 세력을 규합하여 연맹국으로 성장하였다. 고조선의 8조금법은 중국 반고의 「한서지리지」에 기록되어 있으며 이를 통해 당시 고조선의 사회상을 알 수 있다. 첫 번째 조항은 개인 생명 존중 사상과 형벌제도의 존재를 보여 주며, 두 번째 조항은 사유재산이 인정되었음을 시사하고, 농경 사회였음을 알 수 있다. 세 번째 조항은 노비제 인정과 계급사회였음을, 또한 물물교환이 아닌 화폐의 존재를 보여준다.

▶ 정답 ⋯ 06.③

07 다음 자료와 관련된 나라에 대한 설명으로 옳은 것은?

> • 동이가 사는 지역에서 가장 넓은 평지이며, 그 땅은 오곡은 잘 되나 과실이 나지 않는다. 음력 정월에 지내는 제천행사는 국중대회로 날마다 마시고 먹고 노래하고 춤추었으며 형옥을 중단하고 죄수를 풀어주었는데, 이를 영고라 하였다.
> • 국내에 있을 때의 의복은 흰색을 숭상하여 흰 베로 만든 큰 소매달린 도포와 바지를 입고 가죽신을 신는다.
> • 남녀 간에 음란한 짓을 하거나 부인이 투기를 하면 모두 죽였다. 투기하는 것을 더욱 미워하여 죽이고 나서 그 시체를 나라의 남산 위에 버려서 썩게 한다.
> • 집집마다 자체적으로 갑옷과 무기를 보유하였다. 전쟁을 하게 되면 그 때도 하늘에 제사를 지내고, 소를 잡아서 그 발굽을 보아 길흉을 점치는데, 발굽이 갈라지면 흉하고 발굽이 붙으면 길하다고 생각한다.
>
> ― 「삼국지 위지 동이전」 ―

① 민며느리제의 결혼풍습이 있었다.
② 해산물이 풍부하고 농경이 발달하였다.
③ 왕이 없고 읍군, 삼로라 불리는 군장이 다스렸다.
④ 왕 아래 마가, 우가, 저가, 구가 등이 사출도를 다스렸다.

 **정답 및 해설**

07. 부여에 대한 설명이다.
① 민며느리제의 결혼 풍습은 옥저의 특징이다. 또한 옥저는 ② 해산물이 풍부하고 농경이 발달하였으며 고구려의 지배를 받아 소금, 삼베, 어물 등을 고구려에 바쳤다. ③ 왕이 없고 읍군, 삼로라 불리는 군장이 다스린 것은 옥저, 동예의 특징이다.

▶ 정답 ··· 07.④

고대의 정치 · 경제 · 사회 · 문화

◯1　고대의 정치활동

❶ 고구려의 건국과 성장

(1) 고구려의 건국(B.C. 37)

① 부여 출신의 주몽이 이끈 이주민이 압록강 유역의 토착민과 함께 졸본 지방에서 건국

② 국내성 천도 … 유리왕 때 압록강 중류의 국내성으로 천도

(2) 고구려의 성장

① 태조왕(1세기 후반) … 중앙 집권 국가의 기틀 마련, 옥저와 동예 정복, 요동 지방으로 진출, 5부 체제 확립, 계루부 고씨의 왕위 독점 세습

② 고국천왕(2세기 후반) … 부족적 성격의 5부 → 행정 구역 성격의 5부로 개편, 부자 상속제 확립, 진대법 실시

③ 미천왕(4세기 초반) … 대동강 유역 확보(낙랑군 몰아냄), 요동 지역으로 세력 확대(서안평 점령)

④ 고국원왕(4세기 중반) … 전연의 침입, 백제 근초고왕의 공격으로 전사 → 국가적 위기

⑤ 소수림왕(4세기 후반) … 불교 수용, 율령 반포, 태학 설립 → 중앙 집권 체제 강화

(3) 고구려의 전성기

① 광개토 대왕의 영토 확장
　　㉠ 백제를 공격하여 한강 이북 차지, 신라에 침입한 왜 격퇴(호우명 그릇의 기록)
　　㉡ 거란, 후연 격파해 요동 반도 차지, 만주 대부분 차지함 → 광개토 대왕릉비(장수왕이 광개토 대왕의 업적을 기록하여 세움)
　　㉢ '영락' 연호 사용, 스스로를 '성왕 · 태왕'으로 부르게 함

② 장수왕의 남진 정책
　　㉠ 대외교류 : 중국의 남북조와 각각 교류하면서 고구려의 안정을 꾀함
　　㉡ 평양성 천도(427) : 국내성 → 평양성, 백제와 신라가 이에 대항하기 위해 나 · 제동맹 체결
　　㉢ 남진정책 : 백제를 공격하여 한성함락, 한강 유역 차지 → 한반도 중부 지방까지 진출
　　㉣ 중원고구려비 : 장수왕의 업적을 기록, 고구려의 한강 유역 진출을 보여줌

(4) 고구려의 정치제도

① 수상, 관등 ··· 수상-대대로, 관등-10여 등급

② 행정구역 ··· 수도 5부, 지방 5부

③ 귀족대표자 회의 ··· 제가 회의

④ 지방 장관(욕살) ··· 중앙에서 파견, 행정ㆍ군사 업무 담당

❷ 백제의 건국과 성장

(1) 백제의 건국(B.C. 18)

① 건국세력 ··· 한강 유역의 토착민과 고구려 계통의 유이민이 함께 위례성에서 건국

② 특징 ··· 한강 유역은 철기 문화와 농경 문화 발달, 중국의 선진 문물 수용에 유리

(2) 백제의 성장

① 고이왕(3세기 중반)

   ㉠ 목지국 병합 : 한반도 중부 차지

   ㉡ 중앙 집권 국가의 기틀 마련 : 관등제 마련, 관복제 제정, 율령 제정

② 근초고왕(4세기 중반)

   ㉠ 백제의 전성기

   ㉡ 영토 확장 : 마한 전 지역 정복, 평양성을 공격하여 황해도 일부 지역 차지, 낙동강 유역의 가야에 대해 지배권 행사

   ㉢ 대외 진출 : 중국의 요서ㆍ산동 지방과 일본의 규슈 지방에 진출, 중국의 동진ㆍ왜와 교류하여 고구려 견제함

   ㉣ 왕권 강화 : 왕위 부자 상속 확립

③ 침류왕(4세기 후반) ··· 중국의 동진으로부터 불교 수용(384)

(3) 백제의 중흥

① 웅진성 천도(475) ··· 고구려 장수왕의 공격 → 한강 유역 빼앗김(개로왕 전사) → 문주왕이 웅진성(공주)으로 천도

② 무령왕, 성왕

무령왕 (5세기 후반)	• 중국 남조의 양과 문화 교류 • 22담로에 왕족을 파견하여 지방 통제 강화 • 고구려와 가야에 적극적인 공세를 펼침 → 백제 중흥의 발판 마련
성왕 (6세기 중반)	• 사비성(부여)으로 천도, 국호를 '남부여'로 개칭 • 중앙에 22부의 실무 관청 설치, 수도 5부 – 지방 5방 • 불교 장려, 중국의 양과 교류확대, 일본에 불교 전래(노리사치계) • 관산성 전투에서 성왕 전사 → 나·제 동맹 결렬

(4) 백제의 정치 제도

① 수상, 관등 ··· 수상 – 상좌평, 관등 – 16등급

② 행정구역 ··· 수도 5부, 지방 5방, 22담로

③ 귀족대표자 회의 ··· 정사암 회의

④ 지방장관(방령) ··· 중앙에서 파견, 행정·군사 업무 담당

❸ 신라의 건국과 성장

(1) 신라의 건국(B.C. 57)

① 진한의 여러 소국 중 사로국에서 박혁거세가 건국함

② 박, 석, 김의 3성이 교대로 왕위 차지, 각 부족의 대표들이 모여 회의를 통해 나라 운영

③ 신라의 발전이 늦은 이유

    ㉠ 왕권이 약하고 귀족이 독자적 세력을 유지하여 국가 통합이 늦어짐

    ㉡ 지리적으로 한반도 동남쪽에 치우쳐 중국의 선진 문물 수용이 어려움

    ㉢ 가야와 왜의 잦은 침입

(2) 신라의 왕호 변천

거서간 → 차차웅 → 이사금 → 마립간 → 왕

(3) 신라의 정치 제도

① 수상 ··· 상대등 ↔ 집사부의 시중(중시)

② 관등 ··· 17등급(골품제와 결합)

③ 행정구역 ··· 수도 6부, 지방 5주

④ 귀족대표자 회의 … 화백 회의(만장일치 제도)

⑤ **지방 장관**(군주) … 중앙에서 파견, 행정 · 군사업무 담당

⑥ 신라의 주요 왕들

ㄱ. 내물왕(4세기 후반)
- 김씨의 왕위 세습, 왕의 칭호를 마립간으로 바꿈
- 낙동강 동쪽의 진한 지역 장악
- 광개토 대왕의 도움으로 왜 격퇴 → 정치 · 군사적으로 고구려의 영향을 받음(호우명 그릇에 기록)

ㄴ. 눌지왕(5세기) : 나 · 제 동맹 결성, 왕위 부자 상속 확립

ㄷ. 지증왕(6세기 초)
- 국호를 '신라'로 정함, 중국식의 '왕' 칭호 사용
- 우산국(울릉도) 정복
- 지방을 주 · 군으로 나누어 관리 파견
- 우경을 통해 농업 생산력 향상, 순장 금지

ㄹ. **법흥왕**(6세기 전반)
- 율령 반포(울진 봉평 신라비), 17관등과 관리의 공복 제정(골품제 정비), 병부 설치(군사권 장악), 상대등 설치
- 불교 공인 : 이차돈의 순교
- 영토 확장 : 김해의 금관가야 정복
- '건원' 연호 사용 → 중국과 대등한 자주의식 표현

ㅁ. 진흥왕(6세기 중반)
- 신라의 전성기
- 불교 장려 : 황룡사 건축, 불교 교단을 정비하여 사상 통일
- 화랑도 개편 : 화랑도를 국가적인 조직으로 개편하여 인재 양성
- 영토 확장 : 한강 유역 장악, 고령의 대가야 정복, 당항성을 통해 중국과 직접 교류, 단양 적성비와 4개의 순수비를 세워 기념함

❹ 가야의 성립과 발전

(1) 가야의 성립

낙동강 하류의 변한에서 철기 문화를 바탕으로 성립, 철기 수출, 일본의 스에키 토기에 영향

① 금관가야 … 전기 가야 연맹 주도, 신라 법흥왕에 의해 멸망(532)

② 대가야 … 후기 가야 연맹 주도, 신라 진흥왕에게 멸망(562)

(2) 멸망한 이유

연맹 왕국에서 중앙 집권 국가로 발전하지 못하고 백제와 신라의 압박을 받음

⑤ 대외 항쟁과 신라의 삼국 통일

(1) 수 · 당의 침입과 살수 대첩

① 수나라의 침입

   ⊙ 수가 고구려에 신하의 예를 갖출 것을 요구 → 고구려(영양왕)가 요서 지방을 선제공격 함

   ⓛ 수 문제의 침입 : 수 문제가 30만 대군으로 고구려 침략 → 고구려 승리

   ⓒ 수 양제의 침입 : 수 양제가 113만 대군을 이끌고 요동성, 평양성 공략

   ⓔ 결과 : 이후 수는 여러 차례 고구려 재침입 → 무리한 전쟁으로 인한 국력 소모와 내부 반란으로 수 멸망

② 당의 침입과 안시성 싸움

   ⊙ 당 태종 즉위 후 고구려는 국경 지역에 천리장성을 축조하여 당의 침입에 대비함

   ⓛ 연개소문의 정변을 구실로 당의 고구려 침략 → 양만춘 장군의 활약 + 안시성 군민들이 당의 군대를 막아냄 → 당군 퇴각(645)

남북 세력과 동서 세력의 대립
6세기 말~7세기 초, 한반도에서는 한강유역을 차지한 신라를 견제하여 고구려와 백제가 연합하고 있었다(여 · 제 동맹). 이 당시 동북아시아에서는 '돌궐 · 고구려 · 백제 · 왜'를 연결하는 남북 세력과 신라 · 수 · (당)를 연결하는 동서 세력 간 대립 구도가 나타났다.

③ 수 · 당의 침략을 물리친 고구려

   ⊙ 고구려 승리의 원동력 : 강한 군사력, 요동 지방의 풍부한 철, 뛰어난 전술(공성전, 청야전술) 등

     ☞ 공성전 : 성을 전략적 요충지로 활용하여 적을 공격하는 전술
     ☞ 청야전술 : 적이 사용할 만한 모든 군수물자와 식량 등을 없애 적군을 지치게 하는 전술

   ⓛ 결과 : 고구려뿐만 아니라 한반도 전체를 보호함. 고구려의 동아시아 강국 지위 유지, 계속된 전쟁으로 국토 황폐화와 국력 약화

(2) 신라의 삼국 통일 과정

① 백제와 고구려의 멸망

   ⊙ 백제의 멸망(660)

     • 원인 : 의자왕의 실정, 지배층의 향락으로 국방 소홀

     • 과정 : 신라군이 황산벌에서 계백의 결사대 격퇴 → 나 · 당 연합군의 사비성 함락 → 백제 멸망

     • 결과 : 당이 백제 지역에 웅진 도독부 설치

ⓛ 고구려의 멸망(668)
- 원인 : 계속된 전쟁으로 국력 약화, 연개소문 사후 권력 다툼
- 과정 : 나·당연합군의 평양성 함락→고구려 멸망
- 결과 : 당이 고구려 지역에 안동 도호부 설치

② 백제와 고구려의 부흥운동
ⓖ 백제 부흥 운동 : 복신과 도침(주류성), 흑치상지(임존성)가 왕자 부여풍을 왕으로 추대하여 부흥 운동을 일으켰으나 백강 전투에서 패배
ⓛ 고구려 부흥 운동 : 검모잠과 안승(한성), 고연무(오골성)가 신라의 도움을 받아 평양성을 탈환하기도 하였으나 지도층의 내분으로 실패

③ 나·당 전쟁
ⓖ 원인 : 당이 웅진도독부(백제), 안동도호부(고구려), 계림도독부(신라)를 설치하고 대동강 이남 지역의 한반도에 대한 간섭 확대
ⓛ 신라의 대응
- 고구려 부흥 운동 지원→안승이 금마저(익산)에 보덕국 건립
- 당군이 주둔하던 사비성 공격→웅진도독부 함락, 옛 백제 땅 지배
ⓒ 결과 : 매소성(675)·기벌포(676) 전투에서 승리→당 세력을 대동강 이남 지역에서 완전히 축출→삼국 통일 완성(676)

(3) 삼국 통일의 의의와 한계
① 의의 … 자주적인 통일 달성, 최초의 민족 통일 → 민족문화 발전의 계기 마련
② 한계 … 통일 과정에서 외세의 도움, 대동강 이남에 한정된 불완전한 통일

❻ 통일 신라와 발해의 발전

(1) 왕권의 전제화
① 무열왕
ⓖ 최초의 진골 출신 왕→이후 무열왕의 직계 자손이 왕위 독점
ⓛ 불교식 왕명을 버리고 중국식 시호를 사용
② 문무왕 … 당을 몰아내고 삼국 통일 완성→왕권 강화
③ 신문왕
ⓖ 진골 세력의 반란(김흠돌의 난) 진압
ⓛ 9주 5소경(지방행정조직), 9서당 10정(군사조직) 완비
ⓒ 유학사상을 강조하고 국학 설립

② 관료전 지급, 녹읍 폐지하여 귀족의 경제 기반 약화→전제 왕권 확립

④ 성덕왕 … 농민들에게 정전 지급→백성에 대한 국왕의 지배력 강화

(2) 새로운 제도의 정비

① 중앙 정치 제도 … 집사부(아래에 13부)와 그 장관인 시중(중시)의 권한 강화, 화백 회의와 상대등의 권한 축소

② 지방 행정 조직

　　㉠ 9주 : 전국을 9주로 나누고 주 아래에 군과 현 설치

　　㉡ 주·군·현 : 중앙에서 파견한 지방관이 통치

　　㉢ 상수리 제도 : 지방 세력 견제 목적, 지방 세력가의 자식을 일정 기간 금성에 머무르게 함

　　㉣ 5소경 : 주요 지역에 일부 중앙 귀족, 옛 삼국 귀족을 옮겨 살게 함→ 지방 세력 견제, 수도 금성이 한반도 남동쪽에 치우친 약점 보완

남북국의 형세

③ 군사 제도

　　㉠ 중앙군(9서당) : 수도와 궁궐 담당, 고구려·백제·말갈인 포함

　　㉡ 지방군(10정) : 주마다 1개의 정 배치, 국경 지방인 한주에는 2개의 정 배치

(3) 발해의 성립과 발전

① 발해 건국 … 대조영이 고구려 유민과 말갈인을 이끌고 지린성의 동모산에서 발해 건국(698)

② 발해 건국의 의의와 특징

　　㉠ 의의 : 통일 신라와 발해가 양립하는 남북국의 형세를 이룸

　　㉡ 특징

　　　• 고구려 계승의식 : 일본에 보낸 외교문서에 고려 국왕의 명칭 사용

　　　• 당과 대등한 나라임을 강조

　　　• 소수의 고구려인이 지배층, 다수의 말갈인이 피지배층

　　　• 말갈인의 토착 문화 존중

③ 발해의 발전

　　㉠ 고왕(대조영) : 발해 건국, 초기 혼란 수습, 당과 평화적 외교 관계 수립

　　㉡ 무왕(대무예)

　　　• 당·신라와 적대 관계, 돌궐·왜와 친선관계→세력 균형 유지

　　　• 당이 신라·흑수부 말갈을 이용하여 발해 견제→당의 산둥 지방 공격

　　㉢ 문왕(대흠무)

　　　• 당과 친선 관계 수립, 당의 문물·제도 수용

　　　• 신라와 교류(신라도), 일본과 교류(교통로 개설), 상경으로 천도

ⓔ 선왕(대인수)
- 말갈의 여러 부족 복속, 옛 고구려 영역의 대부분 차지
- 지방제도 정비(5경 15부 62주)
- 중국에서 발해를 해동성국이라 부름
  ☞ 해동성국 : 중국에서 볼 때 바다 동쪽의 전성기를 맞이한 나라라는 뜻.
④ 발해의 멸망(926) … 귀족들의 권력 투쟁으로 국력 약화 → 거란에 멸망

(4) 발해의 통치 제도

① **중앙 정치 제도** … 3성 6부

  ㉠ 3성 : 정당성, 선조성, 중대성 − 국가의 중요한 일은 정당성에 모여 회의를 열어 결정, 정당성의 장관인 대내상이 국가 행정 총괄
  ㉡ 6부 : 정당성 아래 설치, 행정 실무 담당, 유교 덕목을 6부의 명칭으로 사용(충 · 인 · 의 · 지 · 예 · 신부)

② **지방 행정 구역** … 5경 15부 62주

  ㉠ 5경 : 지방을 다스리는 거점 지역, 상경을 중심으로 5개의 교통로로 연결됨
  ㉡ 15부 : 지방 행정의 중심지, 아래 주현을 두고 지방관 파견
  ㉢ 촌락 : 대부분의 주민이 말갈인, 부족 간 조화를 위해 말갈 추장인 수령이 촌락을 다스리게 함

③ **군사 조직**

  ㉠ 10위 : 왕궁과 수도 경비
  ㉡ 지방군 : 지방관이 지휘

➐ 신라의 동요와 후삼국의 성립

(1) 왕권의 약화와 내부의 분열

① **중앙 정치의 동요**

  ㉠ 배경 : 녹읍 부활(경덕왕) → 귀족들의 토지 · 노비 · 사병 소유 확대 → 세력 강화 → 소수 진골 귀족들의 권력 독점(8세기 후반)
  ㉡ 왕위 다툼 : 혜공왕 살해(무열왕계 왕위 세습 단절) → 왕위 쟁탈전 심화

② **지방에 대한 통제력 약화**

  ㉠ 김헌창의 난 : 9세기 전반 웅주(공주) 도독 김헌창이 아버지 김주원이 왕이 되지 못한 것에 불만을 품고 난을 일으킴
  ㉡ 장보고의 난 : 청해진을 기반으로 서남해 해상 무역권을 장악하고 중앙의 왕위 쟁탈전에 가담함

(2) 농민 봉기의 발생

① 9세기 말 진성 여왕 시기 극심함

② 주요 농민 봉기 … 원종과 애노(신라 말 최초의 농민 봉기), 양길, 기훤, 견훤, 궁예 등 → 일부 반란 세력은 지방 세력가로 성장함

(3) 지배층의 분열과 새로운 사상의 유행

① 골품제의 모순 … 중앙 귀족이면서도 관직 승진에 제한 → 진골 위주의 지배 체제에 불만

② 신라 말 진골 귀족의 권력 독점 … 6두품의 역할 축소 → 당에 유학하여 학문 활동에 몰두하거나 골품제의 모순을 비판함(예 : 최치원의 시무 10조)

 TIP

골품제의 모순

최치원이 서쪽으로 당에 가서 벼슬을 하다가 고국에 돌아왔는데 전후에 난세를 만나서 처지가 곤란하였으며 걸핏하면 모함을 받아 죄에 걸리게 했으므로 스스로 때를 만나지 못한 것을 한탄하고 다시 벼슬할 뜻을 두지 않았다. 그는 세속과 관계를 끊고 자유로운 몸이 되어 숲 속과 강이나 바닷가에 정자를 짓고 소나무와 대나무를 심으며 책을 벗하여 자연을 노래하였다.

— 「삼국사기」 —

③ 새로운 사상의 유행
- ㉠ 선종
  - 정신 수양을 통해 누구나 부처가 될 수 있다고 주장
  - 전통적 권위 부정
  - 개인주의적 성향
  - 호족과 백성의 환영(↔교종 : 경전과 교리를 강조)
- ㉡ 풍수지리설
  - 산세나 지형이 인간 생활에 영향을 끼친다는 사상
  - 도선에 의해 널리 보급
  - 경주 중심의 지리관에서 벗어나 지방의 중요성을 강조 → 호족과 백성의 관심
- ㉢ 유교 : 6두품에 의해 정치이념으로 발달

(4) 후삼국의 성립

① 후백제
- ㉠ 상주 농민 출신이자 군인인 견훤이 황해안의 해상 세력과 농민 봉기 세력을 군사 기반으로 완산주(전주)지역에 후백제 건국(900)
- ㉡ 발전
  - 옛 백제 지역(전라도, 충청도) 차지 → 곡창 지대 확보로 경제력 상승
  - 남중국의 오월 · 일본과 교류, 신라 공격

② 후고구려

    ㉠ **궁예** : 신라 왕족 출신인 궁예가 양길의 부하로 있다가 독립, 송악(개성)을 도읍으로 건국(901)

    ㉡ **발전과 쇠퇴**

        • 철원으로 천도 → 국호를 마진 · 태봉으로 고침

        • 강원도 · 경기도 · 황해도 일대까지 영역 확장

        • 궁예는 점차 미륵불을 자처, 가혹한 통치로 민심 잃음

핵심 예상 문제

01 다음 시가 쓰인 시기의 역사적 사실로 옳은 것은?

> 신묘한 계책은 천문을 꿰뚫어 볼 만하고
> 기묘한 방략은 지리를 통달하였소.
> 싸워서 이긴 공이 이미 높으니
> 족함을 알거든 그치기를 바라노라.

① 을파소를 재상에 임명하여 왕권을 강화하였다.
② 수나라 문제의 선공격으로 여수전쟁이 시작되었다.
③ 내물왕의 요청으로 신라에 침입한 왜구를 격퇴하였다.
④ 수나라는 멸망하였고 고구려도 국력의 소모로 쇠락하였다.

✅ **정답 및 해설**

01. 자료는 고구려의 을지문덕이 살수대첩을 치르기 전에 적장이었던 수나라의 우중문에게 보낸 시이다. 살수대첩은
612년에 고구려가 중국 수나라의 군대를 살수(지금의 청천강)에서 크게 격파한 싸움이다.
① 을파소를 재상에 임명하여 왕권을 강화하려고 한 때는 고국천왕 때이다.(2C)
② 고구려가 말갈군과 함께 영주(요서지방)을 먼저 공격하였다. 이에 수 문제의 30만 대군의 침공을 받게 되면
서 4차에 걸친 여수전쟁이 시작되었다.(598년)
③ 내물왕의 요청으로 신라에 침입한 왜구를 격퇴한 때는 광개토대왕 때이다.(5C)

▶ 정답 … 01.④

02 (가), (나)의 자료와 관련된 국왕에 대한 설명으로 옳지 <u>않은</u> 것은?

> (가) 당 태종이 붉은색, 자주색, 흰색으로 그린 모란꽃 그림과 씨앗 석 되를 보내 왔는데 왕은 꽃에 벌이 없는 곳을 보고 향기가 없는 꽃이라는 것을 미리 알았다.
>
> (나) 선화공주님은 남 몰래 결혼하고 맛둥서방을 밤에 몰래 안고 간다.

① (가) – 첨성대를 만들었다.

② (가) – 황룡사 9층 목탑을 만들었다.

③ (가) – 거칠부로 하여금 「국사」를 편찬하게 하였다.

④ (나) – 미륵사와 사비성을 건립하였다.

---

02. (가)는 신라의 선덕여왕에 대한 자료이다. 선덕여왕(7C)은 적극적인 친당정책으로 영토를 확장하였으며 자장의 건의에 따라 호국의 염원인 황룡사 9층 목탑을 설립하였으나 몽고 침입 때 소실되었다. 또한 동양 최고의 천문대라 할 수 있는 첨성대를 만들었다.

(나)는 백제의 서동(무왕)이 신라 진평왕 때 지었다는 4구체 향가인 서동요의 일부이다. 서동은 진평왕의 셋째 딸인 선화공주가 예쁘다는 소문을 듣고 사모하던 끝에 머리를 깎고 중처럼 차려 신라에 들어가 마(薯)를 가지고 성 안의 아이들에게 선심을 쓰며 이 노래를 지어 부르도록 하였다. 내용은 선화공주가 밤마다 몰래 서동의 방을 찾아간다는 것이었는데, 이 노래가 대궐 안에까지 퍼지자 왕은 마침내 공주를 귀양 보내게 되었다. 이에 서동이 길목에 나와 기다리다가 함께 백제로 돌아가서 그는 임금이 되고 선화는 왕비가 되었다는 이야기이다. 무왕이 다스리던 때의 백제는 신라와 자주 충돌하였으며 당나라와는 친선정책을 펼쳐서 당 고조에게 대방군왕 백제왕이라는 칭호를 받았다.

③ 거칠부로 하여금 편찬하도록 한 왕은 진흥왕(6C)이다.

▶ 정답 ··· 02.③

01. 고대의 정치활동 _**41**

03 다음 사건들의 공통된 내용으로 옳은 것은?

> • (헌덕왕) 8년 흉년과 기근으로 당나라 절동에 건너가 먹을 것을 구하는 자가 170명이었다.
> • (흥덕왕) 7년 기근과 흉년으로 도적이 곳곳에서 일어났다.
> • (진성여왕) 3년 주와 군에서 공물과 부세를 바치지 않아 나라의 창고가 텅 비고 …… 왕이 사자를 보내 독촉하니, 이로 인하여 곳곳에서 도적들이 벌 떼처럼 일어났다. 이에 원종, 애노 등이 사벌주(상주)를 근거로 하여 반란을 일으켰다.

① 왕위 계승 문제로 발생하였다.
② 골품제 사회의 모순을 비판하였다.
③ 중앙의 왕위 쟁탈전에 가담하였다.
④ 가혹한 조세수탈에 대해 저항하였다.

04 고구려의 발전 과정을 시대 순으로 옳게 나열한 것은?

> ㉠ 태학 설립   ㉡ 옥저 정복
> ㉢ 대동강 유역 확보   ㉣ 왕위의 부자 상속 확립

① ㉠ - ㉡ - ㉢ - ㉣   ② ㉠ - ㉣ - ㉢ - ㉡
③ ㉡ - ㉠ - ㉣ - ㉢   ④ ㉡ - ㉣ - ㉢ - ㉠

정답 및 해설

03. 9세기 말 진성 여왕 때 사회 전반에 걸쳐 모순이 더욱 커지게 되었다. 진골 귀족의 왕위 다툼으로 중앙 정치가 혼란스러웠으며, 왕족과 귀족들의 사치, 향락에 따른 중앙 정부의 재정 부족으로 농민들의 조세 부담이 무거워졌다. 정부가 강압적으로 조세를 징수하려 하자, 원종과 애노의 봉기를 시작으로 농민들이 각지에서 들고 일어났다. 가혹한 조세수탈에 대한 저항으로 일어난 난들의 사례이며 왕권 다툼과는 관계가 없다.

04. ㉡태조왕 때(1세기 후반) 옥저와 동예를 정복하였다. ㉣고국천왕(2세기 후반) 때 왕위 계승의 부자상속제가 확립되었으며 ㉢미천왕(4세기 초반) 때 대동강 유역을 확보하였다. ㉠소수림왕(4세기 후반)때 불교 수용, 율령 반포, 태학 설립 등으로 중앙집권 체제를 강화하였다.

▶ 정답 … 03.④ 04.④

05 다음 <u>(가)</u> 왕에 대한 설명으로 옳지 않은 것은?

> <u>(가)</u> 왕은 후주의 귀화인 쌍기의 건의를 받아들여 최초로 과거제도를 통한 인재등용을 실현하였다. 이는 신라의 독서삼품과를 더 발전시켜 문예와 유교경전을 시험하여 문반관리를 등용하는 제도이다. 이로써 그동안 뚜렷하지 않았던 문반·무반이 양립하는 시대가 열렸는데 이는 양반관료제도의 시작이라 할 수 있다.

① 주현 공부법을 시행하였다.

② 개경에 흥왕사를 창건하고 균여로 하여금 통솔하게 하였다.

③ 노비안검법을 실시하여 호족들의 세력기반을 약화시켰다.

④ 황제 칭호와 광덕, 준풍 등의 연호를 사용하였다.

06 연표의 ㉠ 시기에 있었던 역사적 사실로 옳지 <u>않은</u> 것을 고르면?

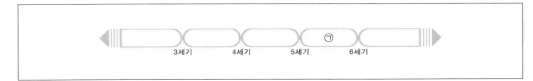

① 백제가 웅진성으로 천도하였다.

② 고구려가 한강 이남에 진출하였다.

③ 백제와 신라가 동맹을 체결하였다.

④ 백제가 요서·산둥 지방에 진출하였다.

✅ **정답 및 해설**

05. (가)는 광종이며, 광종의 왕권 강화 정책으로 공신과 호족 세력이 약화되었다.
② 흥왕사가 아니라 귀법사이다.
① 지방의 주·현단위로 해마다 바치는 공물과 부역의 액수를 정한 주현공부법을 실시하였다.
③ 본래 양인이었다가 노비가 된 자들을 해방시키는 노비안검법을 실시하였다.
④ 연호를 처음에는 광덕이라고 했다가 준풍으로 고쳤다.

06. ④ 백제의 요서·산둥 지방 진출은 4세기에 이루어졌다.
5세기는 고구려의 전성기로 장수왕의 남진정책으로 고구려가 한강 이남에 진출하였으며 백제와 신라는 고구려를 견제하기 위해 나·제 동맹을 체결하였다.
장수왕은 중국 남·북조의 대립을 교묘히 이용하면서 중국과 교통하였고 부왕의 정복사업을 계승하여 대제국을 건설하였으며 대내적으로는 한반도의 주인공으로서 대외적으로는 중국과 대등한 지위를 구가하였다. 장수왕은 옛 고구려 5부족의 세력을 약화시키고 고조선의 후기 문화유적을 계승하며 왕권을 강화시키기 위해 평양으로 천도하였다. 백제는 장수왕의 공격을 받고 한성이 함락되면서 개로왕이 전사하는 위기를 겪게 되었고 수도를 웅진으로 천도하기에 이르렀다. 또한 광개토대왕릉비와 충북 중원고구려비를 세웠다.

▶ 정답 ··· 05.② 06.④

07 다음 자료에서 설명하는 왕의 업적으로 옳은 것은?

> 대조영의 아우인 대야발의 현손(玄孫)이며, 발해의 영토를 크게 확장시켰는데, 이때 발해의 영토는 남으로 신라와 접하고 서로는 소고구려를 합병하여 요동 지역을 차지하였으며, 고구려와 부여 등의 옛 영토를 대부분 회복하였다. 또한 북쪽의 흑수말갈 등 발해에 대항하던 말갈의 부족들도 복속시켰다.
> 발해 중흥의 대업을 이룬 중흥군주(中興君主)로서 당과 밀접한 외교를 하여 문화를 발달시켰으며, 학술을 진흥시키는 등 발해의 전성기를 이루었다.

① 신라도를 개설하였다.
② 지방 제도를 5경 15부 62주로 정비하였다.
③ 스스로를 불교적 성왕으로 자처하였다.
④ 동쪽의 동모산에서 건국하고 영승에 도읍을 정하였다.

08 다음의 ___(가)___ 국가가 우리역사 속에 편입될 수 있는 근거로 옳은 것은?

> 부여씨와 고씨가 망하게 되니, 김씨가 그 남쪽 땅을 차지하고 대씨가 그 북쪽 땅을 차지하여 _____(가)_____ 라 하였다. 이것을 남북국이라 한다. 대체 대씨는 어떤 사람인가? 바로 고구려 사람이다. 그들이 차지했던 땅은 어떤 땅인가? 바로 고구려 땅이다. 동쪽, 서쪽, 북쪽을 개척하여 나라를 넓혔을 뿐이다. 김씨가 망하고, 대씨가 망하게 되니, 왕씨가 그 땅을 거느리고 고려라 하였다. 그 남쪽에 있는 김씨의 땅은 완전한 채로 있었으나, 그 북쪽에 있는 대씨의 땅은 완전하지 못하고, 혹은 여진으로 들어가고 혹은 거란으로 들어갔다.

① 칠지도에 발해국왕이 일왕에게 하사한다고 적혀있었다.
② 호우명 그릇에 고구려와의 교류내용이 적혀있었다.
③ 신라도를 통해 신라와 지속적으로 교류하였다.
④ 일본에 보낸 국서에 '고구려를 계승했다'라고 적혀있었다.

✓ **정답 및 해설**

07. 발해의 10대 왕인 선왕(대인수)에 대한 설명이다. 선왕은 고구려보다 넓은 영토를 차지하였다. 연호 건흥을 사용하였으며 지방 제도를 5경 15부 62주로 정비하였다. 선왕이 다스릴 때 발해는 중흥기로서 해동성국이라 불렸으며 당나라의 빈공과에 신라 다음으로 많은 급제자를 배출했다.
① 신라도는 상설 교통로로 신라와의 대립관계 해소가 목적이며 문왕 때 개설하였다.
③ 스스로를 불교적 성왕으로 자처한 왕은 문왕이다.
④ 대조영은 동쪽의 동모산에서 발해를 건국하고 영승에 도읍을 정하였다.

08. (가)는 발해이다. 유득공은 『발해고』에서 발해가 정식으로 우리의 역사로 포함되어야 한다고 주장하였다. 발해가 일본에 보낸 국서에 '고구려를 계승했다'라고 적혀있는 내용을 통해 발해가 고구려의 뒤를 이은 국가임을 알 수 있다.
① 칠지도는 백제 근초고왕이 일본에 하사
② 호우명 그릇은 고구려 광개토 대왕이 신라에 하사하였다.

▶ 정답 ··· 07.② 08.④

09 다음 내용을 순서대로 나열한 것은?

> (가) 매소성과 기벌포에서 당군을 몰아내었다.
> (나) 안시성에서는 당군을 물리치고 성을 지켜내었다.
> (다) 백제와 고구려가 망하자 유민들은 부흥운동을 하였다.
> (라) 김춘추는 나·당 간의 동맹을 맺고 비밀 약속을 하였다.
> (마) 수나라 30만 명 중에서 살아 돌아간 자는 2,700명 정도이다.

① (가) - (나) - (다) - (라) - (마)
② (가) - (나) - (다) - (마) - (라)
③ (다) - (나) - (가) - (라) - (마)
④ (마) - (나) - (라) - (다) - (가)

정답 및 해설

09. ④ (마) 살수대첩(612) → (나) 안시성전투(645) → (라) 나·당동맹(648) → (다) 백제부흥운동(660~663), 고구려 부흥운동(669~673) → (가) 매소성 전투(675)·기벌포 전투(676)

- 살수대첩 : 영양왕 612년에 수 양제가 113만 대군을 이끌고 침입해왔고 요동성 점령에 실패하여 평양성으로 우회하였으나 이마저 실패하고 퇴각하다가 을지문덕이 우중문의 30만 별동부대를 청천강으로 유도하여 몰살시켰다.
- 안시성 전투 : 당나라가 건국되고 연개소문은 천리장성을 축조하는 등 대당강경책을 실시하자 보장왕 때 당태종이 침략하였으나 안시성에서 양만춘 장군에게 크게 패하여 돌아갔다. 그 뒤로도 두 차례 다시 침입했으나 역시 패하고 돌아갔으며 고구려는 계속된 전쟁으로 쇠약해졌다.
- 나·당 동맹 : 신라 김춘추는 당나라로 건너가 신라와 당나라가 연합하여 백제와 고구려를 멸망시키면 대동강 이북(평양 이북)의 땅을 당나라에 넘기기로 하고 군사동맹을 체결하였다.
- 백제부흥운동 : 백제가 멸망하자 복신과 도침은 주류성과 한산에서, 흑치상지와 지수신은 임존성에서 부흥운동을 벌였다.
- 고구려부흥운동 : 고구려가 멸망하자 검모잠은 재령과 한성에서 부흥운동을 벌였고 신라는 고구려 왕족인 안승을 금마저에서 보덕국의 왕으로 세우고 부흥운동을 도왔다.
- 매소성·기벌포 전투 : 당은 신라에 대한 본격적인 공격을 시작하고 경기도 양주의 매소성 일대에서 신라는 당나라군을 공격하여 큰 승리를 거뒀다. 676년에는 금강하구 기벌포에서 당나라 수군에 최종 승리함으로써 통일을 완성하였다.

▶ 정답 ··· 09.④

10 다음의 비석이 세워졌을 시기에 볼 수 있는 모습으로 적절한 것은?

충북 중원 고구려비

① 낙랑·대방 등 고조선의 옛 땅을 회복하였다.
② 우리나라 최초의 연호인 건양을 사용하였다.
③ 죽령일대로부터 남양만까지 영토를 확장하였다.
④ 부여의 투항을 받아들여 부여를 완전 정복하였다.

11 백제의 흥망성쇠를 나타낸 그래프이다. 'B시기'의 삼국정세에 대해 옳게 설명한 것을 고르면?

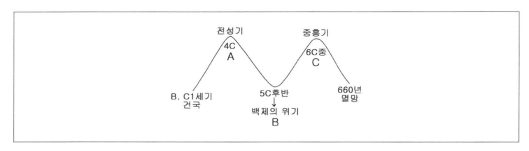

① 가야 연맹의 중심지는 금관가야였다.　② 고구려 보장왕은 위례성을 함락하였다.
③ 고구려 광개토대왕은 후연을 격파하였다.　④ 백제는 지방통제를 위해 담로를 설치하였다.

✅ **정답 및 해설**

10. ① 4세기 미천왕 때의 일이다.
　② 광개토대왕 때 '영락'이라는 연호를 최초로 사용하였다.
　④ 5세기 문자왕 때의 일이다.

11. ④ 백제는 5세기 후반 무령왕 때 웅진에서 지방통제를 위해 담로를 설치하였다.

▶ 정답 ··· 10.③　11.④

12 다음은 발해의 중앙 관제를 나타낸 표이다. 이에 대한 설명으로 옳지 <u>않은</u> 것은?

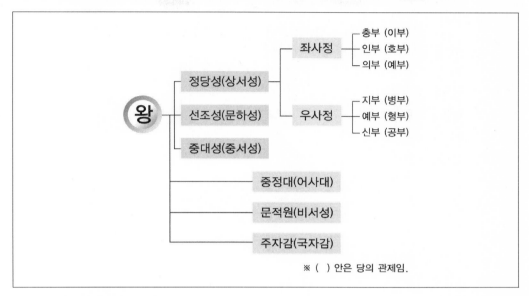

① 정당성 아래 6부를 두었다.
② 중대성의 대내상이 국정을 총괄하였다.
③ 정당성을 중심으로 국정을 운영하였다.
④ 6부의 명칭은 유교 덕목의 영향을 받았다.

 **정답 및 해설**

12. ② 정당성의 장관인 대내상이 국정을 총괄하였다.

▶정답 … 12. ②

13 다음의 설화와 관련된 왕의 업적으로 옳지 <u>않은</u> 것은?

> 감은사 앞바다에 떠다니는 섬에서 대나무를 잘라다가 만파식적이라는 피리를 만들었는데 이 피리를 불면 오던 비가 가라앉고 구름이 걷혔다.

① 국학을 설치하였다.

② 녹읍을 부활하였다.

③ 9주 5소경을 설치하였다.

④ 김흠돌의 모반사건을 진압하였다.

✓ **정답 및 해설**

13. 만파식적 설화는 신라의 평안과 함께 왕권의 안정을 도모하려는 염원에서 나온 설화로 신문왕과 관련이 있다.
　② 녹읍은 신문왕 때 폐지되었다가 경덕왕 때 다시 부활되었다.
　　신문왕은 부왕의 뜻을 이어 동해변에 감은사를 창건하여 불교의 힘으로 동해의 왜구를 막으려 하였고, 감은사 금당 밑에서 동해를 향해 구멍을 뚫어 조수가 금당 밑까지 들어오게 하였다. 이렇게 하면 용이 된 문무왕이 조수를 따라 금당까지 드나들 수 있으리라 생각했다. 어느 날 감은사 앞바다에 떠다니는 섬에서 대나무를 잘라다가 만파식적이라는 피리를 만들었는데 이 피리를 불면 오던 비가 가라앉고 구름이 걷혔다고 한다. 이는 신라와 왕권의 안정을 도모하려는 염원에서 나온 설화이다.
　① 신문왕은 유교교육이념을 확립하고 왕권을 강화하기 위하여 국학을 설치하였다. ③전국을 9주로 나누어 옛 고구려와 백제 지역에 각각 3주를 설치하고 특수행정구역으로 행정·군사의 요충지에 5소경을 설치하여 수도의 편재성을 완화하려 하였다.
　④ 신문왕의 즉위 해에 장인 김흠돌이 반란을 일으켰는데 이를 계기로 연루된 많은 귀족들을 숙청하여 왕권을 강화하였다. ⑤중앙군을 9개의 서당으로, 지방군을 10정으로 확대·개편하였는데 9서당은 고구려, 백제 및 말갈족을 포섭했다는 점에서 민족융합정책과 관련이 있다.

▶ 정답 … 13.②

02 고대의 경제생활

① 삼국의 경제생활

(1) 삼국의 경제 정책

① 수취체제의 정비

    ㉠ 초기 : 농민으로부터 전쟁물자 징수, 군사 동원→농민의 토지 이탈 발생

    ㉡ 수취체제의 정비 : 노동력의 크기로 호를 나누어 곡물·포·특산물 등을 징수, 15세 이상 남자의 노동력 징발

② 철제 농기구를 농민에게 보급, 우경이나 황무지 개간 권장, 저수지 수리

③ 고구려 … 진대법 실시(고국천왕)

④ 신라 … 경주에 시장과 동시전(시장을 감독하는 관청)을 설치함(509)

⑤ 국제무역 … 왕실과 귀족의 수요품을 중심으로 공무역의 형태

    ㉠ 고구려 : 남북조와 북방민족과 무역

    ㉡ 백제 : 남중국, 왜와 무역

    ㉢ 신라 : 한강 유역 차지 이전에는 고구려, 백제와 교류→한강 확보 이후에는 당항성을 통해 중국과 직접 교역

삼국의 경제활동

(2) 귀족의 경제생활

① 고리대를 통해 풍족하고 화려한 생활

② 녹읍 … 국가에서 관료 귀족에게 지급한 토지, 조세 수취 및 그 토지에 딸린 노동력의 징발 가능

③ 식읍 … 국가에서 왕족, 공신 등에게 준 토지와 가호로서 조세 수취, 노동력 징발 가능

(3) 농민의 경제생활

① 자기 소유의 토지(민전)나 남의 토지를 빌려 경작

② 각종 노역에 동원

③ 전쟁에 군사로 참여

❷ 남북국 시대의 경제적 변화

(1) 통일 신라의 경제 정책

① 조세는 1/10 수취, 공물은 촌락단위로 그 지역의 특산물 징수, 역은 16세에서 60세까지의 남자 대상

② 민정문서 … 서원경(청주) 부근의 4개 촌의 촌주가 3년마다 작성

　　㉠ 내용 : 토지크기, 인구수, 소와 말의 수, 토산물 등을 기록

　　㉡ 목적 : 조세 · 공물 · 부역을 징수하기 위함

> **✏ TIP**
>
> ※ 민정문서
> 이 고을의 사해점촌을 조사해 보았는데 지형은 산과 평지로 이루어져 있으며 마을의 크기는
> 5,725보(步), 공연(孔烟) 수는 합하여 11戶가 된다. 계연(計烟)은 4, 나머지는 3이다. 이 가운데
> 중하연이 4호, 하상연이 2호, 하하연이 5호이다.
>
> －「신라장적(新羅帳籍)」－

③ 토지 제도의 정비

　　㉠ 목적 : 국가 재정 강화, 귀족들의 경제 기반 약화

　　㉡ 관료전 지급, 녹읍 폐지(신문왕) → 귀족들의 반발로 녹읍 부활(경덕왕)

　　㉢ 농민들에게 정전 지급(성덕왕) → 농민들은 국가에 조세 납부

(2) 무역의 발달

① 대당 무역 … 산둥 반도와 양쯔 강 하류에 신라방+신라촌(거주지) · 신라소(관청) · 신라관(여관) · 신라원(절) 설치

② 장보고 … 완도에 청해진을 설치하고 해적을 소탕하였고 황 · 남해의 해상 무역권을 장악하여 당 · 일본과의 무역을 독점

③ 이슬람 상인이 울산을 내왕함

(3) 발해의 경제활동

① 농업 … 밭농사 중심, 일부 지역에서 벼농사

② 경제활동 … 수렵 활발, 목축 발달, 어업 발달, 수공업, 상업(현물 화폐를 사용했으나 외국의 화폐도 사용)

③ 대외무역 … 산둥반도와 덩저우에 발해관 설치, 당과의 무역, 일본과의 무역 활발

남북국 시대의 무역로

핵심 예상 문제

01 다음 교사와 학생의 대화를 통해 (가)에 들어갈 말로 옳은 것을 고르면?

> 교사 : 신라가 통일 후 다음과 같은 제도를 시행한 이유는 무엇일까?
> • 백성에게 정전 지급
> • 귀족에게 녹읍 대신 관료전 지급
> • 식읍 억제
> 학생 : 왜냐하면 _____(가)_____ 입니다.

① 귀족들의 경제 기반 확보를 위해서
② 상업을 억제하고 농업을 발전시키기 위해서
③ 천민들을 토지지급대상에서 배제하기 위해서
④ 귀족들의 수취로부터 농민을 보호하기 위해서

정답 및 해설

01. 녹읍은 신라시대에 관료에게 직무의 대가로 지급한 논밭이며 식읍은 왕족·공신(功臣)에게 준 논밭이다. 녹읍과 식읍은 해당토지로부터 역(役)을 징발할 권리를 갖고 있었기 때문에 귀족들이 막강한 영향력을 행사할 수 있어서 왕권에 위협이 되었다.
관료전은 신라 중대에 중앙과 지방의 관리들에게 지급한 토지이다. 관료전은 토지로부터 조세만 수취하고 사람들은 지배할 권한이 없었으며 관리는 관직에서 물러나면 관료전을 반납해야 했다. 관료전을 지급하고 농민에게 정전을 지급했다는 것은 귀족들의 수취로부터 농민을 보호하고 왕권을 강화하기 위해서였다.

▶ 정답 ··· 01.④

02 발해의 경제생활과 대외 무역에 대한 설명으로 옳은 것은?

> ⊙ 일본과 활발한 무역을 전개하여 신라를 견제하였다.
> ⊙ 제철업, 금속 가공업, 방직업 등이 발달하였다.
> ⊙ 당으로부터 금, 은, 불상, 자기 등을 수입하였다.
> ⊙ 밭농사 중심이어서 논농사는 이루어지지 않았다.

① ⊙, ⊙   ② ⊙, ⊙

③ ⊙, ⊙   ④ ⊙, ⊙

03 ㈎에 들어갈 말로 옳지 <u>않은</u> 것은?

> 신라 말, 중앙의 지방 통제가 불능 상태에 빠지자 지방에서 독립적인 지배자로 성장하여 스스로 성주, 장군 등으로 칭하면서 자신의 지역에 관반제를 실시하여 패권을 장악하였다. 이들은 주로 ___㈎___ 출신들로서 고려의 건국에 영향을 미쳤다.

① 지방의 토착 세력인 촌주출신

② 권력투쟁에서 밀려나 몰락한 중앙귀족

③ 무역에 종사하면서 재력과 무력을 축적한 세력

④ 골품제로 인해 정치적 출세에 제한을 받던 세력

✓ **정답 및 해설**

02. 발해는 일본과 활발한 교류를 통해 신라를 견제하였으며 문왕(대흠무) 때는 신라도(상설교통로)를 개설하여 신라와의 대립관계를 해소하려고 하였다. 세공기술의 발달로 유리잔, 금, 은, 불상주조가 활발하였으며 모피, 베, 비단 등의 옷감도 생산하였다. 당과는 해로와 육로를 이용하여 무역을 하였는데 당은 산둥반도의 덩저우에 발해관을 설치하고 발해사람들이 이용하게 하였다. 발해의 주요 수출품은 주로 모피, 인삼, 금, 은 등 토산물과, 불상, 자기 등 수공업품이었다. 수입품은 귀족들의 수요품인 비단, 책 등이었다. 발해 경제의 중심은 농업이었으며 주로 밭농사 중심이었으나 철제 농기구가 널리 사용되고, 수리 시설이 확충되면서 일부 지역에서는 벼농사도 지었다.

03. 지문은 호족에 대해 묻고 있으며 ⑤번은 6두품 세력에 대한 설명이므로 옳지 않다.
신라 말 왕권의 불안정은 중앙의 행정체제를 뒤흔들어 귀족연립적인 정치형태로 변질되었고 정치 사회적 혼란을 가중시켰으며, 중앙의 통제력이 약화되자 지방에서는 군진을 근거로 한 해상세력이 등장하였다. 새로운 호족세력은 행정·조세권까지 장악하고 농민을 수탈하는 등 중앙의 경제기반을 잠식하였다. 각처에서 농민 반란이 일어나는 등 일대 혼란이 후삼국시대까지 이어지게 되고 호족과 6두품은 반신라세력으로 고려의 건국에 영향을 미치게 된다.

▶ 정답 … 02.①   03.④

04 ⊙, ⓒ에 들어갈 단어로 옳은 것은?

> 신라의 귀족들은 국가로부터 여러 가지 경제적 특권을 받고 있었다. 우선 전쟁에서 큰 공을 세운
> 이에게는 그 연고지를 주었으며 이 지역에서는 사람을 대상으로 하여 조세와 물품을 수취할 수 있
> 는 권리를 허용한 것으로 보인다. 일반 관료들은 녹봉을 받지 않는 대신에 일정한 토지에 대한 수
> 조권을 행사하고, 노동력을 징발할 수 있는 권리를 주었는데, 이를 ___⊙___ 이라고 했다. 신라의
> ___ⓒ___ 은(는) 반역죄인 혹은 피정복민의 집단거주지로서 그 주민은 농업이나 어업, 목축업 등에 종사
> 하였다.

① ⊙ 정전 ⓒ 소 　　　　② ⊙ 녹읍 ⓒ 향·부곡

③ ⊙ 녹읍 ⓒ 소 　　　　④ ⊙ 식읍 ⓒ 향·부곡

05 다음과 같은 사회현상에 대처하기 위해 고대사회에서 실시한 정책으로 옳은 것은?

> 신라 한기부 여권의 딸 지은은 홀어머니 밑에서 나이 32세가 되도록 시집을 가지 못하고 어
> 머니를 봉양하였다. 집안이 어려워 남의 집 일을 하고 삯을 받아 겨우 먹고 살았다. 나중에는
> 부잣집 종으로 몸을 팔아 어머니를 봉양하였다. 뒷날 어머니가 내막을 알고는 밥도 먹지 않고
> 모녀가 　　　　　　　　　　　　　　　　　　　　　　　대성통곡하였다.
> － 「삼국사기」 －

① 정전을 지급하였다. 　　　　② 환곡을 실시하였다.

③ 의창을 설치하였다. 　　　　④ 향·부곡을 설치하였다.

✅ **정답 및 해설**

04. ⊙은 녹읍이고 ⓒ은 향·부곡이다.

녹읍은 조와 노동력을 함께 부여하여 귀족에게 지급한 토지이며, 소에서는 주로 수공업을 담당했으며 향과 부곡
에서는 농업·어업 등에 종사하였다. 향·부곡·소는 신라 시대부터 조선 초기까지 전국적으로 분포하고 있었던
특수한 말단 행정구역으로 대체로 전쟁 포로의 집단적 수용지이거나, 또는 본래 일반 군·현이었던 곳이 반역
및 적에의 투항 등 중대한 범죄로 인해 그 격이 강등되어 생겨났다. 거주하는 사람들은 양민이었지만 천민대우
를 받았으며 양민보다 더 많은 세금을 부담하였다. 또한 거주 지역이 소속 집단 내로 제한되었다.

05. ① 정전을 지급하여 농민들에게 농사를 지을 수 있는 토지기반을 확보하게 해주었다.

② 환곡은 조선시대에 있었던 구휼(救恤) 제도로서, 흉년 또는 춘궁기에 곡식을 빌려 주고 풍년·추수기에 되받
는 제도이다.

③ 의창은 고려 시대에 시행된 빈민 구제 제도이자 국립 구호기관으로, 평시에 곡식을 저장하여 두었다가 흉년
에 이것으로 가난한 백성을 구제하였으며, 주로 상평창에서 곡식을 빌려주었다.

④ 향·부곡은 신라 시대부터 조선 초기까지 있었던 특수한 지방의 하급 행정 구획이다. 향·소·부곡의 사람들
은 일반적인 양민과 달라서 그 신분이 노비·천민에 유사한 특수한 열등 계급의 지위에 있었다.

▶ 정답 ··· 04.② 　05.①

06 다음의 역사적 사실을 통한 추론으로 가장 적절한 것은?

> • 신문왕 7년(687) 5월에 문무 관료전을 지급하되 차등을 두었다.
> • 신문왕 9년(689) 1월에 내외관리의 녹읍을 혁파하고 매년 조를 내리되 차등이 있게 하여 이로써 영원한 법식을 삼았다.
> • 경덕왕 16년(757) 3월에 여러 내·외관의 월봉을 없애고 다시 녹읍을 나누어 주었다.

① 6두품이 성장하게 되었다.
② 왕권의 전제화가 계속 진행되었다.
③ 귀족의 경제력이 점차 약화되었다.
④ 국왕과 귀족 사이의 권력 갈등이 있었다.

 정답 및 해설

06. 신문왕(7C)은 관리들에게 관료전을 지급하여 조(租)만을 수취하게 하여 관료들의 농민에 대한 지배를 억제하고 왕권을 강화하였다. 또한 성덕왕(8C)때는 국가의 농민에 대한 토지지배력을 확보하기 위해 정전을 지급하였다. 기존 백성 소유의 토지를 국가가 지급하는 형식을 통해 재확인해주고 토지가 없는 백성에게는 황무지나 국유지를 지급하였다. 경덕왕(8C) 때는 귀족층의 반발로 관료전이 폐지되고 녹읍이 부활하였다. 이는 다시 귀족권이 강해져서 왕권과 갈등이 있었음을 의미한다. 또한 면세전의 증가로 국가재정이 압박되어 농민의 부담이 가중되었다.

▶ 정답 … 06.④

07 다음 중 통일 신라의 농민에 대한 설명으로 옳은 것은?

> ㉠ 촌에 거주하면서 중앙에서 파견된 촌주의 행정적 지배를 받았다.
> ㉡ 귀족들이 고리로 빌려 준 곡물을 갚지 못하면 노비로 전락하였다.
> ㉢ 국가로부터 정전을 지급받아 경작하면서 국가에 조를 바쳤다.
> ㉣ 향, 부곡 등에 거주하는 농민들은 노동력 징발에서 제외되었다.

① ㉠, ㉡   ② ㉠, ㉢
③ ㉠, ㉣   ④ ㉡, ㉢

08 다음의 (가)에 해당하는 설명으로 옳은 것은?

> 통일 후 신라의 귀족들은 (가)을(를) 소유하고, 그 곳에 사는 백성들에게서 조세와 공물을 징수하며 노동력까지 징발하였다.

> ㉠ 서원경 부근에 관한 민정문서는 (가)의 실상을 알려주는 좋은 자료이다.
> ㉡ 신라 하대에는 진골귀족들의 경제적·군사적 기반이 되었다.
> ㉢ 신문왕은 한 때 귀족세력을 억누르기 위하여 (가)을(를) 폐지하기도 하였다.
> ㉣ 왕이 귀족에게 하사한 것이나, 왕토 사상에 의해 왕이 마음대로 처분할 수 있었다.

① ㉠, ㉡   ② ㉠, ㉢
③ ㉠, ㉣   ④ ㉡, ㉢

정답 및 해설

07. 신라 농민은 촌에 거주하였고 토착세력인 촌주가 군·현의 지방관의 통제를 받으면서 농민을 다스렸다. 또한 성덕왕 때 16~60세의 정남은 정전을 지급받아 경작하여 국가에 조를 바쳤다.
향, 부곡의 농민들은 노동력 징발뿐만 아니라 일반 농민들보다 더욱 많은 세금의무를 가졌다.

08. (가)는 녹읍이며 신라의 귀족들은 본래 소유하였던 토지 외에도 녹읍을 통해 사적으로 지배하는 토지를 증가시켰다.
또한 그 토지에 딸린 노동력과 공물을 수취할 수 있었고, 이것들은 귀족의 경제적 혹은 군사적 기반이 되었다.
㉠ 민정문서는 당시 촌락의 경제상황과 국가의 세무행정을 보여주는 자료이지만, 녹읍의 실상을 알려주는 자료는 아니다.
㉣ 모든 영토는 왕의 소유라는 왕토사상이 있었으나, 실제로는 개인의 사유지가 존재하였고, 개인의 사유지를 왕이라 하여 마음대로 처분할 수는 없었다.

▶ 정답 … 07.④ 08.④

03 고대의 사회모습

1 삼국의 신분

(1) 신라의 골품제

지배층 내부를 서열화한 신라의 신분제

① 구분 ··· 성골 · 진골, 6 · 5 · 4두품

② 특징 ··· 골품에 따라 관직 승진 제한, 일상생활 제한

(2) 삼국의 신분별 생활모습

① 귀족 ··· 높은 관직 차지, 지위를 세습하여 사회 · 경제적 특권 누림, 토지 (녹읍 · 식읍)와 노비 소유, 고리대, 기와집, 비단옷 등을 갖추고 화려한 생활

② 평민 ··· 대부분 농민 → 전세 · 공물 · 역 등을 부담

③ 천민 ··· 대부분 노비로 구성 → 왕실, 관청, 귀족에 소속되어 자유롭지 못함. 재산으로 여겨져 매매 증여 상속의 대상, 세금을 내지 않음

등급	관등명	진골	6두품	5두품	4두품
1	이벌찬				
2	이 찬				
3	잡 찬				
4	파진찬				
5	대아찬				
6	아 찬				
7	일길찬				
8	사 찬				
9	급벌찬				
10	대나마				
11	나 마				
12	대 사				
13	사 지				
14	길 사				
15	대 오				
16	소 오				
17	조 위				

골품제도

2 삼국의 사회

(1) 법률 정비

통치 질서 유지와 지배층의 특권 유지 목적

(2) 고구려의 진대법

봄에 곡식을 빌려 주었다가 가을에 수확한 것으로 갚게 함 → 빈민 구제가 목적

(3) 신라의 화랑도(청소년 수련단체)

㉠ 구성 ··· 화랑(진골 귀족 자제)과 낭도(평민 포함)로 구성 → 신분 간 대립 완화 역할

㉡ 특징 ··· 진흥왕 때 국가 조직으로 발전, 원광의 세속 5계를 지킴, 삼국통일에 공을 세움

③ 통일 신라의 사회

(1) 귀족의 생활

① 국가에서 녹읍 또는 녹봉 지급

② 대규모 토지와 노비 소유

③ 고리대를 통해 재산을 늘림

(2) 골품제의 변화

① 성골의 소멸

② 3~1두품은 평민화 됨

(3) 농민의 생활

① 세금 부담 … 국가에서 정전을 지급받은 대가로 세금 납부, 특산물 · 노동력 부담

② 신라 촌락 문서 … 토지 면적과 인구 등의 경제 상황을 알려주는 문서

④ 발해의 사회

(1) 지배층

왕족인 대씨와 귀족인 고씨 등 고구려계가 대부분을 구성

(2) 피지배층

대부분 말갈인으로 구성

(3) 대외활약상

당나라의 빈공과(당에서 외국인을 대상으로 실시한 시험)에서 발해인들은 신라인과 수석을 다투기도 함

핵심 예상 문제

01 (가), (나) 사건이 일어난 시기의 국왕에 대한 설명으로 옳은 것은?

> (가) 감은사 앞바다에 떠다니는 섬에서 대나무를 잘라다가 만파식적이라는 피리를 만들었는데 이 피리를 불면 오던 비가 가라앉고 구름이 걷혔다고 한다. 이는 신라의 국태안민을 바라고 왕권의 안정을 도모하려는 염원에서 나온 이야기이다.
>
> (나) 겨울에 왕이 사냥을 나갔다가 길거리에서 주저앉아 울고 있는 자에게 그 이유를 물으니, 한 줌의 양식도 없어 겨울을 보낼 것이 걱정이라 하여 왕이 먹을 것과 입을 것을 주어 달래고 해마다 봄 3월부터 가을 7월까지 관곡을 내어 백성의 가구의 다소에 따라 진대(賑貸)함에 차등을 두고, 겨울 10월에 이르러 도로 거둬들이게 법규를 만드니 모든 사람이 크게 기뻐하였다.

① (가) - 삼국 통일을 이룩하였다.
② (가) - 최초의 진골 출신의 왕으로 비담의 반란을 진압하였다.
③ (나) - 을파소를 재상에 임명하고 부자상속제를 시행하였다.
④ (나) - 태학을 설립하여 상류층 자제를 교육하였다.

✅ **정답 및 해설**

01. (가)는 신라의 신문왕(7C) 때의 일이고 (나)는 고구려의 고국천왕 때(2C)의 일이다. 고국천왕은 재상 을파소의 건의에 따라 춘대추납의 빈민책인 진대법을 시행하였다. 진대법은 관곡을 대여하는 제도로서, 빈민 구제 및 채무 노비화 방지 목적으로 실시하였다.
③ 고국천왕 때 형제상속제에서 부자상속제로 바뀌었으며 이는 계루부의 왕권강화를 의미한다.
① 삼국통일을 이룩한 왕은 문무왕이다.
② 최초의 진골 출신의 왕으로 비담의 반란을 진입한 자는 무열왕이다.
④ 태학을 설립하여 상류층 자제를 교육한 것은 소수림왕의 업적이다.

▶ 정답 ··· 01.③

02 다음 지도에 표시된 나라에 대한 설명으로 옳지 <u>않은</u> 것은?

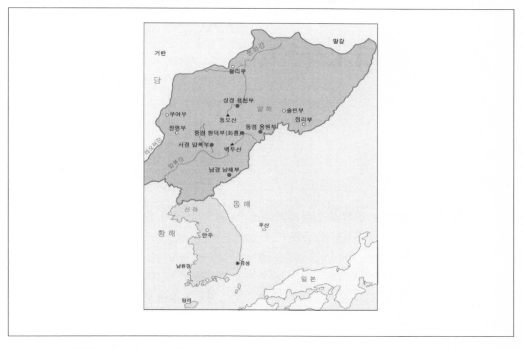

① 신라도를 통해 신라와 교류했다.

② 대조영은 진국을 세우고 연호는 천통으로 하였다.

③ 당나라와 초기에 교류하다 문왕 이후에 적대를 하였다.

④ 목축과 수렵이 활발했고 일부 지역에서는 벼농사도 지었다.

02. 10세기 때 발해의 전성기 무렵의 지도이며, 발해는 초기에 당나라와 적대적으로 지내다 문왕 이후에 교류를 하였다.

▶ 정답 … 02.③

03 신라와 당의 교류에 대한 설명으로 옳은 것을 〈보기〉에서 바르게 고른 것은?

┃보 기┃
㉠ 숙위 학생은 당에 유학하여 공부하던 신라의 유학생을 말한다.
㉡ 신라는 금·은·세공품을 당에 수출하였고 비단·서적을 수입해왔다.
㉢ 원효는 당을 거쳐 인도까지 순례한 뒤「왕오천축국전」이라는 책을 썼다.
㉣ 쇼소인은 당에 있는 보물 창고로 당시 신라와 당의 교류를 알려 주는 유물이 보관되어 있다.

① ㉠, ㉡   ② ㉠, ㉢
③ ㉡, ㉢   ④ ㉡, ㉣

04 다음에서 비판하는 신라의 신분제에 대한 설명으로 옳지 <u>않은</u> 것은?

최치원이 서쪽으로 당에 가서 벼슬을 하다가 고국에 돌아 왔는데 전후에 난세를 만나서 처지
가 곤란하였으며 걸핏하면 모함을 받아 죄에 걸리게 했으므로 스스로 때를 만나지 못한 것을
한탄하고 다시 벼슬할 뜻을 두지 않았다. 그는 세속과 관계를 끊고 자유로운 몸이 되어 숲속
과 강이나 바닷가에 정자를 짓고 소나무와 대나무를 심으며 책을 벗하여 자연을 노래하였다.

① 6두품은 주로 정치에 참여하였다.
② 6두품은 아찬까지 승진할 수 있었다.
③ 골품제는 신분별로 개인의 가옥, 복색까지 다르게 규정하였다.
④ 최치원은 시무 10조의 개혁안을 제시하였으나 귀족들의 반대로 실패하였다.

✓ **정답 및 해설**

03. ㉠ 숙위 학생은 신라에서 당나라의 국자감에 입학하여 문화적인 교류를 담당했던 관비 유학생이다. 640년(선덕
여왕 9년) 신라가 처음으로 당나라의 국자감에 자제를 보내 입학시킨 뒤, 많은 신라의 학생이 당나라를 유학
했다. 고구려·백제에서도 자제를 당나라의 국자감에 입학시킨 일은 있었으나 통일 이후에는 주로 숙위학생
의 형태로 문물수입이 이루어졌다.
　　숙위학생은 처음에는 볼모 성격의 유학생이었지만, 차츰 신라와 당나라 사이의 외교사절 및 유교·불교·도
교를 비롯한 다양한 선진문물을 전파하는 문화사절의 역할도 수행하게 된다.
㉡ 신라의 대당수출품은 금·은·세공품 등이며 수입품은 비단·서적이다.
㉢「왕오천축국전」은 신라의 승려 혜초가 723년부터 727년까지 인도와 중앙아시아, 아랍 부근의 여러 나라를 순
례하고 그 행적을 적은 여행기이다.
㉣ 쇼소인은 일본 나라 현 도다이사에 있는 왕실의 유물 창고이다. 백제 왕족이 사용했다는 24면의 동경은 귀중
하게 여겨지고 있으며 통일신라의 것으로 추정되는 공예품도 많이 보관하고 있다.

04. 최치원은 신라 시대 6두품 출신 학자였으며 당나라에서 빈공과에 급제하며 인정을 받았지만 신라에 돌아와서는
골품제의 모순을 개혁하고자 진성여왕에게 시무 10조의 개혁안을 올렸으나 귀족들의 방해로 좌절되고, 산천에
들어가 여생을 보냈다.
① 6두품은 정치보다는 주로 학문과 종교 활동을 하였다.

▶ 정답 … 03.① 04.①

05 다음의 사상이 요청된 시대적 배경에 대해 옳은 것을 〈보기〉에서 고르면?

> 하나 가운데 일체의 만물이 다 들어있고 만물 속에는 하나가 자리 잡고 있으니, 하나가 곧 일체의 만물이고 만물은 하나에 귀속되어 있는 것이다. 한 작은 티끌 속에서 시방(十方)이 있는 것이요, 한 찰나가 곧 영원이다.

┃보 기┃

㉠ 정치에서 소외된 6두품 계층을 포용할 필요가 있다.
㉡ 사회가 팽창되는 가운데 지배층의 안정을 도모할 필요가 있다.
㉢ 통일 직후의 신라사회를 통합할 필요가 있다.
㉣ 대외적으로 중국과 대등한 지위에 있음을 과시할 필요가 있다.

---

① ㉠, ㉡   ② ㉠, ㉢
③ ㉡, ㉢   ④ ㉡, ㉣

 **정답 및 해설**

05. 통일 신라 시대 승려인 의상은 해동 화엄종의 시조이며 '일즉다다즉일' 사상은 우주의 만물을 하나로 귀결시키려는 사상으로 왕을 중심으로 하는 중앙집권체제를 옹호하는 데 기여하였다. 의상의 사상은 전제왕권을 뒷받침하였을 뿐만 아니라 통일 직후의 신라 사회를 통합하는 역할을 하였다. 화엄종은 중국 당나라 때에 성립된 불교의 한 종파로 일체의 천지만물을 비로자나불(석가의 진신(眞身)을 높여 부르는 칭호)의 발현으로 보며, 불타의 깨달음의 경지에서 전 우주를 절대적으로 긍정하는 통일적 입장이다.
㉠ 귀족중심의 불교였으므로 옳지 않다.
㉣ 이와 같은 내용은 주장한 적이 없다.

▶정답 … 05.③

06 다음 고대 왕들의 이름을 통해서 파악할 수 있는 사실로 옳은 것은?

> 법흥(法興), 진흥(眞興), 진지(眞智), 진평(眞平)

① 도교를 국가의 통치 이념으로 삼았다.
② 지방 귀족들의 영향을 받아 왕명을 정하였다.
③ 공자, 맹자 등의 유교 선현들의 영향을 받았다.
④ 왕즉불 사상에 근거하여 왕권을 강화하려 하였다.

07 다음과 같이 주장한 인물의 활동으로 옳은 것은?

> 열면 헬 수 없고 가없는 뜻이 대종(大宗)이 되고, 합하면 이문일심(二門一心)의 법이 그 요체가 되어 있다. 그 이문 속에 만 가지 뜻이 다 포함되어 조금도 혼란됨이 없으며 가없는 뜻이 일심과 하나가 되어 혼용된다. 이런 까닭에 전개(開)와 통합(合)이 자재하고, 수립(立)과 타파(破)가 걸림이 없다. 펼친다고 번거로운 것이 아니요, 합친다고 좁아지는 것도 아니다. 그리하여 수립하되 얻음이 없고, 타파하되 잃음이 없다.

① 정토교를 보급하여 불교의 대중화에 기여하였다.
② 유식사상과 미륵신앙을 기반으로 성립되었다.
③ 해동 화엄종의 시조로 중앙집권체제를 옹호하였다.
④ 불교 통합을 위해 화엄종과 선종, 천태종을 융합하였다.

정답 및 해설

06. ④ 제시된 왕들은 모두 불교식 이름으로서 '법'은 불법을, '진'은 불교에서 말하는 진리를 의미한다.
삼국 중에서 발전이 뒤처진 신라는 불교를 적극적으로 받아들여 왕권을 강화할 필요가 있었다. 따라서 진흥왕대로부터 진덕여왕에 이르기까지 불교왕명시대(佛敎王名時代)가 전개되었다. 이는 '왕이 곧 부처'라는 '왕즉불(王卽佛)'의 사상을 반영하는 것으로 불교를 통하여 백성들의 마음을 하나로 모으고 왕을 숭상하게 하는 의도가 깔려 있다.

07. 원효의 화쟁사상에 관한 설명이다. 원효는 불교사상의 융합과 실천에 힘쓴 정토교의 선구자이며, 한국의 불교사상에 큰 발자취를 남긴 가장 위대한 고승의 한 사람으로 추앙되고 있다.
② 법상종에 대한 설명이다.
③ 해동 화엄종의 시조는 의상이다.
④ 대각국사 의천에 대한 설명이다.

▶ 정답 ··· 06.④ 07.①

08 다음의 자료에 대한 설명으로 옳지 <u>않은</u> 것은?

★★

> 이 고을의 사해점촌을 조사해 보았는데 지형은 산과 평지로 이루어져 있으며 마을의 크기는 5,725보(步), 공연(孔烟) 수는 합하여 11戶가 된다. 계연(計烟)은 4, 나머지는 3이다. 이 가운데 중하연이 4호, 하상연이 2호, 하하연이 5호이다.
>
> — 「신라장적(新羅帳籍)」 —

① 5년마다 촌 단위로 작성하였다.
② 연수유답이 가장 많이 분포하였다.
③ 노동력은 경제적 가치와 동일하게 여겼다.
④ 1933년에 일본 나라현 동대사 정창원에서 발견되었다.

09 신라의 삼국 통일을 전후로 한 다음의 사건들 가운데 역사적으로 틀린 사실을 담고 있는 것은?

① 복신과 도침은 임존성에서, 흑치상지는 주류성에서 각각 백제 부흥 운동을 시작하였다.
② 당은 신라에 군사를 지원하고 신라는 백제·고구려를 멸망한 후 대동강 이북 땅을 당에 넘기기로 하였다.
③ 신라는 고구려 부흥 운동을 지원하고, 당의 군대가 주둔하던 백제의 옛 땅을 되찾았다.
④ 고구려 안승이 신라로 망명하자, 신라는 익산에 보덕국을 세우고 안승을 보덕왕으로 임명하였다.

✔ **정답 및 해설**

08. 통일신라시대 민정문서는 경덕왕 14년(755년)에 작성된 것으로 추정되며 3년마다 촌 단위로 작성하였다. 조세 수취와 노동력 징발의 기준을 마련하기 위한 문서였으며 호구(호수), 토지(전답), 뽕나무, 잣나무, 호두나무(과일나무)의 수, 우마(가축)의 감소 등을 기입·작성하였는데 노동력을 가장 중시하였다. 연수유답은 이른바 정전(丁田)이라고도 하며 독립적으로 농민이 소유한 토지로서 가장 많이 분포했다.

09. ① 내용이 바뀌었다. 복신과 도침은 주류성(한산)에서, 흑치상지는 임존성에서 각각 부흥 운동을 벌였다.
②는 나·당 동맹에 관련된 내용이며 ③④는 고구려의 부흥운동에 관련된 내용이다.
• 백제 부흥 운동 : 백제가 멸망하자 복신과 도침은 주류성과 한산에서, 흑치상지와 지수신은 임존성에서 부흥 운동을 벌였다.
• 고구려 부흥 운동 : 고구려가 멸망하자 검모잠은 재령과 한성에서 부흥운동을 벌였고 신라는 고구려 왕족인 안승을 금마저에서 보덕국의 왕으로 세우고 부흥 운동을 도왔다.

▶ 정답 ··· 08.① 09.①

10 (가)에 들어갈 내용으로 옳은 것은?

> 〈삼국의 사회모습〉
>
> • 고구려 : 제가회의, 대대로
> • 백제 : 정사암 회의, 상좌평
> • 신라 :   (가)

① 화백회의, 막리지

② 화백회의, 상대등

③ 집사부회의, 막리지

④ 집사부회의, 상대등

정답 및 해설

10 고구려의 수상격으로 대대로(후에 대막리지)가 있으며, 그 아래에 주부, 내평 등이 국정을 나누어 담당하였다. 백제는 수상격인 상좌평 또는 내신좌평을 3년마다 정사암회의에서 선출하였다. 신라의 상대등은 귀족대표이자 화백회의의 의장이었으며 집사부의 시중(중시)와 대립각을 세우게 된다.

※ 참고 : 삼국의 정치조직

구분	관등	수상	중앙관서	귀족합의제
고구려	10여 관등	대대로(막리지)		제가회의
백제	16관등	상좌평	6좌평, 22부	정사암회의
신라	17관등	상대등	병부, 집사부	화백회의

▶ 정답 ··· 10.②

○4 고대의 문화예술

❶ 고대의 유학

국가	교육 기관	주요 내용
고구려	태학, 경당	• 광개토 대왕릉비와 중원고구려비에서 한학 수준 짐작 • 「유기」, 「신집」
백제	5경 박사	• 북위에 보낸 국서의 세련된 문장 • 「서기」 - 고흥
신라	-	• 임신서기석을 통해 화랑의 유교 경전 학습 • 「국사」 - 거칠부
통일신라	국학	• 강수(외교 문서), 설총(이두 정리) • 독서삼품과(원성왕)
발해	주자감	정효공주 묘비에 4·6변려체 문장

❷ 고대의 고분과 건축

국가	고분	건축과 탑
고구려	• 돌무지무덤(장군총) • 굴식 돌방무덤(무용총)	주로 목탑 → 현존하지 않음
백제	• 한성 시기 : 계단식 돌무지무덤(고구려의 영향) • 웅진 시기 : 벽돌무덤(무령왕릉, 남조의 영향) • 사비 시기 : 굴식 돌방무덤(능산리 고분)	• 미륵사지 석탑(백제 최초의 석탑, 목탑과 석탑의 과도기적 형태) • 정림사지 5층 석탑
신라	-	• 황룡사 9층 목탑(현존하지 않음) • 분황사 석탑
통일신라	• 화장 유행(불교의 영향) • 둘레돌(12지 신상)	• 불국사, 석가탑, 다보탑 • 감은사지 3층 탑 • 승탑과 탑비 유행(선종)
발해	• 정혜공주 묘(굴식 돌방무덤) • 모줄임 천장	상경(당의 장안성 주작대로의 영향 받음)

❸ 불교 사상의 발달과 풍수지리설

(1) 통일 신라 중대

① 원효

ㄱ 일심(一心)사상 : 다른 종파들과 대립을 조화시키고 분파 의식을 극복하려고 노력

ㄴ 아미타 신앙 : 서방 정토(西方淨土)에 있다고 하는 대승불교의 부처 가운데 가장 널리 신봉되는 부처를 믿는 사상

② 의상

ㄱ 화엄 사상 : 모든 존재가 상호 의존적 관계가 있으면서 서로 조화를 이루고 있다

ㄴ 관음 신앙 : 현세에서 고난을 구제받자는 사상

ㄷ 일즉다 다즉일(一卽多 多卽一) : '하나가 모든 것이고, 모든 것은 하나이다.' → 하나 속에 우주 만물을 아우르자는 사상

(2) 통일 신라 하대

① 선종의 유행 ··· 통일 전후에 전래

② 호족 출신이 많음

③ 참선 중시, 호족과 결합(9산 선문)

☞ 9산 선문 : 신라 말 고려 초의 사상계를 주도한 아홉 갈래의 승려집단으로 당대의 사회변동에 따라 주관적 사유를 강조한 선종을 퍼뜨리는 역할을 했다.

④ 지방 문화 역량 증대

⑤ 풍수지리설 유행(신라 말 도선) ··· 산세·수세로 도읍, 주택·묘지 등을 선정하는 인문지리학, 국토의 효율적인 이용과 관련(지방의 중요성 자각)

❹ 삼국 문화의 일본전파

일본 아스카 문화에 영향

☞ 아스카 문화 : 7세기 스이코 천황 시기 아스카 지방을 중심으로 발달한 문화로, 일본 최초의 불교문화라고 할 수 있으며 유교 및 도교 등 다양한 외래 학문과 사상이 담겨있는 것이 특징적이다.

(1) 고구려

① 담징 ··· 종이와 먹 제조 방법, 호류사 벽화

② 혜자(쇼토쿠 태자의 스승) ··· 수산리 고분벽화(다카마쓰 고분 벽화에 영향)

(2) 백제

① 아직기, 왕인(한자, 유학), 노리사치계(불교 보급)

② 오경박사, 의박사, 역박사, 공예 기술자 등의 활약

(3) 신라

① 배 만드는 기술

② 둑 쌓는 기술 전래

(4) 가야

① 제철기술

② 스에키 토기에 영향

☞ 스에키 토기 : 일본 아스카 문화의 대표적인 토기 양식으로 가야의 영향을 받았다.

핵심 예상 문제

01 그림에 대한 설명으로 옳은 것은?

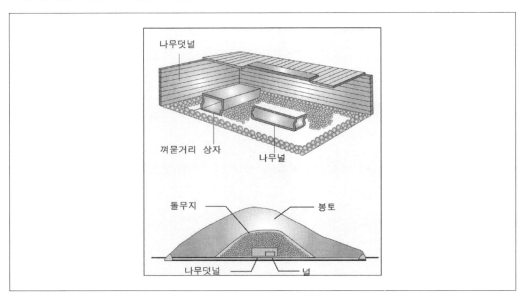

① 벽화가 있으며, 주검을 옆으로 밀어넣었다.

② 도굴이 어려워 많은 껴묻거리가 남아 있다.

③ 고구려의 강서대묘, 신라의 김유신묘가 대표적이다.

④ 돌을 쌓아 만들었으며 청동기시대부터 삼국시대까지 만들어졌다.

✅ **정답 및 해설**

01 제시된 그림은 돌무지덧널무덤의 내부구조이며 돌무지덧널무덤은 도굴이 어려워 껴묻거리가 많이 남아 있다.
　① 돌무지덧널무덤은 벽화가 없으며 주검을 위에서 밑으로 밀어넣었다.
　③ 굴식돌방무덤에 대한 설명이다.
　④ 돌무지무덤에 대한 설명이다.

▶ 정답 … 01.②

02 다음 내용 중 옳은 것을 <u>모두</u> 고른 것은?

> (가) 아직기는 백제의 학자로 일본에 건너가 태자의 스승이 되었다.
>
> (나) 혜자는 고구려의 승려로 쇼토쿠 태자의 스승이 되었다.
>
> (다) 혜초는 백제의 귀족으로 최초로 일본에 불교를 전한 승려이다.
>
> (라) 담징은 고구려의 승려로 일본에서 맷돌·종이·먹 등의 제조법을 가르쳤다.
>
> (마) 왕인은 호류사에서 금당벽화를 그렸다.

① (가), (나)
② (가), (나), (다)
③ (가), (나), (라)
④ (나), (다)

정답 및 해설

02. (다) 최초로 일본에 불교를 전한 승려는 노리사치계이다.

(마) 호류사 금당벽화는 담징이 그렸다.

(가) 아직기는 백제의 학자로 근초고왕 때 왕명으로 일본에 건너가 일본 왕에게 말 2필을 선사한 후 말 기르는 일을 맡아 보았다. 그 후 일본 왕은 그가 경서에 능통한 것을 보고 태자의 스승으로 삼았다. 또한 백제의 박사 왕인을 초빙하여 일본에 한학(漢學)을 전하게 하였으며 후에 나타난 아직사(阿直史)라는 일본의 귀화씨족의 선조가 되었다.

(나) 혜자는 595년(영양왕 6년) 일본으로 건너가 쇼토쿠태자의 스승이 되었으며 쇼토쿠 태자가 중앙 집권 체제를 정비하고 불교를 융성케 하는 데 큰 영향을 끼쳤다.

(라) 담징은 610년(영양왕 21) 백제를 거쳐 일본에 건너가 일본의 승려 호조[法定]와 함께 기거하면서 불법을 강론하고 채화 및 맷돌·종이·먹 등의 제조법을 가르쳤다. 그가 그린 일본 호류사 금당벽화는 동양 3대 미술품의 하나로 꼽힌다.

▶ 정답 ⋯ 02. ③

O3 P A R T

중세의 정치·경제 ·사회·문화

◙1 중세의 정치활동

① 고려의 건국과 후삼국 통일

(1) 고려 건국

① 왕건의 성장 … 궁예의 부하로서 금성(나주)을 점령하는 등 큰 공을 세움

② 후고구려의 변화 … 궁예의 거듭된 실정으로 민심을 잃음

③ 고려 건국(918) … 신하들이 왕건을 국왕으로 추대→고구려를 계승한다는 의미에서 국호를 고려라 함, 송악(개성)으로 천도

④ 고려 초기의 정치 안정
- ㉠ 확고한 토착 세력 기반(송악), 세금 감면 정책으로 민심 수습
- ㉡ 중국 5대의 여러 나라와 외교 관계를 통해 국제적 위상을 높임

(2) 민족의 재통일과 태조의 정책

① 고려의 후삼국 통일

② 고려의 외교 정책 … 신라에는 우호적, 후백제와는 대립→고창 전투에서 후백제군 격파

③ 훈요 10조 … 태조가 후대 왕들에게 남긴 고려의 기본 통치 방향

④ 태조의 정책
- ㉠ 북진 정책
  - 고구려 계승(국호를 고려라 칭함), 서경(평양)을 북진 정책의 전진 기지로 삼음, 거란을 적대함
  - 영토 확장 : 청천강 ~ 영흥만
- ㉡ 민생 안정 정책
  - 백성의 생활 안정을 위해 조세 감면
  - 가난 때문에 노비가 된 자들을 평민으로 해방함
- ㉢ 호족 포섭 정책
  - 회유 : 혼인정책(여러 호족의 딸과 결혼), 관직과 토지 지급, 왕씨 성 하사
  - 견제 : 기인제도, 사심관 제도
- ㉣ 민족 통합 정책 : 통일 신라, 고구려, 백제출신을 지배 세력으로 수용, 발해 유민 포용
- ㉤ 문화 정책 : 불교, 유교, 도교, 풍수지리설 등 다양한 사상 수용, 주체적인 관점에서 외래문화 수용

❷ 통치 체제의 정비

(1) 왕권의 안정

① 광종

    ㉠ 노비안검법 실시 : 호족들이 불법 소유하던 노비를 양인으로 해방→호족의 경제 기반 약화

    ㉡ 과거제 실시 : 유교적 학식과 능력을 갖춘 새로운 인재 등용

    ㉢ 호족 세력 숙청 : 개혁에 불만을 가진 공신이나 호족 세력 숙청

    ㉣ 기타 : 관리의 공복 제정, 황제 칭호 사용, 연호 사용(광덕, 준풍)

② 성종

    ㉠ 최승로의 시무 28조 수용 : 유교 정치사상을 통치 이념으로 삼음

    ㉡ 제도 정비 : 연등회 · 팔관회 폐지, 지방관 파견, 중앙 관제 마련(2성 6부)

(2) 통치 조직의 정비

① 중앙 정치 조직의 정비 … 당의 3성 6부제 실시→2성 6부제로 운영

고려의 중앙관제

    ㉠ 중서문하성 : 국정 전반 관장, 중요 정책 심의 결정

    ㉡ 상서성 : 6부 관할, 정책 집행

    ㉢ 도병마사, 식목도감 : 중서문하성과 중추원의 재상들이 모여 국가의 중요 정책을 논의하는 회의 기구

    ㉣ 중추원 : 군사 기밀, 왕명 전달, 궁궐 숙위

    ㉤ 어사대 : 관리의 비리 감찰. 풍기 단속

    ㉥ 삼사 : 화폐와 곡식의 출납과 회계 담당(↔조선 시대의 삼사는 언론기관임)

② 지방 행정 조직의 정비

    ㉠ 경기 : 수도 개경과 그 주변을 묶은 지역

    ㉡ 5도 : 일반 행정 구역, 안찰사 파견, 도 아래 주 · 부 · 군 · 현 설치, 주현에는 지방관 파견, 속현에는 지방관이 파견되지 않으며 주현을 통해 간접 지배, 향리가 지방 행정 실무 담당

    ㉢ 양계 : 북계와 동계(국경 지대)→병마사를 파견하여 관리, 군사 요충지에 도호부 · 진 등 설치

    ㉣ 3경 : 개경, 서경(평양), 동경(경주)→후에 동경 대신 남경(한양)

    ㉤ 특수행정구역 : 관리의 비리 감찰. 풍기 단속

③ 군사 제도의 정비

    ㉠ 중앙군 : 2군−궁궐과 왕실 수비, 6위−수도와 국경 지역 방어

    ㉡ 지방군 : 5도의 주현군, 양계의 주진군

④ 교육과 관리 등용 제도

　　㉠ 교육기관 : 국학−국자감(중앙), 향교(지방), 사학−개경의 사학 12도

　　㉡ 관리 등용 : 과거제(제술과 · 명경과 · 잡과 · 승과, 무과는 없음), 음서제(왕족, 국가, 유공자, 5품 이상 고위 관료의 자손을 무시험으로 등용)

⑤ 토지 제도

　　㉠ 전시과 : 관직에 복무하는 대가로 관리의 등급에 따라 전지(토지)와 시지(임야) 지급 → 수조권만 인정

　　㉡ 공음전(5품 이상 관료) : 세습 가능, 고려 귀족의 특권 유지 기반

❸ 고려 전기의 대외 관계

(1) 거란의 침입과 격퇴

① 고려의 대 거란정책 ⋯ 거란의 세력 확대로 고려의 북진 정책 추진과 충돌, 고려는 발해를 멸망시킨 거란을 적대하여 거란의 외교 제의 거절함 → 광군(거란의 침입에 대비한 특수 부대) 조직, 청천강~압록강에서 성 축조

② 거란의 1차 침입(993) ⋯ 소손녕의 침입 → 서희의 외교 담판으로 강동 6주 회복(압록강 유역까지 영토 확대), 거란과 교류 맺음

③ 거란의 2차 침입(1010) ⋯ 강조의 정변을 구실로 침입하여 개경 함락하고 강화 체결함, 양규가 물러가는 거란군 격파

④ 거란의 3차 침입(1018) ⋯ 고려의 강동 6주 반환 거부로 소배압이 다시 침입하였으나 강감찬이 귀주에서 거란군 대파(귀주 대첩)

⑤ 거란과의 전쟁 결과

　　㉠ 정세 변화 : 고려와 송, 거란 사이에서 세력 균형 → 평화 관계 유지

　　㉡ 전후 대책 : 강감찬의 건의에 따라 개경에 나성을 쌓아 수도 경비 강화, 국경 지역에 천리장성(압록강~도련포) 축조

(2) 여진의 성장과 동북 9성

① 고려의 대 여진정책 ⋯ 회유와 동화 정책을 병행하여 여진을 포섭

② 여진 정벌 ⋯ 윤관이 별무반을 이끌고 여진 정벌(1107) → 동북 9성을 쌓아 군대를 주둔시킴 → 여진의 반환 요구 → 방어 및 유지가 어려워 돌려줌

③ 여진의 금 건국

　　㉠ 여진의 번성 : 금 건국(1115) → 거란 정복, 북중국 · 만주 일대 차지

　　㉡ 금의 압력 : 거란을 멸망시킨 뒤 고려에 사대 관계 요구 → 이자겸이 금의 요구 수용 → 고려의 북진 정책 중단

❹ 흔들리는 고려 귀족 사회

(1) 이자겸의 난(1126)

① 왕실과 거듭된 혼인 관계를 통해 경원 이씨 가문이 유력한 문벌 가문으로 성장→이자겸 세력의 권력 독점

② 인종의 이자겸 제거 시도→이자겸의 난→인종의 척준경 회유→척준경의 이자겸 제거

③ 결과 … 왕실의 권위 하락, 문벌 귀족 사회 동요

(2) 묘청의 서경 천도 운동(1135)

① 배경 … 문벌 귀족의 횡포에 반대함, 사대주의에 대한 불만, 풍수지리설 성행

② 중심 세력 … 묘청, 정지상 등의 서경길지(吉地)파

③ 주장 … 금을 정벌할 것, 서경으로 도읍을 옮길 것

④ 결과 … 김부식 등의 개경세력에 의해 진압됨, 고려인의 자주 의식 확인

(3) 무신 정변(1170)

① 배경 … 문벌 귀족의 권력 독점, 국왕(의종)의 사치와 향락 생활, 무신에 대한 차별대우

② 과정 … 정중부·이의방 등의 정변(1170)→문신 제거·의종 폐위→무신 정권 수립

③ 정권 교체 … '이의방→정중부→경대승→이의민→최충헌' 순으로 집권자 변천

④ 최충헌의 집권(1196) … 4대 60여 년간 최씨 정권 유지

　　㉠ 명종에게 사회 개혁안 제시(봉사 10조) : 최충헌이 권력 유지에만 치중하여 제대로 실시하지 않음

　　㉡ 군사적 기반 : 도방, 삼별초

(4) 문신들의 반란

① 김보당의 난 … 정중부와 이의방을 몰아내고 의종을 다시 추대하려다 관군에 진압당함

② 조위총의 난 … 서경에서 무신 정권에 대한 저항 운동을 전개하였으나 관군에 진압당함

(5) 농민과 천민의 저항 운동

① 망이·망소이의 봉기(공주 명학소) … 일반 군현보다 무거운 조세 부담과 부역에 반발→한때 충청도 일대 점령

② 김사미(운문)와 효심(초전)의 봉기 … 지방관의 가혹한 수탈에 반발

③ 만적의 봉기(개경) … 노비의 신분 해방운동

TIP

만적의 난(1198)

경계란(庚癸亂) 이후 국가의 공경대부는 전부 천예(賤隷)에서 나왔다. 장상(將相)이라고 어찌 처음부터 씨가 다를까 보냐. 때가 오면 누구든지 할 수 있는 것이다. 그러므로 우리는 각기 상전을 죽이고 노예 문적을 불살라 삼한에 천인을 없게 하자.

TIP

무신 집권기의 지배 기구

이의방	정중부	경대승	이의민	최충헌	최우	최항	최의	김준	임연	임유무
		도방		도방		도방 · 삼별초				
중방				교정도감	교정도감 · 정방					

❺ 대몽 항쟁과 공민왕의 개혁

(1) 몽골과의 전쟁

① 몽골의 1차 침입(1231)

  ㉠ 배경 : 몽골의 막대한 공물 요구→몽골 사신 피살 사건→외교 단절, 고려 침략

  ㉡ 고려의 항전 : 귀주성에서 몽골군 격퇴(박서), 충주성 항전(관노비)

  ㉢ 결과 : 강화를 맺고 몽골의 요구 수용→몽골군은 고려에 다루가치를 두고 철수

② 몽골의 2차 침입(1232)

  ㉠ 몽골의 2차 침입 : 몽골의 내정 간섭 강화→최우의 강화도 천도(1232)→고려 재침략

  ㉡ 처인성 전투 : 김윤후와 처인 부곡민이 몽골군 사령관 살리타 사살

③ 팔만대장경 조판 … 최씨 정권이 민심을 모으고 부처의 힘으로 몽골을 물리치기 위해 강화도에서 제작

④ 문화재 소실 … 초조대장경 판목(대구 부인사), 황룡사 9층탑(경주)

⑤ 삼별초의 항쟁(1270~1273)

  ㉠ 무신 정권의 군사적 기반이었던 삼별초의 개경 환도 거부

  ㉡ 강화도→진도→제주도로 옮겨가며 항전(여 · 몽 연합군에 의해 진압당함)

  ㉢ 고려인의 자주성을 보여 줌

(2) 원의 내정 간섭

① 국왕을 통한 간접 지배

② 관청과 왕실 용어의 격식을 낮춤

③ 몽골풍(몽골의 풍습을 따라함), 고려양(고려의 풍속이 원나라에서 유행)

④ **정동행성 설치** … 일본 원정을 위해 충렬왕 때 설치 → 고려의 내정 간섭 기구로 변질

(3) 권문세족의 성장

원 간섭기에 원의 세력을 등에 업고 성장한 세력(친원파, 부원파)이며 고위 관직을 독점하고 음서로 신분을 세습함, 대농장을 경영하여 국가의 조세 수입 감소시킴

(4) 공민왕의 개혁 정치

① 반원 자주 정책

    ㉠ 정동행성 폐지, 영토 회복(쌍성총관부를 공격해 철령 이북 지역을 회복함)

    ㉡ 친원파 숙청(기철 제거), 관제와 복식 회복, 몽골풍 금지

② 왕권 강화 정책

    ㉠ 신돈 등용, 전민변정도감 운영 → 불법적인 농장 폐지, 억울하게 노비가 된 자를 양인으로 회복

    ㉡ 정방 폐지 → 신진 사대부 등용

③ 개혁 실패의 원인 … 권문세족의 반발과 개혁 추진 세력의 미약, 홍건적과 왜구의 침입으로 국내외 정세 불안

공민왕의 영토 수복

❻ 고려의 멸망과 조선의 건국

(1) 신진 사대부와 신흥 무인 세력

① 신진 사대부의 성장

    ㉠ 지방의 향리, 중소 지주 출신

    ㉡ 성리학 지식을 바탕으로 과거를 통해 중앙 관리로 진출 → 공민왕의 개혁 추진 과정에서 정계 진출 확대

② 신흥 무인세력의 성장 … 이성계(황산대첩), 최무선(진포대첩), 최영(홍산대첩), 박위(쓰시마 섬 토벌) → 신진사대부와 신흥 무인세력의 연합

(2) 고려의 멸망과 조선의 건국

명의 철령 이북 땅 요구 → 이성계의 위화도 회군(1388) → 과전법 제정(1391) → 반대파 제거 → 조선 건국(1392) → 한양 천도(1394)

핵심 예상 문제

01 다음 인물이 활약하던 시기의 권력 집단에 대한 특징으로 옳지 <u>않은</u> 것은?

> 이름 : 김준 (초명 : 김인준)
> 고려시대의 무신으로서 최우를 섬기다가 최우의 손자인 최의가 충신의 간언을 듣지 않고 정치를 잘못하자 임연과 함께 최의를 살해하여 최씨 정권은 막을 내리게 되었다.

① 끈질긴 대몽항쟁으로 강한 주체성을 발휘하였다.
② 선종계통의 조계종을 후원하고 교종을 탄압하였다.
③ 최우는 정방을 설치하여 국정에 대해 문신에게 자문하였다.
④ 국민에 대한 회유책으로 많은 향·소·부곡이 현으로 승격되었다.

정답 및 해설

01. 최충헌 – 최우 – 최항 – 최의로 이어지는 최씨 무신 정권세력에 대해 묻고 있다.
③ 정방은 최우가 자기 집에 설치한 정치기구로서 정색승선이라 불렸으며 주로 문무백관의 인사행정을 취급하였다. 서방은 국정에 대해 문신에게 자문하기 위한 기구이다.

▶정답 … 01.③

02 지도에 표시된 다음 지역을 확보한 왕에 대한 설명으로 옳은 것은?

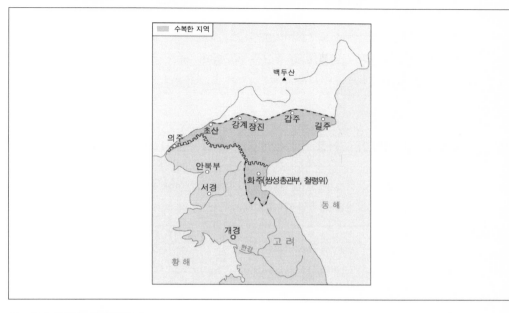

① 사성정책을 실시하였다.

② 정동행성을 폐지하였다.

③ 12목에 지방관을 파견하였다.

④ 호족세력을 통합하기 위해 정략 결혼을 하였다.

✓ 정답 및 해설

02. 지도에 표시된 지역은 원의 쌍성총관부가 있던 철령 이북지역이며 공민왕 때 무력으로 되찾았다. ② 정동행성은 원나라가 일본을 정벌하기 위해 설치한 기관으로 일본정벌에 실패한 이후로는 고려의 내정에 간섭하는 일을 자행하였다.

①, ④ 태조 왕건 때의 일이다.(사성정책 ; 호족 세력에게 왕씨 성을 하사함)

③ 성종은 최승로의 시무28조 건의를 받아들여 각 지방마다 12목을 설치하고 지방관을 파견하였다.

※ 공민왕의 개혁정치

⑦ 신돈을 등용하여 전민변정도감을 통한 개혁을 실시

⑥ 정동행성 폐지

⑥ 몽고풍 일소

⑧ 관제를 복구하고 정방을 폐지

⑩ 동녕부 공격

⑭ 성균관 부흥

⑭ 과거제 정비

▶ 정답 … 02.②

03 고려가 이룬 후삼국 통일의 역사적 의의로 옳지 <u>않은</u> 것은?

① 민족 최초의 통일이다.

② 지방 호족이 지배 세력으로 성장하였다.

③ 발해 유민을 포함한 실질적 민족 통일을 이루었다.

④ 고구려를 계승하는 뜻에서 나라 이름을 '고려'라고 하였다.

04 다음 밑줄 친 '이들'이 고려를 침략했던 시기에 일어난 사실이 <u>아닌</u> 것은?

> <u>이들</u>은 말을 이용한 기동력, 유목 생활에서 다져진 강인한 체력과 좋은 시력 덕분에 적은 인구로 짧은 시간에 세계를 정복할 수 있었다.

① 1차 침입 때는 귀주성을 끝까지 지켜냈다.

② 집권자인 최우는 수도를 강화도로 옮겼다.

③ 윤관은 기마병 중심의 별무반을 편성하였다.

④ 많은 백성들이 죽거나 포로로 잡혀가기도 하였다.

✓ **정답 및 해설**

03. ① 우리 민족 최초의 통일은 신라의 삼국통일이다.

　※ 후삼국 통일의 의의
- 고려가 한반도를 통일함으로써 한반도의 영역은 신라의 대동강선에서 청천강선으로 확대되었다.
- 고려는 고구려를 계승했다는 인식을 바탕으로 신라의 권위도 함께 이용하였다.
- 발해유민을 수용하는 등 실질적인 민족통일을 이루었다.
- 고대의 수취체제를 청산하였으며 호족이 역사의 주역으로 등장하여 문벌귀족사회를 성립하였다.
- 국통은 고구려를, 정통은 신라를 계승하였다.
- 개방성 · 다양성을 바탕으로 새로운 민족 문화의 토대를 마련하였다.

04. ③ 윤관은 여진족을 막기 위해 별무반을 편성하였다.

몽골족은 전통적으로 유목생활을 했다. 13세기 초 칭기즈 칸이 부족을 통합하고 등장해 역사 상 최대의 몽골 대제국을 건설했으며 동 · 서 여러 국가에 큰 영향을 미쳤다.

칭기즈 칸은 1207~1227년 사이 원정에 나서 서쪽으로는 러시아, 동쪽으로는 화북까지 영토를 넓혔으며, 칭기즈 칸 사후에는 오고타이가 전체 지휘권을 잡고 동유럽을 공포에 떨게 만들었다. 13세기 무렵에는 몽골제국의 위세가 절정에 달해 몽골족의 칸들은 신하와 이민족의 힘을 빌려 제국을 다스렸다. 마침내 명의 침입으로 몽골 통일제국은 무너지게 되었다.

▶ 정답 … 03.① 04.③

05 고려시대에 실시한 다음 정책 중 같은 왕이 실시한 것을 〈보기〉에서 바르게 묶은 것은?

┃보 기┃
㈎ 노비안검법 실시 ㈏ 2성 6부 설치
㈐ 기인 제도 실시 ㈑ 백관의 공복 제정
㈒ 과거제의 시행

① ㈎, ㈐, ㈒   ② ㈎, ㈑, ㈒

③ ㈏, ㈐, ㈒   ④ ㈏, ㈑, ㈒

✓ **정답 및 해설**

05. ② ㈎, ㈑, ㈒는 광종의 업적이다. ㈏는 성종 ㈐는 태조 왕건의 업적이다.

※ 태조와 광종의 정책

∘ 태조의 정책

  ㉠ 취민유도(取民有度)정책 … 흩어진 백성을 모으고 조세를 징수함에 법도가 있게 한다는 민생안정정책으로 유교적 민본이념을 나타낸다.
  • 조세경감 : 호족의 지나친 수취를 금지하였다.
  • 민심수습 : 노비를 해방하였다.
  • 흑창설치 : 고구려의 진대법을 계승하여 춘궁기에 곡식을 나눠주고 추수 후에 갚게 하는 빈민구제기구이다. 성종 때 의창으로 바뀌었다.
  ㉡ 통치기반 강화
  • 관제정비 : 태봉의 관제를 중심으로 신라와 중국의 제도를 참고하여 정치제도를 만들고, 개국공신과 호족을 관리로 등용하였다.
  • 호족통합 : 호족과 정략결혼을 하였으며 그들의 향촌지배권을 인정하고, 공신들에게는 역분전을 지급하였다.
  • 사성정책 : 지방의 유력한 호족들에게 왕씨 성을 하사하였다.
  • 호족견제 : 사심관제도(우대)와 기인제도(감시)를 실시하였다.

∘ 광종의 정책

  ㉠ 노비안검법 : 불법적으로 노비가 된 자를 해방하는 것으로 호족의 경제적·군사적 기반을 약화시켜 왕권을 강화하고 조세와 부역의 담당자인 양인을 확보하여 국가재정을 강화하였다.
  ㉡ 과거제도 : 문신 유학자를 등용하여, 신·구세력의 교체를 도모하였다.
  ㉢ 공복제도 : 관료의 기강을 확립(자, 단, 비, 녹)하기 위하여 실시하였다.
  ㉣ 불교장려 : 귀법사와 흥화사를 짓고 혜거를 국사로, 탄문을 왕사로 임명하였다.
  ㉤ 제위보의 설치 : 빈민구제기금을 만들어 빈민을 구제하였다.
  ㉥ 외교관계 : 송과 문화적·경제적 목적에서 외교관계를 수립하였으나, 군사적으로는 중립적 자세를 취하였다.
  ㉦ 전제왕권의 확립 : 공신과 호족세력을 숙청하고, 칭제건원, 광덕, 준풍 등의 독자적인 연호를 사용하였다.

▶ 정답 … 05.②

06 다음 (개)와 (나)의 대화에 관련된 설명으로 옳은 것은?

> (개): 너희 나라는 신라 땅에서 일어났고 고구려 옛 땅을 우리가 소유하고 있거늘, 너희 나라가 고구려의 옛 땅을 자주 침식할 뿐 아니라 우리 거란과 국경을 접하고 있으면서 바다를 건너 송나라만 섬기기 때문에 오늘의 출정을 보게 된 것이니 이제 만일 그 땅을 할양하고 조공을 바치면 무사할 것이다.
>
> (나): 그것은 틀린말이다. 우리는 고구려 옛 땅을 터전으로 하고 있어서 나라 이름도 고려라 했고 평양을 서경이라 한 것이다. …… 지금은 여진이 잠식하여 장악하고 간사한 짓까지 하고 있어 도로의 막힘이 바다를 건너기보다 어려우므로 당신 나라와 통교하지 못한 것이다. 만약 여진을 쫓고 우리 국토를 되찾아 큰 성과 작은 성을 쌓아서 재침을 막아 통로가 트이면 어찌 감히 수빙(修聘)을 아니하겠소.

① (개)는 강조의 정변을 구실로 침입해왔다.
② (나)는 귀주대첩으로 전쟁을 승리로 이끌었다.
③ (개)는 송나라의 국교재개 요청을 문제 삼았다.
④ 이 담판으로 고려는 강동 6주를 획득하였다.

 **정답 및 해설**

06. 거란의 1차 침입 때 거란의 (개) 소손녕과 (나) 서희의 외교 담판에 관한 자료이다. 외교 담판결과 강동 6주를 획득하고 압록강 하류까지 영토를 확장하였다.
① 거란의 2차 침입 때 강조의 정변을 원인으로 하였다.
② 거란의 3차 침입 때 강감찬 장군의 활약이다.
③ 1차 침입 때는 송과의 외교 단절을 요구하였으며 송과의 국교재개를 문제 삼은 때는 3차 침입 때이다.

▶ 정답 … 06.④

07 다음 (가)제도가 실시되면서 나타난 결과로 옳은 것은?

> ___(가)___ 은/는 과거를 치르지 않고 관리를 선발하는 방식이다. 왕족과 공신의 후손, 5품 이상의 고위 관리의 아들, 손자, 사위, 동생, 조카 등에게 자격을 주었다.

① 농민의 조세 부담이 줄어들었다.　　② 호족 세력의 통합이 완성되었다.
③ 귀족들의 권력 독점이 심화되었다.　　④ 신분 간 이동이 좀 더 자유로워졌다.

08 고려시대에 발생한 다음 사건을 시대순으로 나열한 것은?

> (가) 묘청의 서경 천도 운동　　　(나) 이자겸의 난
> (다) 무신정변　　　　　　　　(라) 조위총의 난

① (가) – (나) – (다) – (라)　　　② (가) – (나) – (라) – (다)
③ (나) – (가) – (다) – (라)　　　④ (나) – (가) – (라) – (다)

✓ 정답 및 해설

07. (가)는 음서제도이다. 음서제는 왕족과 공신의 자손 외에 5품 이상의 관료의 아들, 손자, 사위, 동생, 조카를 시험 없이 관리로 뽑는 제도이다.
　※ 음서 제도
　　997년에 문무관 5품 이상관의 아들에게 음직을 주도록 하는 음서제가 최초로 생겨났으며, 1049년(문종 3)에는 전시를 지급하는 공음전의 제도가 마련되면서 고려의 문벌귀족사회를 형성하는 토대가 마련되었다. 음서의 범위는 고려시대에는 5품 이상의 관직을 지닌 관리의 자제를 그 대상으로 하였으나, 조선시대에는 그 범위를 축소시켰다. 음서에 의해 선발된 관리들을 음관이라고 하는데, 원칙적으로 장자(長子)만이 받을 수 있었으나, 장자가 유고인 경우에는 장손이나 차자가 음직을 받을 수 있었다

08. ③ (나)이자겸의 난(1126년) – (가)묘청의 서경 천도 운동(1135년) – (다)무신정변(1170년) – (라)조위총의 난은 최초의 반무신난(1174년)이다.
　• 이자겸의 난 : 왕실과 거듭된 혼인으로 경원이씨 가문이 권력을 독점하게 되면서 일어났고 외척인 이자겸은 왕권을 위협하고 인종을 제거하려 시도하다가 척준경에 의해 제거되었다. 이로 인해 왕실의 권위가 하락하고 문벌 귀족 사회가 동요하게 되었다.
　• 묘청의 서경천도 운동 : 김부식을 비롯한 문벌귀족 세력에 반발심을 갖게 된 묘청, 정지상 등의 서경파가 금을 정벌하고 서경으로 수도를 옮기자고 주장하였으나 결국 김부식이 이끄는 관군에 의해 진압되었다. 그러나 고려인의 자주의식을 확인하는 계기가 되었다.
　• 무신정변 : 문벌귀족의 권력독점과 무신의 차별대우에 반발하여 정중부, 이의방 등이 정변을 일으켰으며 문벌귀족사회가 무너지게 되는 계기가 되었다.
　• 김보당과 조위총의 난 : 문신들이 무신들로부터 권력을 되찾아오려고 하였으나 실패하였다.

▶ 정답 … 07.③　08.③

09 다음은 고려 최승로의 개혁에 대한 역사서의 일부이다. 밑줄 친 '외관(外官)'에 대한 설명으로 옳은 것은?

> 국왕이 백성을 다스림은 집집마다 가서 날마다 일을 보는 것이 아닙니다. 그런 까닭으로 수령을 나누어 보내어 가서 백성에게 이익이 되는 일과 손해가 되는 일을 살피게 하는 것입니다. 우리 태조께서 나라를 통일한 후에 군현에 수령을 두고자 하였으나 대개 초창기임으로 인하여 일이 번거로워 시행할 겨를이 없었습니다. ……… 청컨대, <u>외관(外官)</u>을 두소서.
>
> － 「고려사절요」 －

① 12목을 설치하기 이전에도 지방관을 파견하였다.
② 속현의 조세 징수와 노역 징발 실무를 담당하였다.
③ 주현에 파견되어 속현과 향·부곡·소까지 통제하였다.
④ 관리들의 비리를 감찰하는 고유 임무를 수행하였다.

정답 및 해설

09. ③ 최승로 제안으로 성종 때 처음으로 파견된 지방관은 주현에 파견되어 속현과 향·부곡·소까지 통제하였다. 성종은 최승로의 시무28조를 대부분 채택하여 유교정치 이념을 확립하였다.
※ 최승로의 시무28조(현재 22조만 전함)
  • 유교정치의 채택
  • 개국공신의 후손 등용
  • 지방관의 파견
  • 불교행사의 제한
  • 군제개편
  • 유교, 불교의 융합
  • 신분질서의 확립
  • 향리제도의 정비와 호족세력의 억압
  • 대간제도 실시
  • 중앙관제의 정비
  • 북진정책을 계승한 거란대비
  • 중국문화의 취사선택

▶ 정답 … 09.③

10 다음과 같은 내용이 발생한 시점을 고르면? ✦

> 김사미와 효심은 운문과 초전에서 연합 세력을 형성하여 경주와 강릉 지역까지 세력을 확대하였으나 정부군에 패하였다.

① 이자겸의 난 ② 묘청의 서경천도 운동
③ 정방 폐지 ④ 무신정권기

11 다음 (가)에 들어갈 사건으로 옳은 것은?

윤관의 동북9성 축조

↓

(가)

↓

무신정변

① 묘청의 서경 천도 운동 ② 삼별초의 항쟁
③ 초조대장경 소실 ④ 몽골 1차 침입

정답 및 해설

10. ④ 김사미·효심의 봉기와 같은 농민과 천민의 저항 운동은 무신정권기에 크게 확산되었다.

　　무신들이 정권을 잡은 뒤, 백성들이 과중한 수탈에 시달리자 1193년(명종 23) 경상도 운문을 거점으로 한 김사미는 초전(울산)에서 봉기한 효심 등과 힘을 합하여 연합전선을 갖추고 농민을 모아 강력한 반란군을 조직하여 무신정권에 반대하는 커다란 민란으로 이끌었다. 신라부흥을 주장하여 당시 정부의 실권을 쥐고 있던 이의민의 지지를 얻었으나 결국 진압되었다.

11. 노비안검법 시행: 956년→ 윤관의 동북9성 축조: 1107년→ 묘청의 서경 천도 운동: 1135년→ 무신정변: 1170년→ 몽골 1차 침입: 1231년→ 초조대장경 소실: 1232년→ 삼별초의 항쟁: 1270년~1273년

▶ 정답 ⋯ 10.④　11.①

12 다음의 (가) 왕에 대한 설명으로 옳지 <u>않은</u> 것은?

> 신성왕 태후 김씨는 신라인 잡간 억겸(億謙)의 딸이다. 신라왕 김부(경순왕)가 사신을 보내어 항복하기를 청하니 __(가)__ 이/가 이를 후히 대접하고 왕에게 고하라 하여 이르기를 "지금 왕이 나라를 과인에게 주니 그 줌이 크도다. 바라건대 종실과 결혼하여 사위와 장인의 친분을 길이 하고자 하노라." 하니 김부가 회보하기를 "우리 백부 억겸에게 딸이 있는데 그 용모가 두루 아름다운지라. 이 딸이 아니면 내정을 고루 갖출 수 없을 것이다." 하므로 __(가)__ 이/가 드디어 이를 취하여 안종을 낳았다.
>
> – 「고려사」 –

① 사심관 제도를 실시하였다.
② 민생 안정을 위해 흑창을 설치하였다.
③ 서경을 중시하고 북진 정책을 추진하였다.
④ 경학을 국자감으로 개칭하여 개경에 설치하였다.

 정답 및 해설

12. (가)는 태조 왕건이다. 태조 왕건은 후삼국을 통일 후 사심관 제도와 기인 제도를 실시하여 지방 호족 세력을 견제하였으며, 유력한 호족과는 혼인을 통하여 국왕 세력을 공고히 하였다. 또한 민생 안정을 위해 흑창을 설치하였으며 서경을 길지(吉地)로 여겨 북진 정책을 추진하였다.
④ 경학을 국자감으로 개칭하여 개경에 설치한 왕은 성종이다.

▶ 정답 … 12.④

13 다음은 고려 중앙 정치기구에 대한 설명이다. 옳지 않은 것은?

> • 도병마사에서 회의를 통해 왕의 국정에 반대할 수 있었다.
> • 식목도감에서 법의 제정이나 각종 시행 규정을 논의하였다.

① 재신과 추밀을 중심으로 하였다.
② 2품 이상의 귀족이면 누구나 회의에 참가할 수 있었다.
③ 중서문하성과 중추원의 재상들이 모여 국가의 중요 정책을 논의하는 회의 기구이다.
④ 왕권을 강화하는 정치적 기반이었다.

14 표를 통해 알 수 있는 고려 행정 조직의 특징은?

	경	목	도호부	지사부	지사군	방어군	현령군	진	계
주현	4	8	3	5	16	44	293	4	141
속현	37	86	16	50	115	30	36	5	370

① 향리의 영향력이 크지 않았다.
② 지방 세력의 통합이 완성되었다.
③ 지방관이 파견되지 않는 지역이 더 많았다.
④ 중앙의 통제력이 모든 지방에 미쳤다.

정답 및 해설

13. ④ 도병마사와 식목도감은 왕권을 견제하는 고려 귀족 정치의 특징을 잘 보여주는 회의 기구이다.

도병마사	내사문하성의 재신과 중추원의 추신으로 구성된 국가의결기관으로 중요정책을 결정하였다. 국가의 중대한 일을 결정할 때는 재부와 추부의 대신들이 함께 모여 만장일치제로 안건을 의결했으며 이는 삼국시대 이후의 관행인 합좌제의 전통을 이은 것이다.
식목도감	임시기구이며 재신과 추밀이 모여 국내 정치에 관한 중요의식과 법령제정을 관장하였던 독자적 회의기구였다.

14. 지방관이 파견된 주현보다 지방관이 파견되지 않은 속현이 많았으며, 이를 통해 지방 행정 조직 정비가 완벽하지 않았음을 알 수 있다.

▶ 정답 … 13.④ 14.③

15 다음의 개혁조항을 만든 이에 대한 설명으로 옳은 것은?

> • 새 궁궐로 옮길 것
> • 농민으로부터 빼앗은 토지를 돌려줄 것
> • 지방관의 공물 진상을 금할 것
> • 탐관오리를 징벌할 것
> • 함부로 사찰을 건립하는 것을 금할 것
> • 관원의 수를 줄일 것
> • 선량한 관리를 임명할 것
> • 승려의 고리대업을 금할 것
> • 관리의 사치를 금할 것
> • 신하의 간언을 용납할 것
>
> — 「봉사 10조」 —

① 교정도감에서 관리들과 국정을 논하였다.
② 정방을 설치하고 문무백관의 인사행정을 취급하였다.
③ 강화도로 천도하여 전쟁에 대비하였다.
④ 국학을 진흥하며 팔만대장경을 조판하였다.

 **정답 및 해설**

15. 최충헌은 조위총의 난을 토벌하면서 정권을 획득하였으며 명종과 희종을 폐하고 신종, 희종, 강종, 고종을 옹립하였다. 사회개혁책으로 봉사 10조를 제시하였으나 실질적인 개혁은 없었다.
②③④는 최충헌의 아들인 최우에 대한 설명이다.

▶ 정답 … 15.①

16 다음의 ⊙과 ⓒ의 주장에 대한 설명으로 옳은 것은?

> ⊙ "고려는 신라에서 일어난 나라인데 요나라의 땅을 어찌하여 계속 잠식하고 있는가? 또한 고려는 요나라와 국경을 맞대고 있으면서 어찌하여 바다 건너 왜와 송하고만 교통하는가?"
> ⓒ "상경(上京)은 기업(基業)이 이미 쇠하여 궁궐이 다 불타 남은 것이 없으나 서경은 왕기(王氣)가 있으니 옮기시어 상경을 삼는 것이 좋을 것이라."

① ⊙사건 직후 고려는 국방 강화를 위해 별무반을 조직하였다.
② ⊙의 결과로 인하여 고려는 두만강 유역의 강동 6주를 획득하게 되었다.
③ ⓒ의 주장이 실패로 돌아간 이후, 서경의 분사제도가 실시되었다.
④ ⓒ은 거란의 사대요구를 받아들인 이자겸 일파에 대한 반발에서 나온 논리이다.

정답 및 해설

16. ⊙은 거란의 1차 침입 당시 거란의 장수 소손녕의 주장이고 ⓒ은 서경천도, 금국정벌 등을 주장한 서경파의 주장이다.
① 별무반은 여진족에 대비하기 위하여 윤관이 조직하였다.
③ 묘청의 서경 천도 운동이 김부식의 토벌로 실패하자 곧 서경의 분사제도와 3경제가 폐지되고 묘청, 정지상, 백수한 등의 서경파가 몰락하였다.
④ ⓒ은 '여진'의 사대요구를 받아들인 이자겸 일파에 대한 반발에서 나온 논리이다.

▶ 정답 … 16.②

17 고려시대의 정치 기구에 대한 설명으로 옳지 <u>않은</u> 것은?

관부	장관	특징
㉠	문하시중(종1)	정치의 최고관부로서 재부라고 불리움
㉡	판원사(종2)	왕명출납, 숙위, 군기(軍紀)
㉢	판사(재신 겸)	국방, 군사문제의 회의 기관
㉣	판사(재신 겸)	법제, 격식문제의 회의 기관

① ㉠의 관직은 2품 이상의 재신과 3품 이하의 낭사로 구분되었다.

② ㉠과 ㉡의 고관인 재추들이 모여 국가의 중대사를 협의·결정하는 기구가 ㉢과 ㉣이었다.

③ ㉢은 고려후기에 이르러 국가의 모든 정무를 관장하는 최고기구로 발전하였다.

④ ㉢은 당의 관제를, ㉣은 송의 관제를 본 딴 것이었다.

 **정답 및 해설**

17. ㉠ 중서문하성 ㉡ 중추원 ㉢ 도병마사 ㉣ 식목도감

④ 도병마사와 식목도감은 고려의 독자적인 관청이었다.

① 중서문하성은 2품이상의 재신과 3품 이하의 낭사로 구성되었다.

② 중서문하성과 중추원의 고관인 재신과 추신이 모여 국가 중대사를 협의했던 기구가 도병마사와 식목도감이다.

③ 도병마사는 고려후기 충렬왕 때 국가의 모든 정무를 관장하는 도평의사사로 발전하였다.

▶정답 … 17.④

18 다음은 고려 말 신진사대부의 성장과정을 나열한 것이다. 시간 순서대로 바르게 연결한 것은?

> (가) 전제개혁을 단행하여 과전법을 실시하였다.
> (나) 성균관을 부흥시켜 순수한 유교교육기관으로 개편하고 성리학을 연구하게 하였다.
> (다) 이성계가 압록강의 위화도에서 회군하였다.
> (라) 쌍성총관부를 무력으로 수복하였다.

① (가) – (나) – (다) – (라)   ② (라) – (나) – (다) – (가)

③ (라) – (다) – (나) – (가)   ④ (나) – (라) – (다) – (가)

19 다음 인물에 대한 설명으로 옳은 것은?

> ○○○ (948~1031)
> 고려 현종 때의 문신이자 장군. 본관은 금천. 궁진의 아들로 과거에 급제한 뒤 관직에 올라 승진을 거듭하여 예부시랑이 되었다. 우리나라의 중요한 전투의 하나로 꼽히는 귀주대첩을 승리로 이끌었다.

① 막강한 권력을 행사하며 인종을 제거하려고 하였다.

② 개경에 나성, 즉 외성을 쌓을 것을 건의하였다.

③ 거란과의 교류를 약속하고 강동 6주를 회복하였다.

④ 금을 정벌하고 도읍을 옮길 것을 주장하였다.

정답 및 해설

18. 신진사대부는 무신집권기에 형성되기 시작하여 성리학을 받아들이며 사상적으로 단합하면서 조직화하였고 공민왕 때에는 대규모로 중앙정계에 진입하면서 권문세족과 대항하였다. 위화도 회군 이후 과전법을 실시하였고 조선 개창의 주도세력이 되었다.
(라) 공민왕 5년 – (나) 공민왕 16년 – (다) 우왕 – (가) 공양왕

19. 강감찬 장군은 성종 때 문과에 급제한 문관 출신이며 소배압의 10만군의 침입을 귀주에서 막아내었다(귀주대첩).
① 이자겸 ③ 서희 ④ 묘청에 대한 설명이다.

▶ 정답 … 18.② 19.②

20 다음은 고려 왕조에 대한 두 가지 입장이다. 고려 왕조를 관료제 사회로 인식할 때, 이를 입증하기 위한 내용으로 가장 적절한 것은?

> 일반적으로 고려 왕조는 귀족제 사회로 이해되고 있다. 즉, 가문·문벌이 좋은 귀족들이 정권을 차지하고 국가를 운영해 왔다고 생각한 것이다. 그러나 한미한 가문의 출신들도 관리가 되어 가문을 세우는 경우가 있어 관료제 사회였다고 주장하는 입장도 나타나게 되었다.

① 과거 시험으로 정계에 입문한 사람들의 숫자를 알아본다.
② 최충의 9재 학당 출신들의 관직 진출 여부를 조사해 본다.
③ 건국 공신과 호족 세력들의 당시 지위를 살펴본다.
④ 공음전의 혜택을 받은 사람의 명단을 조사하여 그 신분을 파악해 본다.

21 밑줄 친 이 세력에 대한 설명으로 가장 적절한 것은?

> 공민왕이 즉위한 이후에도 원의 간섭은 여전하였고, 이 세력 역시 건재하였다. 공민왕은 이들을 적대하는 태도를 보였으나, 이들을 완전히 제거할 수 있는 현실적인 힘을 가지고 있지는 못하였다. 때마침 원에서 기 황후의 아들이 황태자에 봉해지자, 이러한 추세는 더욱 심해졌다.

① 도평의사사에 참여하여 권력을 독점하였다.
② 전민변정도감을 통해 사회개혁을 주도하였다.
③ 과전법을 통해 토지제도의 개혁을 추진하였다.
④ 주로 지방 향리의 자제로 중소지주출신이었다.

✓ **정답 및 해설**
....

20. 고려의 관리 등용제도 중 과거제는 시험을 치러 관리를 선발하였으며, 과거 제도는 관료제를 형성하여 왕권을 강화하는 데 도움이 되었다.

21. 도평의사는 고려 후기의 최고정무기관으로 권문세족들은 합좌 기구인 도평의사사를 통해 정치적 실권을 장악하였으며, 경제적으로는 농장 경영을 통해 대토지를 지배함으로써 경제적 기반을 높일 수 있었다.

▶ 정답 ⋯ 20.① 21.①

22 도표와 관련된 설명으로 옳은 것을 〈보기〉에서 고른 것은?

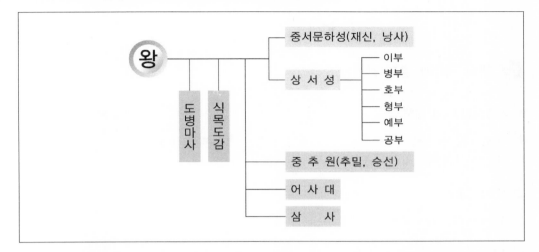

┃보 기┃
㉠ 도병마사와 식목도감은 당의 제도를 모방한 관서였다.
㉡ 재신과 추밀이 함께 모여 국가의 중요한 일을 결정하였다.
㉢ 중서문하성의 낭사와 어사대의 관원이 정치적 균형을 이루는 데 기여하였다.
㉣ 삼사는 언관으로서 국왕과 고관을 견제하는 역할을 수행하였다.

① ㉠, ㉡   ② ㉠, ㉢
③ ㉡, ㉢   ④ ㉡, ㉣

✓ **정답 및 해설**
22. ㉠ 도병마사와 식목도감은 고려 정치제도의 독자성을 보여준다.
㉣ 고려의 삼사는 곡식의 회계와 출납을 맡아보는 기관이다.

▶ 정답 … 22.③

02 　중세의 경제생활

① 대외 교류와 경제 활동

(1) 개방적인 대외 정책

송, 거란(요), 여진(금), 일본, 아라비아 상인 등과 교류→벽란도(개경의 외항)가 국제 무역항으로 번성

고려 전기의 대외무역

(2) 송과의 교류

① 송 … 고려의 대외 무역에서 가장 큰 비중 차지

② 수입품 … 서적, 비단, 자기 등 귀족의 수요품

③ 수출품 … 인삼, 종이, 먹, 금 · 은 등

(3) 여러 나라와의 교류

① 거란과 여진 … 농기구 · 곡식 수출, 은 · 모피 수입, 불교 서적 등 교류

② 일본 … 수은 · 유황 등 수입, 식량 · 인삼 · 서적 등 수출

③ 아라비아 … 수은 · 향료를 팔고 금 · 비단을 사감, 아라비아 상인에 의해 고려가 '코리아(Corea)'로 서방에 알려짐

(4) 수공업과 상업의 발달

① 관영 수공업 … 관청에 등록된 수공업자가 국가에서 필요로 하는 물품 생산

② 수공업품 생산 … 무기, 금 · 은 세공품, 화폐 등 생산

③ 상업의 발달 … 개경 · 서경 · 동경 등 대도시를 중심으로 발달, 지방에서는 농민 · 수공업자들이 관아 근처에서 일용품 판매

④ 화폐의 사용 … 건원중보, 삼한통보, 활구(은병)제작→일반 농민들은 여전히 곡식이나 삼베로 거래함

❷ 전시과 제도와 토지 소유

(1) 전시과 제도

전지(곡물 수취 가능한 토지)+시지(땔감을 얻을 수 있는 토지) 지급→수조권(收組權) − 소유 개념이 아닌 세금을 거둘 수 있는 권리, 세습 불가

(2) 토지제도의 정비과정

① **역분전(태조)** ··· 통일과정에서 공을 세운 사람들에게 충성도와 인품에 따라 경기지방에 한하여 지급

② **시정전시과(경종)** ··· 관직이 높고 낮음과 함께 인품을 반영하여 역분전의 성격을 계승하면서 전국적 규모로 정비

③ **개정전시과(목종)** ··· 관직만을 고려하여 지급하는 기준안을 마련하고, 지급량도 재조정, 문관을 우대, 군인전도 전시과에 규정

④ **경정전시과(문종)** ··· 현직 관리에게만 지급하고, 무신에 대한 차별대우 시정

⑤ **녹과전(원종)** ··· 무신정변으로 전시과체제가 완전히 붕괴하면서 관리에게 생계보장을 위해 지급

⑥ **과전법(공양왕)** ··· 권문세족의 토지를 몰수하여 공전에 편입하고 경기도에 한해 과전을 지급. 신진 사대부의 경제적 토대가 마련됨.

핵심 예상 문제

01 다음 자료에 제시된 시기의 토지 제도에 대한 설명으로 옳지 <u>않은</u> 것은?

> 문무 70세 이후에는 백관으로부터 부병, 한인에게까지 과에 따라 토지를 나누어 주었으며, 또 그 과에 따라 땔감 얻는 땅을 주었는데 이를 전시과라 했다. 죽은 다음에는 모두 나라에 다시 바쳐야 했다. 그러나 부병만은 나이 20세가 되면 비로소 땅을 받고 60세가 되면 반환하는데, 자손이나 친척이 있으면 전정을 물려받게 하고, 없으면 감문위에 적을 두었다가 그중 일부를 구분전으로 지급하고 나머지 땅은 환수하였다. 후손이 없이 죽은 자와 전사한 자의 아내에게도 모두 구분전을 지급하였다.
>
> — 「고려사」 —

① 부병과 한인전은 세습이 가능하였다.
② 전시과와 토지는 원칙상 세습이 허락되지 않았다.
③ 공음전은 관직이나 관품에 따라 차등 지급하였다.
④ 70세 이상의 부병이나 전쟁 미망인에게는 구분전이 지급되었다.

 정답 및 해설 ....

01. ① 부병(府兵)은 나이 20세가 되면 토지를 받고 60세가 되면 다시 국가에 반납했다. 한인전은 6품 이하 관리의 자제로 무관직자에게 지급하였다.

▶ 정답 … 01. ①

02 고려 시대의 토지 종류에 대한 설명으로 옳은 것을 〈보기〉에서 모두 고른 것은?

┃보 기┃
㉠ 내장전은 왕실의 경비 충당을 위해 지급하였다.
㉡ 구분전은 상급 관료, 군인의 유가족에게 지급하였다.
㉢ 공해전은 중앙과 지방의 관청 운영을 위해 지급하였다.
㉣ 공음전은 5품 이상의 고위관리에게 지급하였고 세습이 불가능하였다.

---

① ㉠, ㉡   ② ㉠, ㉢
③ ㉡, ㉢   ④ ㉠, ㉢, ㉣

03 다음은 고려 시대 토지제도의 변천이다. 이를 시대 순으로 알맞게 나열한 것은?

㉠ 관직 고하·인품에 따라 수조권 지급   ㉡ 관직에 따라 전·현직자 토지 지급
㉢ 공적에 따라 역분전 시행   ㉣ 문·무 현직자에게 관등에 따라 수조권 지급

---

① ㉠-㉡-㉢-㉣   ② ㉡-㉢-㉣-㉠
③ ㉢-㉠-㉡-㉣   ④ ㉢-㉣-㉡-㉠

✓ **정답 및 해설**
....

02. ㉡ 구분전은 하급관료와 군인의 유가족에게 지급한 토지이다.
　㉣ 공음전은 과에 따라 토지를 지급하여 자손들에게 이어받게 하였다.
　그 외 한인전(관직에 오르지 못한 6품 이하의 하급 관료의 자제에게 지급함), 군인전(군역의 대가로 지급함-군역 세습가능), 사원전(사원의 운영을 위해 지급함), 별사전(승려 개인에게 지급함), 과전(관직 복무의 대가로 지급한 수조권, 사망이나 퇴직시 반납), 외역전(향리에게 분급됨, 향리직이 계승되면 세습함), 공신전(전시과 규정에 따라 차등있게 분급된 토지) 등이 있었다.

03. ㉢태조(역분전) → ㉠경종(시정전시과) → ㉡목종(개정전시과) → ㉣문종(경정전시과)
　※ 참고 : 고려 시대 토지제도의 정비과정

구분	시기	지급 대상	지급 기준	비고
역분전	태조	개국 공신	충성도, 인품	논공 행상 성격
시정 전시과	경종	직산관	관등, 인품	역분전 범위(문〈무)
개정 전시과	목종	직산관	관등(18관등)	18품 전시과(문〉무)
경정 전시과	문종	현직 관리	관등(18관등)	직전법, 공음전 병행

▶ 정답 ··· 02.② 03.③

04 다음 자료의 제도에 대한 설명으로 옳지 <u>않은</u> 것은?

종류	기능과 목적
광학보	승려를 위한 장학재단
팔관보	팔관회 개최의 경비 충당을 위한 재단
경보	불경 간행을 위한 재단
금종보	현화사 범종 주조용 재단

① 농민들의 생활에 큰 도움이 되었다.

② 왕실, 귀족, 사원은 고리대로 재산을 늘렸다.

③ 이자를 공적인 사업의 경비로 충당하는 제도이다.

④ 학보는 장학교육을 위한 재단으로 태조가 서경에 설치하였다.

 **정답 및 해설**

04. 보는 나라에서 사업의 기금을 마련하고자 돈이나 곡식 따위를 백성에게 꾸어 주고 일정한 기금을 만들어 그 이자를 공적인 사업의 경비로 충당하는 제도였다. 그러나 점차 이자 취득에만 급급하여 농민들의 생활에 막대한 폐해를 끼쳤다.

▶ 정답 … 04.①

05 다음 자료와 관련된 고려시대 경제 제도의 특징으로 옳지 <u>않은</u> 것은?

(단위 : 결)

			1	2	3	4	5	6	7	8	9	10	11	12	13	14	15	16	17	18
경종 (976)	시정 전시과	전지	110	105	100	95	90	85	80	75	70	65	60	55	50	45	42	39	36	33
		시지	110	105	100	95	90	85	80	75	70	65	60	55	50	45	40	35	30	25
목종 (998)	개정 전시과	전지	100	95	90	80	80	75	70	65	60	55	50	45	40	35	30	27	23	20
		시지	70	65	60	55	50	45	40	35	33	30	25	22	20	15	10	–	–	–
문종 (1076)	경정 전시과	전지	100	90	85	80	75	70	65	60	55	50	45	40	35	30	25	22	20	17
		시지	50	45	40	35	30	27	24	21	18	15	12	10	8	5	–	–	–	–

① 경정전시과는 현직관리에게만 지급하였다.

② 세습이 가능하였으며 수조권을 지급하였다.

③ 개정전시과는 관직만 고려하고 지급량도 재조정하였다.

④ 시정전시과는 관직의 높고 낮음에 따라 토지를 지급하여 문제가 생겼다.

정답 및 해설

05. ② 전지는 수취할 수 있는 땅이며 시지는 땔감을 얻을 수 있는 땅이다. 전시과는 문·무 관리로부터 군인·한인에까지 18등급으로 나누어 전지와 시지의 수조권을 관리에게 지급한 제도이며 관직 복무와 직역에 대한 대가로 지급되었기 때문에 관직에서 물러날 때에는 토지를 국가에 반납해야 했다. 역분전은 태조 때 후삼국 통일과정에서 공을 세운 사람들에게 충성도와 인품에 따라 경기지방에 한하여 지급하였다.
① 경정전시과는 현직 관리에게만 지급하였고, 무신에 대한 차별대우가 시정되었다.
③ 개정전시과는 관직만을 고려하여 지급하는 기준안을 마련하고, 지급량도 재조정하였으며, 문관이 우대되었고 군인전도 전시과에 규정하였다.
④ 시정전시과는 관직의 높고 낮음과 함께 인품을 반영하여 역분전의 성격을 벗어나지 못하였고 전국적 규모로 정비되었다.

▶ 정답 … 05.②

06 전시과와 과전법의 차이점으로 옳은 것은?

① 과전법은 경기도·경상도에 한정하였다.

② 전시과는 관리의 수조권 행사가 가능하다.

③ 전시과는 농민의 경작권이 보장이 되었다.

④ 과전법은 농민의 경작권이 보장되지 않았다.

정답 및 해설

06. ② 전시과는 관리의 수조권 행사가 가능하고 과전법은 관리의 수조권 행사가 불가능하다.

※ 참고 : 전시과와 과전법

구분	전시과	과전법
공통점	• 토지의 국유제 원칙 • 수조권의 지급 • 관직에 따른 차등 지급 • 예외는 있으나 원칙적으로 세습 불가	
차이점	• 전국 • 관리의 수조권 행사 가능 • 농민의 경작권 보장안됨	• 경기도에 한정 • 관리의 수조권 행사 불가 • 농민의 경작권 보장됨

▶ 정답…06.②

○3 중세의 사회모습

❶ 고려의 신분 구조

(1) 고려의 신분

① 신분 구조 … 지배층(귀족, 중류층)과 피지배층(평민, 천민)으로 구분

② 특징 … 신분의 세습, 이동 가능

(2) 귀족

① 구성 … 지방 호족과 신라 6두품 세력이 새로운 지배층으로 성장

② 사회적 지위 … 최고 신분, 5품 이상 고위 관료 → 음서와 공음전의 혜택을 받는 특권층

③ 특징 … 과거 · 음서를 통해 관직 독점, 주로 개경에 거주하며 부유한 생활을 함

④ 문벌 귀족의 형성 … 여러 세대에 걸쳐 고위 관료 배출 → 왕실이나 비슷한 가문끼리 폐쇄적 혼인 관계를 맺어 권력 독점

(3) 중류층

① 구성 … 서리(중앙 행정 실무), 남반(궁중 실무), 향리(지방 행정 실무), 군반(하급 장교), 기술관 등

② 사회적 지위 … 귀족과 평민 사이의 계층, 말단 행정 실무 담당, 직역 세습, 토지를 받아 생활

(4) 평민

농민, 상인, 수공업자, 향 · 부곡 · 소 및 진 · 역의 주민

농민 … 자기 소유의 땅이나 다른 사람의 토지를 빌려 경작 → 조세(토지세), 공납(특산물), 역(노동력 제공)의 의무

(5) 천민 − 대다수는 노비, 고려 사회의 가장 낮은 신분

① 공노비 … 궁중이나 관청에 소속된 노비

② 사노비 … 개인이나 사원에 속한 노비

③ 노비의 사회적 지위 … 매매 · 상속 · 증여의 대상, 부모 중 한쪽이 노비이면 그 자식도 노비가 됨, 혼인도 노비끼리만 가능

❷ 농민과 여성의 생활

(1) 농민의 공동 조직 및 사회제도

① 향도

　　㉠ 불교의 신앙 조직으로 매향 활동을 하는 무리

　　㉡ 마을의 공동체 생활을 주도하는 농민조직으로 발전함

② **의창** … 평시에 곡물을 비치하였다가 흉년에 빈민을 구제하는 춘대추납 제도(고구려의 진대법을 계승함)

③ **상평창** … 물가조절기관으로 개경과 서경 및 각 12목에 설치

④ **제위보** … 기금을 조성하여 이자로 빈민을 구제

(2) 혼인과 여성의 지위

① **혼인** … 일부일처제가 일반적, 외가와 처가의 차별을 두지 않음(사위나 외손자도 음서의 혜택)

② **여성의 지위** … 여성도 호주 가능, 호적에 출생순으로 기재, 재산의 남녀 균등 상속, 딸도 제사 지낼 수 있었음, 여성의 재가가 비교적 자유로움

핵심 예상 문제

01 고려의 건국은 단순한 왕조 교체가 아니라, 고대에서 중세로의 시대 전환을 의미한다. 이러한 판단의 근거가 되는 사실들을 다음에서 바르게 골라 묶은 것은?

> ㉠ 유교 사상에 입각한 정치 이념과 새로운 질서를 마련하였다.
> ㉡ 통치 체제의 강화를 위하여 교육·과거 제도를 정비하였다.
> ㉢ 국왕과 귀족 사이의 권력을 조절하는 제도가 마련되었다.
> ㉣ 귀족 중심의 정치 구조와 신분제 사회를 이루었다.

① ㉠, ㉡   ② ㉠, ㉢

③ ㉡, ㉢   ④ ㉡, ㉣

 **정답 및 해설**

01. ① 고려는 통치 이념으로 유교를 받아들였으며 교육·과거 제도를 정비하여 중앙집권적 관료제 사회로 진입하였다.
고려의 건국과 후삼국의 통일은 단순한 왕조교체에 그치는 것이 아니라 고대사회에서 중세사회로의 전환을 의미한다. 고려는 사회를 이끌어 가는 지배세력이 교체되어 폐쇄적인 사회에서 보다 개방적으로 변화하였다. 이로 인해 정치와 사회를 이끌어 가는 이념도 변화하였으며 문화의 폭과 질도 크게 높아졌다.
㉢ 국왕과 귀족 사이의 권력을 조절하는 제도는 고대 사회에서도 존재하였다.
㉣ 귀족 중심의 정치 구조와 신분제 사회는 고대 사회에서도 존재하였다.

▶정답 … 01.①

02 다음 자료에서 알 수 있는 고려 사회의 모습으로 옳지 <u>않은</u> 것은?

> 손변이 경상도의 안찰사가 되었는데, 그 고을에 남동생과 누이가 재산문제로 송사를 벌이고 있었다. 손변이 이 송사를 듣고 이르기를 "자식에 대한 부모의 마음은 균등한데 어찌 장성하여 결혼한 딸에게는 후하고, 어미 없는 아들에게는 박하겠는가? 어린아이가 의지할 자는 누이였으니 만일 누이와 균등하게 재산을 물려주면 동생을 사랑함이 덜하여 잘 양육하지 않을까 염려한 것이다. 따라서 아버지는 성장하게 되면 물려줄 옷과 관을 갖추어 입고서 상속의 몫을 찾기 위한 탄원서를 제출할 수 있도록 종이와 붓 등을 유산으로 남겨준 것이다."라고 하니, 누이와 남동생이 서로 부여잡고 울었다.

① 여성도 호주가 될 수 있었다.
② 일부일처제를 원칙으로 한다.
③ 재산을 상속할 때, 균분 상속이 원칙이었다.
④ 여성에게 재혼을 금지하고 수절을 강요하였다.

03 고려 말 원간섭기의 백성들의 대화로 옳지 <u>않은</u> 것은?

① "처녀들을 공녀로 끌고 간다고 하네."
② "자기들 사냥할 때 쓸 매까지 잡아 바치라고 하네."
③ "왜구를 막아야 한다고 징집령이 내려왔어."
④ "문벌귀족들이 원나라에 빌붙어서 우리를 못살게 구네."

✅ **정답 및 해설**

02. 자녀간의 균분상속에 관한 「고려사」에 나온 자료이며, 자녀간의 균분상속은 곧, 그에 따른 의무도 균등하였음을 의미한다.
④ 여성에게 재혼을 금지하고 수절을 강요한 것은 조선시대이다.
03. 원의 내정 간섭기에는 과도한 조공을 요구해서 금, 은, 환관, 공녀(몽골의 요구로 잡혀간 고려의 여성), 매 등을 요구하였다. 응방은 매를 잡아들여 원나라에 조공으로 바치는 관청이다.
④ 문벌귀족이 아니라 권문세족이다.

▶ 정답 … 02.④ 03.④

04 다음에서 설명하는 사상에 대한 설명으로 옳지 <u>않은</u> 것은?

> 산세나 지형이 인간 생활에 영향을 끼친다는 사상으로, 도선에 의해 널리 보급되었다. 방위(方位)를 청룡·주작·백호·현무의 4가지로 나누어 모든 산천(山川)은 이들 4개의 동물을 상징하는 것으로 간주하였고, 어느 것을 주로 하는가는 그 장소나 풍수에 따라 다르게 된다. 그리고 땅 속에 흐르고 있는 정기(正氣)가 물에 의하여 방해되거나 바람에 의하여 흩어지지 않는 장소를 산천의 형세에 따라 선택하여 주거(住居)를 짓거나 조상의 묘를 쓰면 자손은 그 정기를 받아 부귀복수(富貴福壽)를 누리게 된다고 믿었다.

① 신라 말에 경주 외 지방의 중요성을 자각하는 계기가 되었다.
② 고려 초기에는 서경 천도와 북진 정책 추진의 이론적 근거가 되었다.
③ 6두품에 의해 정치 이념으로 발달하였다.
④ 고려 중기에는 한양 명당설이 대두하여 한양이 남경으로 승격되었다.

05 다음 연표의 A시기에 집권하였던 세력에 대한 설명으로 옳지 <u>않은</u> 것은?

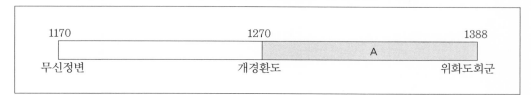

① 성리학을 수용하고 불교를 배척하였다.
② 방대한 농장과 많은 노비를 소유하였다.
③ 음서를 통하여 관인 신분을 획득하였다.
④ 도평의사사를 독점하여 정권을 장악하였다.

✓ **정답 및 해설**

04. 풍수지리설은 경주 중심의 지리 개념에서 벗어나 지방의 중요성을 강조하였으며 지방 호족들과 유학자들의 관심을 받았다.
③ 6두품에 의해 정치 이념으로 발달한 학문은 '유교'이다.

05. ① A는 고려후기의 지배세력인 권문세족이며 성리학을 수용하고 불교를 배척한 세력은 신진사대부이다.
무신정변(1170)에 의해 문벌귀족이 몰락하고 무신이 집권세력이 되었으나, 무신정권이 붕괴(1270)된 후에는 권문세족이 새로운 지배세력으로 대두하였다. 권문세족은 자신의 지위를 세습하기 위하여 과거보다는 음서제를 활용하였기 때문에 일반적으로 문학적 또는 유학적 소양과는 거리가 멀었다. 뿐만 아니라 권문세족들 가운데는 친원적 성향을 띠면서 원의 앞잡이가 되어 고려에 피해를 끼친 자들이 많았다. 그리고 이들은 수단 방법을 가리지 않고 불법적으로 토지를 겸병하여 대토지를 소유함으로써 국가재정을 악화시켰다.

▶ 정답 … 04.③ 05.①

06 다음의 자료에 대한 설명으로 옳지 <u>않은</u> 것은?

> • 안향은 학교가 날로 쇠퇴함을 근심하여 양부(兩部)에게 의논하기를 "재상의 직무는 인재를 교육하는 것보다 우선하는 것이 없습니다."하고 …… 만년에는 항상 회암 선생(주자)의 초상화를 걸어 놓고 경모하였으므로 드디어 호를 회헌이라 하였다.
>
> — 「고려사」 —
>
> • 성균관을 다시 짓고 이색을 판개성부사 겸 성균관 대사성으로 삼았다. …… 이색이 다시 학칙을 정하고 매일 명륜당에 앉아 경(經)을 나누어 수업하고, 강의를 마치면 서로 더불어 논란하여 권태를 잊게 하였다. 이에 학자들이 많이 모여 함께 눈으로 보고 마음으로 느끼는 가운데 정주(程朱) 성리학이 반드시 흥하게 되었다.
>
> — 「고려사」 —

① 충렬왕 때 안향이 최초로 수입하였다.
② 대지주의 입장에서 지주제를 인정하였다.
③ 왕도적 정치철학을 확립하고 부국강병을 소홀히 하였다.
④ 조선시대 권근이 더욱 발전시켜 「입학도설」을 저술하였다.

 정답 및 해설
....

06. 고려 말 안향이 도입한 성리학에 대한 설명이다.
　② 중소지주의 입장에서 지주와 농민의 자율적 협력관계를 통해 지주제를 인정하였다.

▶ 정답 … 06.②

０４ 중세의 문화예술

① 고려 전기의 문화

(1) 유교

정치 이념으로 발달

① 광종 … 과거제 실시→유교적 지식을 갖춘 관리 등용

② 성종 … 최승로의 시무 28조 수용, 유교 정치 이념 확립, 개경의 국자감, 지방의 향교에서 유교 교육 실시

③ 사학의 발전 … 중기 이후 최충의 9재 학당 등 사학 12도 융성→관학 위축

④ 예종 … 관학 진흥책→국자감에 전문 강좌(7재)를 만들어 진흥 노력

⑤ 역사서 편찬 … 김부식의 「삼국사기」→유교적 합리주의 사관, 신라 계승 의식

(2) 불교

종교 이념, 국가의 지원→왕실뿐 아니라 백성도 널리 믿음

① 불교 정책 … 훈요 10조, 팔관회와 연등회 개최, 승과 설치, 국사·왕사 제도

② 불교 통합 운동 … 귀족의 지지로 교종(화엄종과 법상종) 발달→종파 간 대립 심화→의천이 천태종 창시(교종 중심으로 선종통합, 교관겸수 강조)

TIP

교관겸수

교관겸수(教觀兼修)란 고려 대각국사 의천의 주장으로, 불교에서 교리체계인 교(教)와 실천수행법인 지관(止觀)을 함께 닦아야 한다는 사상. 교관병수(教觀倂修)라고도 한다.

(3) 도교와 풍수지리설

① 도교 … 불로장생과 현세의 복 추구, 궁중의 초제, 도교 풍습 유행

② 풍수지리설 … 도읍·묘지·절터 선정, 도참사상과 결합하여 유행→북진 정책과 묘청의 서경 천도 운동에 영향

(4) 고려 예술의 발달

① 불교문화

　㉠ 불상 : 조형미가 다소 부족한 대형 불상(광주 춘궁리 철불, 관촉사 석조 미륵보살 입상)

　㉡ 석탑 : 다각 · 다층탑(월정사 8각 9층 석탑), 승탑(고달사지 승탑)

② 인쇄술의 발달

　㉠ 목판 인쇄술 : 고려 대장경의 판목

　㉡ 금속활자 인쇄술 : 상정고금예문(1234)은 서양보다 200여 년이나 앞서 이루어진 것(현존하지 않음), 직지심체요절(1377)은 현존하는 세계 최고(最古)의 금속 활자본

　㉢ 팔만대장경 : 원 간섭기에 제작된 목판 인쇄술

(5) 귀족 문화의 발달

① 고려자기 … 12세기 중엽에는 상감 청자 발달, 귀족의 생활용품 · 불교 의식용 도구 제작

② 나전 칠기 … 옻칠을 한 위에 자개를 붙여 무늬를 냄

③ 청동 은입사 기술 발달 … 청동의 표면을 얇게 파낸 후 은을 박아 장식

④ 글씨, 그림, 음악

　㉠ 글씨 : 구양순체 유행, 탄연의 글씨 유명

　㉡ 그림 : 직업적 화원, 문인, 승려 등의 작품

　㉢ 음악 : 궁중 음악(아악－송의 대성악 영향), 속악(향악－당악 영향) 유행

❷ 고려 후기의 문화

(1) 그림 · 건축 · 역사서

① 그림 … 혜허의 관음보살도, 공민왕의 천산대렵도

② 건축 … 봉정사 극락전, 부석사 무량수전, 수덕사 대웅전→주심포 양식, 경천사 10층 석탑

③ 역사서

　㉠ 「동명왕편」－이규보, 「삼국유사」－일연, 「제왕운기」－이승휴 : 자주적 의식 강조

　㉡ 「사략」－이제현 : 성리학적 유교 사관 반영

(2) 불교계의 변화

① 지눌의 수선사 결사 운동 … 불교의 세속화를 비판, 승려 본연의 자세로 돌아가 경과 선 수행, 노동 강조

② 사상

　　㉠ 정혜쌍수(定慧雙修) : 참선과 경전 공부를 함께 수행해야 함

　　㉡ 돈오점수(頓悟漸修) : 선종 중심으로 교종 결합

(3) 성리학의 전래

충렬왕 때 안향이 고려에 처음 소개 → 충선왕이 원의 수도에 만권당 설립 → 공민왕 때 성균관을 발전시킴

(4) 화약과 목화의 전파

① 화약 … 최무선이 화약 제조법을 개발하여 화통도감을 설치 → 왜구 격퇴에 기여

② 목화 … 문익점이 목화씨를 들여옴 → 의생활의 변화

TIP

주심포 양식과 다포 양식

㉠ **주심포 양식** : 지붕의 무게를 기둥에 전달하면서 건물을 치장하는 공포가 기둥 위에만 짜여 있는 방식이다. 하중이 공포를 통해 기둥에만 전달되기 때문에, 자연히 그 기둥은 굵고 배흘림이 많은 경향을 보이는 대신 간소하고 명쾌하다.

㉡ **다포 양식** : 기둥 위와 기둥 사이에도 공포가 짜여 있는 방식이다. 하중이 기둥과 평방(平枋)의 공포를 통해 벽체에 분산되므로, 지붕의 크기가 더욱 커져 중후하고 장엄한 모습이다.

핵심 예상 문제

01 「삼국유사」에 대한 설명으로 옳은 것은?

① 고려 충렬왕 때 일연 스님에 의해 서술되었다.

② 신라에 편중되었으며 사대주의적 시각에 의해 서술되었다.

③ 문벌귀족에 의해 고려 귀족사회의 전성기 때 서술되었다.

④ 부처의 힘으로 몽골군을 물리치겠다는 의지로 조판되었다.

02 다음의 역사서를 시대순으로 바르게 나열한 것은?

㉠ 유기	㉡ 삼국유사
㉢ 삼국사절요	㉣ 고려사

① ㉠ – ㉡ – ㉢ – ㉣　　　　　　② ㉠ – ㉢ – ㉡ – ㉣

③ ㉠ – ㉡ – ㉣ – ㉢　　　　　　④ ㉡ – ㉢ – ㉣ – ㉠

✔ **정답 및 해설**
....

01. ②, ③은 김부식의 「삼국사기」에 대한 설명이다.

④ 팔만대장경에 대한 설명이다.

02. ㉠ 유기 : 고구려 영양왕 때 이문진이 유기 100권을 신집 5권으로 편찬

㉡ 삼국유사 : 고려 후기 승려 일연이 편찬

㉣ 고려사 : 문종 원년(1451)에 고려 왕조의 역사를 자주적인 입장에서 기전체로 편찬한 사서

㉢ 삼국사절요 : 단군시대부터 삼국시대 말기까지의 역사를 편년체로 편찬한 사서로 성종7년(1476) 노사신, 서거정이 편찬

▶ 정답 … 01.① 02.③

03 다음의 내용과 관계있는 역사서로 묶은 것은?

> 고려 후기에는 민족적 자주 의식을 바탕으로 전통 문화를 올바르게 이해하려는 경향이 대두하
> 였다. 이는 무신정변 이후의 사회적 혼란과 몽골 침략의 위기를 겪은 후에 나타난 변화였다.

① 삼국사기, 실록　　　　　　　　　② 제왕운기, 사략

③ 제왕운기, 실록　　　　　　　　　④ 해동고승전, 삼국유사

04 다음 민속놀이의 유래와 관련된 내용으로 옳은 것은?

> 정성껏 베어 온 길이 20~30척의 참나무를 X자 모양으로 묶어 동채를 만들고 끈으로 단단히
> 동여맨 다음, 가운데에 판자를 얹고 위에 방석을 깔아 동여맨다. 동채 머리에는 고삐를 매어
> 대장이 잡고 지휘할 수 있게 하고 판자 뒤에는 나무를 X자 모양으로 하여 4귀를 체목에 묶어
> 동채가 부서지거나 뒤틀리지 않게 한다. 동채꾼은 대장·머리꾼·동채꾼·놀이꾼으로 이루어
> 지며 대체로 25~40세의 남자 500여 명이 동·서로 갈리어 승부를 겨루며 상대편 동채가 땅
> 에 닿거나 동채를 빼앗으면 이긴다.

① 후삼국의 견훤과 왕권의 전투와 관련이 있다.

② 임진왜란 때 이순신 장군이 지시한 것이다.

③ 4군 6진에서의 여진족의 전투와 관련이 있다.

④ 몽골족의 침입을 막아낸 전투와 관련이 있다.

정답 및 해설

03. 몽골의 침략은 무신 집권기에 있었던 사실이었다. 무신 정권기에 편찬된 사서들에는 삼국시대 승려들의 전기를 적은 「해동고승전」(각훈), 고구려 건국 영웅 서사시인 「동명왕편」(이규보) 단군의 건국 신화가 수록된 「삼국유사」(일연)와 「제왕운기」(이승휴) 등이 있다. 「삼국사기」(김부식)는 유교적 합리주의 사관에 기초한 역사서로서 고려 전기의 역사서이다. 「실록」은 고려 태조로부터 목종까지의 실록으로서 역시 고려 전기의 역사서이다. 「사략」(이제현)은 성리학적 유교 사관을 바탕으로 한 고려 후기 역사서이다.

04. '차전놀이'의 유래는 통일신라 말에 후백제의 왕 견훤이 고려 태조 왕건과 겨루고자 안동으로 진격해왔을 때 이곳 사람들은 견훤을 낙동강 물속에 밀어 넣었는데 이로 인해 팔짱을 낀 채 어깨로만 상대편을 밀어내는 이 놀이가 생겼다고 한다. 차전놀이는 매년 음력 정월 대보름날 낮에 거행되며 동채싸움이라고도 한다. 중요무형문화재 제24호로 지정되었다.

② '강강술래'는 임진왜란 때, 당시 이순신 장군이 왜군에게 해안을 경비하는 우리 군세의 많음을 보이기 위하여, 부녀자들로 하여금 수십 명씩 떼를 지어, 해안지대 산에 올라, 곳곳에 모닥불을 피워 놓고 돌면서 '강강술래'라는 노래를 부르게 한 데서 비롯되었다고 한다.

▶ 정답 ⋯ 03.④　04.①

04
PART

근세의 정치 · 경제
· 사회 · 문화

⬤1 근세의 정치활동

① 통치 제도의 정비

(1) 중앙 정치 기구

① 의정부 … 국정 총괄, 3정승(영의정, 우의정, 좌의정)의 합의
하에 정책 심의 · 결정

② 6조 … 이 · 호 · 예 · 병 · 형 · 공조

③ 3사 … 언론 기능 및 왕권 견제

    ㉠ 사헌부 : 관리의 비행 감찰

    ㉡ 사간원 : 왕에게 바른 정치를 할 것을 조언(간쟁)

    ㉢ 홍문관 : 왕의 정치 자문, 왕명 작성, 경연 주관

④ 승정원과 의금부 … 왕권 강화

    ㉠ 승정원 : 왕의 비서 기관, 왕명 출납

    ㉡ 의금부 : 왕의 직속 사법 기관

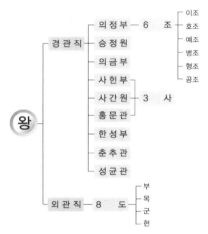

조선의 통치체제

✎ **TIP**

삼봉(三峰) 정도전

고려 말의 문신으로 이성계를 도와 구세력을 몰아내고 전제개혁을 단행, 과전법을 실시하여 조
선개국의 토대를 마련하였다. 유학의 대가로 불교를 배척하고 개국 후 군사 · 외교 · 행정 · 역
사 · 성리학 등 여러 방면에서 활약하였다. 제1차 왕자의 난 때 이방원에게 피살되었다. 저서에
「조선경국전」, 「삼봉집」, 「불씨잡변」 등이 있다.

(2) 지방 행정 제도

① 수령 … 모든 군 · 현에 파견, 지방의 행정 · 군사 · 사법 업무 담당

② 향리 … 고려 시대보다 권한 약화, 수령 보좌 및 지방 행정 실무 담당

③ 유향소 … 지방의 양반 자치 기구, 수령 자문 · 향리 감찰 · 백성 교화

(3) 군사 및 교통 · 통신제도

① 16세~60세의 양인 남자에게 군역 부과

② 조운제도 … 조운선을 이용해 수로와 해로를 통해 세곡 운송

③ 역원제도 … 물자 수송과 통신을 위해 주요 지역에 역·원 설치(역 - 마패를 소지한 관리에게 말 제공, 원 - 숙박 시설)

④ 봉수제도 … 군사적 위급 사태 시 산봉우리에 불을 피워서 전달

(4) 인재 등용 제도

① 과거 … 문과(양반 자제), 무과(양반, 향리 및 상민 자제), 잡과(중인) → 원칙적으로 양인 이상 응시 가능

② 음서 … 공신이나 2품 이상 관료의 자손을 시험 없이 관리로 뽑음

❷ 사림의 성장과 성리학적 사회 질서

(1) 훈구와 사림

① 훈구 … 조선 건국에 참여한 공신들로 세조 집권 이후 실권 장악 → 대토지와 노비 소유, 중앙 집권 추구

② 사림 … 조선 건국에 반대한 고려말 온건파 사대부를 계승 → 지방 중소 지주, 향촌 자치 및 왕도 정치를 추구

(2) 사림의 정계 진출

성종 때 훈구세력 견제를 위해 등용 → 주로 3사의 언관직에 진출

사림의 계보

(3) 붕당의 형성

이조 전랑 임명 문제를 둘러싼 사림 내부의 대립 → 동인·서인으로 분열

(4) 성리학적 사회 질서의 확산

① 서원 … 선현 제사 및 학문 연구, 제자 양성 기능 담당(사립 교육 기관), 붕당의 근거지

② 백운동 서원 … 최초의 서원(주세붕 건립), 퇴계 이황이 명종으로부터 '소수 서원'현판을 받아 최초의 사액 서원이 됨

③ 향약 … 유교 윤리를 토대로 백성을 교화, 중국의 여씨 향약을 최초 보급, 향약을 통해 백성에 대한 사림의 통제력을 강화함

④ 성리학적 윤리 보급 … 「소학」, 「주자가례」

(5) 이황과 이이

① 이황 … 이상주의적, 「성학십도」, 「주자서절요」

② 이이 … 현실 정치와 개혁에 관심, 「성학집요」, 「동호문답」

(6) 사화의 발생

훈구와 사림의 대립으로 사림이 피해(士禍)를 입음

① 무오사화 … 김종직의 조의제문이 발단 → 사림 큰 피해

② 갑자사화 … 연산군 생모 폐비사건이 구실 → 사림+훈구 피해

③ 기묘사화 … 조광조를 비롯한 사림세력 축출

④ 을사사화 … 외척 간의 권력 다툼으로 인한 사림+훈구 피해

❸ 왜란과 호란의 극복

(1) 왜란의 극복

① 왜란 이전의 국내 · 외 정세
  ㉠ 조선 : 정치 기강의 해이로 국방력 약화
  ㉡ 중국 : 명의 통제력 약화 → 여진족의 세력 확장,
  ㉢ 일본 : 도요토미 히데요시의 전국 시대 통일 → 대륙 진출의 야욕으로 조선 침략 준비

② 왜란의 전개(1592) … 명을 정벌하기 위해 길을 빌려달라는 구실로 일본군 침략 → 부산진 · 동래성 함락

③ 조선의 반격
  ㉠ 수군 : 이순신
  ㉡ 의병 : 곽재우 · 고경명 · 조헌 · 휴정 · 유정의 활약
  ㉢ 관군 : 김시민 · 권율의 활약

④ 정유재란(1597~1598) … 휴전 협상 실패, 일본군이 다시 침입 → 이순신의 명량해전 승리

⑤ 전쟁의 종결(1598) … 도요토미 히데요시 사망 → 일본군 철수

(2) 왜란의 영향

① 조선 … 인구 감소, 국토 황폐화, 국가 재정 악화, 신분제의 동요, 문화재 소실(불국사, 사고 등) 도자기, 서적 등 많은 문화재 약탈

② 일본 ··· 도쿠가와 이에야스의 에도 막부 성립, 조선의 많은 기술자가 포로로 잡혀가서 일본 문화 발전의 토대가 됨

③ 중국 ··· 명의 국력 약화, 여진족의 세력 확장(누르하치의 여진족 통일→후금 건국)

(3) 국교재개와 통신사 파견

① 일본 에도 막부의 요청으로 파견 ··· 조선인 포로 귀환(유정)

② 국교 재개 ··· 일본 문화 발전에 기여

(4) 광해군의 중립 외교

① 후금의 명 위협→명의 원군 요청→강홍립을 명에 파견하여 실리적인 중립 외교로 후금과의 전쟁을 피함

② 인조반정 ··· 광해군의 중립 외교 정책과 인목 대비 폐위 및 영창대군 살해 등에 대한 반발로 일어남 → 서인 세력이 주축이 되어 광해군을 쫓아내고 인조를 왕으로 추대

(5) 호란의 극복과 북벌 운동

정묘호란과 병자호란

① 정묘호란(1627)

　㉠ 배경 : 정권을 잡은 서인의 친명배금 정책→후금 자극

　㉡ 경과 : 이괄의 난(1624)으로 인한 조선 사회 혼란→후금이 황해도 지역까지 침입

　㉢ 결과 : 관군, 의병, 정봉수 등의 항쟁→강화 체결, 후금 철수

② 병자호란(1636)

　㉠ 배경 : 후금이 국호를 '청'으로 바꾼 후 조선에 군신 관계 요구→ 조선 정부의 거절

　㉡ 경과 : 청태종의 침략→조선 정부의 남한산성 피란, 항전→삼전도에서 청과 굴욕적인 강화 체결(인조), (최명길:주화↔김상헌:척화)

　㉢ 결과 : 서북 지역 황폐화, 왕자와 신하들이 청에 인질로 끌려감(소현세자, 봉림대군)

③ 북벌 운동과 나선 정벌

나선정벌

　㉠ 효종의 북벌 추진(송시열·이완 등의 주도) : 실행에 옮기지 못함

　㉡ 북학 운동(18세기 후반) : 청의 선진 문물을 받아들이자는 움직임

　㉢ 나선 정벌(1654~1658) : 청과 러시아 사이의 국경 분쟁을 원인으로 두 차례에 걸쳐 청과 함께 러시아에 조총 부대를 파견하여 승리를 거둠

④ 양 난 이후의 제도 개혁

(1) 통치 체제의 정비

① 비변사의 기능 강화(외교·재정·인사 등 국정 총괄) ··· 의정부와 6조의 권한 약화(=왕권 약화)

② 군사 제도의 변화

    ㉠ 중앙군 : 궁궐과 수도 방어, 5위→5군영으로 개편

      • 기존의 5위가 제 기능을 발휘하지 못하자 훈련도감 설치

      • 5군영 구성 : 훈련도감(직업 군인, 삼수병제), 어영청, 총융청, 수어청, 금위영→단계적으로 설치

    ㉡ 지방군 : 속오군 편성

      • 양반부터 노비까지 모든 신분으로 구성

      • 평상시 생업에 종사, 유사시 지역 방어(예비군의 성격)

(2) 붕당 정치의 변질과 탕평책의 실시

① 초기의 붕당 정치 ··· 서인이 정치 주도, 남인이 정치에 참여하며 정국 운영→상대 붕당을 인정, 상호 비판과 견제하며 합리적 정책 제시

② 붕당 정치의 변질

    ㉠ 예송논쟁

      • 원인 : 효종과 효종비의 죽음 후 대비의 상복 기간 논쟁

      • 내용 : 서인과 남인의 학문적 논쟁 및 정치적 대립

    ㉡ 환국

      • 원인 : 서인과 남인 간의 권력 투쟁 (장희빈파 – 남인, 인현왕후파 – 서인)

      • 내용 : 숙종이 세 차례의 환국 주도

      • 결과 : 상대 당의 존재 부정→서인의 분열(노론과 소론)→노론의 일당 전제화

③ 탕평 정치의 시행

    ㉠ 탕평책 : 영·정조대에 당쟁을 막기 위해 당파 간의 정치세력에 균형을 꾀하려 한 정책→숙종 때 탕평론을 처음 제기

    ㉡ 영조의 탕평책과 개혁 정치

      • 탕평책 : 자신의 정책을 지지하는 탕평파 중심으로 정국 운영, 탕평비 세움→왕권 강화

      • 붕당 기반 약화 : 서원 정리, 이조전랑의 권한 약화

      • 민생 안정 : 균역법 실시, 가혹한 형벌 약화, 신문고 부활

      • 문물·제도 정비 :「속대전」,「속오례의」,「동국문헌비고」편찬

    ㉢ 정조의 탕평책과 개혁 정치

      • 탕평책 : 서인과 남인 등 각 붕당을 고루 등용, 외척 세력 제거

      • 정치 기반 육성

      – 규장각 설치 : 국왕의 정책을 뒷받침하는 정치 기구로 육성

－ 초계문신제도 : 37세 이하의 관리 중 몇 명을 선발하여 규장각에서 연구에 전념하도록 한 제도
－ 화성 축조 : 개혁 정치의 기반 도시로 육성(정약용의 거중기 사용)
• 군사 기반 육성 : 장용영(국왕의 친위 부대) 설치
• 문물 · 제도 정비
－ 통공 정책 : 금난전권을 폐지하고 사상의 자유로운 상업 활동 허용
－ 서얼과 노비에 대한 차별 개선
－ 「대전통편」, 「동문휘고」, 「탁지지」 편찬

❺ 세도 정치의 전개

(1) 세도 정치

① 시기 … 순조, 헌종, 철종의 3대 60여 년간(순조 · 철종 － 안동 김씨. 헌종 － 풍양조씨)

② 배경 … 왕실과 혼인 관계를 맺은 가문이 권력 독점

③ 세도 정치의 폐단 … 세도 가문의 주요 관직 독점, 과거 제도 문란, 매관매직 성행, 부정부패의 만연과 삼정(전정, 군정, 환곡)의 문란으로 전국적인 농민 봉기 발생

(2) 새로운 사상과 종교의 유행

① 예언 사상의 유행

　㉠ 배경 : 정치 질서의 문란, 지배층의 비리와 수탈, 자연재해→백성의 삶이 더욱 어려워짐

　㉡ 예언 사상 : 새로운 사상이 오기를 바라는 민중의 소망 반영→비기, 도참, 정감록, 미륵신앙, 무속신앙 등 유행

② 천주교의 수용과 확산

　㉠ 전래
　　• 17세기 : 중국을 왕래한 사신을 통해 전래→서학으로 연구
　　• 18세기 : 일부 남인 계열 학자들이 신앙으로 믿음

　㉡ 확산
　　• 이승훈이 청에서 서양 신부에게 세례를 받고 신앙 활동 시작
　　• 천주교의 평등사상, 내세 사상→중인 · 상민 · 부녀자들에게 환영

③ 동학의 성립

　㉠ 창시 : 경주의 몰락 양반인 최제우가 창시

　㉡ 성격 : 서학에 반대, 봉건적 폐습의 개혁

　㉢ 교리 : 인내천 사상 － '사람이 곧 하늘'이라는 의미, 신분과 계급을 초월하여 모든 인간이 평등하다고 봄 (「동경대전」, 「용담유사」)

　㉣ 정부의 탄압 : 혹세무민의 죄를 물어 1대 교주인 최제우 처형

　　　　⑪ 교단재정비 : 2대 교주 최시형이 교세 확장

(3) 농민 봉기

① 홍경래의 난(1811)

　　　㉠ 원인 : 정부의 가혹한 수탈, 평안도민에 대한 차별 대우

　　　㉡ 주도세력 : 몰락 양반 홍경래, 신흥 상공업자·광부·농민 등 참여

　　　㉢ 경과 : 청천강 이북 지역 장악→관군의 진압→정주성 싸움 패배

　　　㉣ 의의 : 이후 농민 봉기에 큰 영향

② 임술 농민 봉기(1862)

　　　㉠ 원인 : 삼정의 문란, 탐관오리의 수탈

　　　㉡ 시작 : 진주 농민 봉기, 철종 때 전국 70여 곳에서 발생

　　　㉢ 원인 : 경상 우병사 백낙신의 농민 수탈

　　　㉣ 주도세력 : 몰락 양반 유계춘

　　　㉤ 경과 : 삼남 지방을 중심으로 전국으로 확대

　　　㉥ 정부의 대책 : 암행어사 파견, 삼정이정청 설치→성과 없음

　　　㉦ 의의 : 농민의 사회의식 성장

핵심 예상 문제

01 조선의 건국 과정을 순서대로 나열한 것은?

㉠ 한양 천도 ㉡ 조선 건국
㉢ 위화도 회군 ㉣ 과전법 실시

① ㉠-㉡-㉢-㉣ ② ㉠-㉢-㉡-㉠

③ ㉢-㉠-㉡-㉣ ④ ㉢-㉣-㉡-㉠

02 다음의 조선 시대 통치 기구 중 왕권 강화와 유지를 위한 기관을 고른 것은?

① 승정원, 홍문관 ② 승정원, 의금부

③ 사간원, 홍문관 ④ 사헌부, 사간원

정답 및 해설

01. 이성계는 위화도 회군(1388)으로 정치적 실권을 장악한 후 신진 사대부의 경제적 기반을 마련하기 위해 과전법을 실시(1391)하였다. 그리고 반대 세력을 제거한 후 조선을 건국(1392)하고 한양으로 도읍을 옮겼다(1394).

02. 승정원은 중추원의 후신으로 왕명출납기관이었으며 의금부는 왕명에 따라 고관 및 양반의 중죄를 재판하는 기관이었다. 사헌부, 사간원, 홍문관은 3사 언론기관으로서 왕권을 견제하는 역할을 맡았다.

▶정답 … 01.④ 02.②

03 다음 (가) 왕에 대한 설명이 <u>아닌</u> 것은?

> 두 차례에 걸친 왕자의 난을 통하여 개국공신 세력을 몰아내고 왕위에 오른 ___(가)___ 은/는 지배
> 기구의 틀을 마련하였다. 왕권을 강화하고 국왕중심의 통치체제를 정비하였다. 이에 도평의사
> 사를 없애고 의정부를 두면서 그 정치적 권한을 약화시켰다.

① 사병을 혁파하였다.
② 사간원을 독립시켰다.
③ 6조직계제를 실시하였다.
④ 금속 활자인 갑인자를 주조하였다.

04 조선 통신사와 관련된 내용을 〈보기〉에서 <u>모두</u> 고르면?

> **‖보 기‖**
> ㉠ 외교 사절이자 문화 사절이었다.
> ㉡ 조선의 제의로 일본에 문물을 전달하기 위해 파견하였다.
> ㉢ 학자, 기술자 등이 파견되어 일본의 문화 발전에 공헌하였다.
> ㉣ 18세기 일본에서 국학운동 붐이 일자 통신사를 거부하였다.

① ㉠, ㉡   ② ㉠, ㉣
③ ㉡, ㉢   ④ ㉠, ㉢, ㉣

정답 및 해설

03. (가)는 태종이다.
　　④ 갑인자는 세종 때 만들어 졌다. 1434년 갑인년에 만들어진 인쇄의 활자체로 그해 이름인 갑인년을 따서 갑인
자라고 한다. 주로 책과 같은 문서를 대량으로 만들어내기 위하여 사용하였다.

04. ㉡ 일본 에도 막부의 요청으로 파견되어 일본 정부로부터 극진한 대우를 받았다.

▶ 정답 ⋯ 03.④ 04.④

05 다음 빈칸에 들어갈 시기별 왕에 대한 설명으로 옳은 것은?

> 균역법은 ___㉠___ 때, 영정법은 ___㉡___ 때, 대동법은 ___㉢___ 때 선혜법이라는 이름으로 경기도 지역에 한해서 실시되었다.

① ㉠ – 세 차례의 환국을 주도하였다.
② ㉠ – 예송 논쟁이 두 차례 발생하였다.
③ ㉡ – 삼전도에서 청과 굴욕적인 강화를 체결하였다.
④ ㉢ – 탕평비를 세우고 왕권을 강화하였다.

06 다음 업무를 담당하던 관청에 대한 설명으로 옳지 <u>않은</u> 것은?

> • 시정을 논의하고 모든 관리를 규찰하였다.
> • 정5품 당하관 이하 임명동의권을 갖고 있었다.

① 서경권을 갖고 있었다.
② 양사, 대간이라고 불렸다.
③ 권력의 독점과 부정부패의 방지 기능을 하였다.
④ 정책을 비판하는 간쟁기구로서 왕에게 간언하는 직무를 관장하였다.

✅ **정답 및 해설**

05. 균역법은 ㉠ 영조 때 실시되었고, 영정법은 ㉡ 인조 때, 대동법은 ㉢ 광해군 때 선혜법이라는 이름으로 경기도 지역에 한해서 최초로 실시되었다.
① 세 차례의 환국을 주도하였다. – 숙종
② 예송 논쟁이 두 차례 발생하였다. – 현종
④ 탕평비를 세우고 왕권을 강화하였다. – 영조

06. 사헌부에 대한 설명이다. 홍문관, 사간원과 함께 3사라 불렸으며 대표적 언론기관이었다.
④ 사간원에 대한 설명이다.

▶ 정답 … 05.③ 06.④

07 다음 자료의 ㉠에 대한 설명으로 옳은 것을 〈보기〉에서 모두 고르면?

신진사대부	급진 개혁파(혁명파) → 훈구파
	점진 개혁파(온건파) → ___㉠___

┃보 기┃
㈎ 조선 건국에 참여한 공신들로, 세조 이후 실권을 장악했다.
㈏ 성종 때 김종직의 중용을 계기로 대거 진출하였다.
㈐ 많은 토지를 소유한 대지주층으로 성장했다.
㈑ 서원과 향약을 통해 향촌 사회에서 꾸준히 세력을 확대했다.

① ㈎, ㈏   ② ㈎, ㈐
③ ㈏, ㈐   ④ ㈏, ㈑

08 조선 시대 '대간'에 대한 설명으로 옳은 것을 모두 고르시오.

㉠ 「경국대전」에 의해 5품 이하의 당하관에게 서경권 행사가 규정되었다.
㉡ 이조전랑에게 후임자 자천권이 있었다.
㉢ 이조전랑에게 삼사의 당하관 관원의 추천권이 있었다.
㉣ 양사를 일컫는 말로서 사헌부와 홍문관을 말한다.

① ㉠, ㉡   ② ㉠, ㉡, ㉢
③ ㉠, ㉣   ④ ㉡, ㉢

✓ **정답 및 해설**

07. ㉠은 사림파를 의미한다. 훈구파는 조선 전기 집권자들을 일컫는 대명사로서 원래 계유정난(세조의 왕위 찬탈) 이후 공신세력을 말한다. 훈구파는 중앙집권과 부국강병을 추구하였다. 사림파는 여말 온건파 신진사대부가 권력 장악에 실패하고 낙향하여 향촌에서 선비가 되었던 자들로서 중앙정계에 계속적으로 집권하여 선조 때에는 정계를 장악하고 이후 16세기 집권자들이 되었다. 사림파는 향촌자치와 성리학 질서 유지를 표방하였다.

08. 대간은 5품 이하의 당하관에 대해 서경권을 행사할 수 있도록 하였고, 이것이 그대로 「경국대전」에 반영되었다. 사헌부는 감찰 기관으로 정치의 득실을 논하고 관리의 잘못을 규찰하며, 풍기와 풍속을 교정하고 억울한 일을 풀어주는 등의 일을 맡은 기관이었으며, 사간원은 국왕의 잘못을 간하고, 관리들의 공정하지 못한 임명을 논박하고 시정하는 임무를 담당하는 기관이었다. 양사의 관원은 임명된 관리의 신분과 경력 등을 조사하여 그 가부를 승인하는 서경권을 가지고 있었는데 그 관원을 언관이라고도 하였다. 대간은 서경권을 가지고 의정부 및 6조의 행정기간과 상호 견제하여 권력이 한 쪽으로 치우치는 것을 막았다.
㉣ 대간이란 양사를 일컫는 말로서 사헌부와 사간원을 말한다.

▶ 정답 … 07.④ 08.②

09 다음 연표의 표시된 시기에 일어난 사실이 <u>아닌</u> 것은?

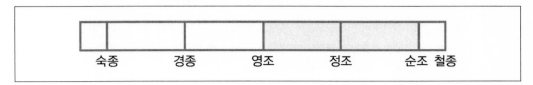

| 숙종 | 경종 | 영조 | 정조 | 순조 철종 |

① 환국 발생　　　　　　　　　② 왕권의 안정
③ 수원 화성 축조　　　　　　　④ 탕평 정책의 실시

---

09. 영·정조 집권 시기에는 왕권이 비교적 안정되었으며 탕평책을 실시하였다.
　① 환국 발생은 숙종 때이다.
　③ 수원 화성 축조 → 정조

▶ 정답 … 09.①

10 다음의 정책을 추진한 인물에 대한 설명으로 옳은 것은?

> • 위훈삭제 • 소격서 폐지 • 방납의 폐단 시정

① 경연을 강화하고 언론활동을 활성화 하였다.
② 소수서원을 설립하여 훈구세력을 몰아내었다.
③ 관리들에게 '신언패'를 차고 다니게 하였다.
④ 나뭇잎에 꿀을 발라 '주초위왕'이라는 글씨를 써넣었다.

11 다음 내용을 주장한 학자에 대한 설명으로 옳은 것은?

> 토지는 천하의 근본이다. 큰 근본이 확립되면 온갖 법도가 따라서 잘 되어가고 큰 근본이 문란해지면 온갖 법도가 따라서 문란해진다.

① 6좀론을 주장하며 양반의 특권을 비판하였다.
② 여유당전서를 저술하였으며 실학을 집대성하였다.
③ 중농학파로 균전론과 과전제의 실시를 주장하였다.
④ 상인과의 합자를 통한 경영규모의 확대를 주장하였다.

⊘ **정답 및 해설**

10. 조광조의 개혁에 내한 내용으로, 조광조는 경연을 강화하고 언론활동을 활성화 하였다.
　② 주세붕이 세운 백운동 서원은 이황의 건의로 소수서원이 되었다.
　③ 신언패는 조선시대 연산군 때 관리들에게 말을 삼가기 위하도록 차게 한 패이다.
　④ '주초위왕'이라는 글씨를 써서 조광조를 모함한 이들은 훈구세력이다.
11. 중농학파 실학자인 유형원에 대해 묻고 있으며, ①은 이익, ②는 정약용, ④는 유수원에 대한 설명이다.

▶ 정답 … 10.① 11.③

12 ㉠~㉣에 대한 설명으로 옳지 <u>않은</u> 것은?

> ㉠ 붕당의 폐해가 요즈음보다 심한 적이 없었다. 처음에는 ㉡ 예절의 문제에서 분쟁이 일어나더니, 이제는 ㉢ 한쪽이 다른 쪽을 모두 역적으로 몰아붙이고 있다. …… 근래에 들어 인재를 등용할 때 같은 붕당의 사람들만 등용하고자 한다. 조정의 대신들은 서로 상대당을 공격하면서 반역인가 아닌가로 문제를 집중하니 모두가 동의할 수 있는 정책이 나오지 못하고, 정책의 옳고 그름을 판단하기 어렵다. …… 관리의 임용을 담당하는 부서는 ___㉣___ 의 정신을 수용하도록 하라.
>
> – 「영조실록」 –

① ㉠ – 자기 당을 절대시하면서 반대당을 정계에서 내쫓고자 하였다.
② ㉡ – 현종 때의 예송 논쟁을 가리킨다.
③ ㉢ – 환국 정치 이후 왕권이 강화되어 붕당 정치가 안정되었다.
④ ㉣ – '탕평'이라는 말이 들어간다.

13 대동법에 대한 설명으로 옳지 <u>않은</u> 것은?

① 토산물 대신 쌀·면포·동전으로 징수하였다.
② 현물 납부제도가 사라져 농민들의 부담이 감소했다.
③ 공인이 등장하여 상공업의 발전에 이바지하였다.
④ 땅 1결을 기준으로 쌀 12두를 징수하였기에 공납의 전세화가 이뤄졌다.

✅ **정답 및 해설**

12. ③ 환국 이후 상대당의 존재를 부정하며 붕당 정치가 변질되었다.

13. 대동법은 기존의 세금제도인 공납에서 토산물을 직접 내는 것 대신 소유한 땅 1결당 12두씩 쌀로 내게 한 제도이다. 그런데 당시 양인들의 평균 토지 소유량은 3결정도였기 때문에 일반 농민 및 백성의 부담은 줄여주었지만 그에 비해 많은 땅을 소유한 양반지주들은 크게 반발하게 되었다. 따라서 지주가 많이 살고 있는 충청도, 전라도에서 더 반발을 하게 되었다.
② 농민의 부담이 감소하였지만 여전히 현물은 존재하였다.

▶ 정답…12.③ 13.②

14 다음에서 설명하는 관직에 대한 내용으로 옳지 <u>않은</u> 것은?

> 이조전랑을 선발할 때를 당하면 피차 두 당에서 싸우기를 그치지 않으니, 임금이 그들의 하는 짓을 싫어하고 미워하여 이미 고칠 뜻을 가지고 있었다. …… 임금이 마침내 하교하기를, " …… 아아! 당습(黨習)이 나의 여러 신하들을 함몰(陷沒)시키고 기강을 문란 시키고 있으니, 신하가 알고 있는 것은 오직 편당 만드는 것뿐이다. …… 전랑이 사사로운 뜻을 행하는 문(門)을 따라 우리 조정의 공정함을 전하는 법을 어지럽히고 있으니, …… 이조전랑의 통청권을 마땅히 먼저 혁파해야 할 것이니 …… 신하들은 사사로운 뜻을 행하려고 감히 저지시키거나 방해하지 말도록 하라."고 하였다.

① 조식과 이황이 이조전랑직을 두고 대립하였다.
② 전임자가 후임자를 추천할 수 있었다.
③ 문·무관을 천거하는 임무를 맡아 보았다.
④ 이조와 병조의 정랑과 좌랑을 합하여 부르던 말이다.

 **정답 및 해설**

14. 이조전랑은 이조와 병조의 정랑과 좌랑을 합하여 부르던 말로서 내외 문·무관을 천거하는 임무를 맡아 보았다. 품계는 낮았지만 붕당정치가 여론을 모아 당의 입장을 결정하는 언론 활동 중심으로 전개되었기 때문에 이조전랑의 자리는 매우 중요했다. 그런데 조선 후기에 붕당 정치가 격화되면서 이조전랑은 중하급 관원들에 대한 인사권과 자기 후임자를 추천할 수 있는 권리를 이용하여 자기 붕당의 이익을 대변하며 상대 세력을 몰아내는데 앞장서게 된다.
① 김효원과 심의겸이 이조전랑직을 두고 대립하면서 당쟁의 원인이 되었다

▶ 정답 ··· 14.①

15 다음의 정책을 실시한 왕에 대한 설명이 <u>아닌</u> 것은?

> 자신의 개혁을 뒷받침할 정치 세력을 육성하기 위해 초계문신제를 시행하였다. 초계문신은 37세 이하 중하위직 관리 중에 재능 있고 젊은 인물들로 선발되었다.

① 서얼과 노비에 대한 차별을 완화하였다.
② 서원을 대폭 정리하고 이조전랑의 권한을 약화시켰다.
③ 수원에 화성을 쌓아 정치적, 군사적 기능을 부여하였다.
④ 자유로운 상업 활동을 허용하는 통공 정책을 실시하였다.

16 다음 (가)에 대한 설명으로 옳은 것은?

> 임진왜란을 겪으며 기존의 중앙군이 제 기능을 발휘하지 못하자 조선은 궁궐과 서울을 방어하기 위해 __(가)__ 을/를 새로 설치하였다.

① 원래 후금의 침입에 대비하여 설치되었다.
② 5군영 가운데 제일 마지막으로 설치되었다.
③ 포수, 살수, 사수의 삼수병으로 편성되었다.
④ 이 부대에 이어 4개의 부대가 더 설치되면서 중앙군인 속오군이 갖추어졌다.

✅ **정답 및 해설**

15. 초계문신제는 하급관리에 대한 재교육제도이며 정조 때 실시되었다.
　② 영조의 정책이다.

16. (가)는 훈련도감이며 창검(주로 창)을 쓰는 살수, 총·포를 쏘는 포수, 활을 쏘는 사수의 삼수병으로 구성되었다.
　① 임진왜란 중에 일본 조총의 위력을 목격하고 포수 양성의 필요성이 제기되면서 임시기구로 설치되었다.
　② 5군영 가운데 제일 먼저 설치되었다.
　④ 속오군은 지방군이며 중앙군은 5군영이다.

▶ 정답 … 15.② 16.③

０２ 근세의 경제생활

❶ 수취체제의 확립과 개편

(1) 수취체제의 확립

① **과전법의 시행과 변화**

　　㉠ **시행 배경** : 국가의 재정 기반과 신진사대부의 경제기반을 확보하기 위해 시행

　　㉡ **성격** : 경기지방의 토지에 한정, 토지의 일부는 수신전, 휼양전, 공신전 형태로 세습

TIP

수신전과 휼양전
㉠ **수신전** : 관리가 죽은 후 재혼하지 않은 미망인에게 지급
㉡ **휼양전** : 사망한 관리의 어린 자식에게 지급

　　㉢ **과전법의 변화**
　　　• **직전법(세조)** : 현직 관리에게만 수조권 지급
　　　• **관수관급제(성종)** : 관청에서 수조권 행사
　　　• **직전법의 폐지(16세기)** : 수조권 지급 제도가 없어짐

② **전분6등법 · 연분9등법(세종)** : 1결당 최고 20두에서 최하 4두 징수
　　(전분6등법 – 토지의 비옥한 정도에 따라, 연분9등법 – 한 해의 풍흉에 따라 토지를 구분하여 과세)

③ **조세 운송**

　　㉠ 군현에서 거둔 조세는 조창을 거쳐 경창으로 운송함

　　㉡ **잉류지역** : 평안도와 함경도의 조세는 군사비와 사신접대비로 사용
　　　(제주도는 수취하기에 멀고 불편하여 해당 지역에서 거두지 않음)

(2) 조세 제도의 개편

① **배경** … 양 난 이후 토지 감소, 토지 대장 소실→국가 재정 고갈

② **정부 대책** … 토지 개간 장려, 양전 실시, 조세 제도 개편

조선시대의 조운로

③ 전세 · 공납 · 군역의 개혁

전세	영정법 실시	• 내용 : 토지에 부과하는 전세를 풍흉에 관계없이 토지 1결당 쌀4두~6두로 고정 • 결과 : 토지세 부담 감소, 소작 농민에게는 큰 도움이 안 됨
공납	대동법 실시	• 배경 : 방납의 폐단→농민의 부담 증가 • 내용 : 토산물 대신 쌀 · 면포 · 동전으로 징수, 토지 1결당 쌀12두 징수 • 결과 : 토지 없는 농민의 부담 감소, 공인 등장
군역	균역법 실시	• 배경 : 5군영 운영에 따른 재정 증가(직업 군인의 급료), 양반 증가(군포 면제)→ 　농민의 부담 증가 • 내용 : 군포를 2필에서 1필 부과 • 결과 : 농민의 부담이 일시적으로 감소했으나 지주가 결작을 소작농에게 전가해 다 　시 농민의 부담 증가함

④ 군역의 변질

　　㉠ 군역의 요역화 : 농민 대신에 군인을 각종 토목 공사에 동원하여 군역의 기피 증가

　　㉡ 대립제 : 사람을 사서 군역을 대신하는 현상

　　㉢ 군적수포제 : 대립제를 양성화시켜 장정에게 군포를 받아 그 수입으로 군대를 양성(직업군인제)

❷ 농업과 상업 · 수공업의 변화

(1) 농업기술의 발달

① 밭농사 ⋯ 조 · 보리 · 콩의 2년 3작 일반화

② 논농사 ⋯ 남부지방에 모내기법 보급, 벼와 보리의 이모작→생산량 증대

③ 시비법 발달 ⋯ 거름을 주어 휴경지 소멸

④ 농기구 ⋯ 쟁기, 써레, 호미 등의 농기구 개량

⑤ 상품 재배 ⋯ 목화재배가 확대되어 의생활 개선, 약초와 과수 재배 확대

⑥ 농민의 계층 분화

　　㉠ 배경 : 경작지 확대, 농업 기술 발달, 상품 작물 재배

　　㉡ 영향 : 부농의 등장, 가난한 농민의 농촌 이탈→임노동자로 전락

(2) 상업의 발달

① **배경** … 농업 생산력 증대, 도시 인구 증가, 대동법의 실시 등

② **공인의 활동** … 왕실과 관청에 물품 납부→대동법 실시로 활발

③ **사상의 성장**

조선 후기의 상업과 무역활동

　　㉠ **배경** : 정부의 금난전권 폐지(통공정책, 1791)로 사상의 자유로운 상업 활동 보장→18세기 이후 도고로 성장

　　㉡ **사상의 활동**
　　　• 송상(개성) : 인삼 재배 판매, 청과 일본의 중계 무역
　　　• 만상(의주) : 청과의 무역
　　　• 내상(동래) : 일본과의 무역
　　　• 경강상인 : 운송업, 한강을 무대로 활동

　　㉢ **장시 발달** : 한성 · 평양 · 개성에 상설 시장 등장, 보부상의 활동(전국의 장시를 연결하여 유통망 형성)

　　㉣ **포구 성장** : 배를 이용한 대규모 거래로 포구가 상업 중심지로 성장, 선상(경강상인 등) · 객주(상품 매매 중개, 운송 · 숙박 · 금융 업무)활동

④ **화폐의 유통** … 17세기 후반 상평통보 발행, 전국적으로 유통

⑤ **대외 무역 발달** … 개시 무역(공적 무역)과 후시 무역(사적 무역) 발달, 송상, 만상, 내상 등 참여

(3) 수공업과 광업의 발달

① **수공업의 변화**

　　㉠ **조선 전기** : 관영 수공업(관청에 소속되어 국가의 통제를 받으며 물품 제작)발달

　　㉡ **조선 후기** : 민영 수공업(세금을 부담하고 자유롭게 제품을 생산)발달

② **광업의 발달**

　　㉠ **광산 개발 방식의 변화** : 민간인의 광산 개발 허용→세금 징수

　　㉡ **광산 개발 증가** : 수공업의 발달로 인한 광산물 수요 증가, 청과의 무역으로 은의 수요 증가, 전문 경영자인 덕대가 광산 경영

　　㉢ **잠채** : 몰래 채굴하는 잠채 성행

핵심 예상 문제

01 다음은 조선 후기 경제활동을 하는 사람들의 모습이다. ㈎~㈒에 대한 설명으로 적절하지 않은 것은?

> ㈎ 은진 강경장에서 상평통보를 가지고 거래하는 보부상
> ㈏ 청 상인에게 비단, 약재를 사는 의주의 상인
> ㈐ 황해도 수안에 금광을 찾아 몰려든 광꾼
> ㈑ 철점(대장간)에서 제품을 생산하고 판매하는 민간 수공업자

① ㈎ : 15세기 말부터 나타나는 장시는 지방민의 교역장소로 보통 5일마다 열렸는데, 18세기 중엽에는 전국에 1,000여 개소가 개설되었다.

② ㈏ : 국제 무역에서 사무역인 후시가 허용되면서 의주의 만상과 동래의 내상이 활약했다.

③ ㈐ : 광산 경영은 경영 전문가인 물주가 상인에게 자본을 조달받고 채굴업자, 노동자들을 고용하여 광물을 채굴하고 제련하는 것이 일반적이었다.

④ ㈑ : 민간 수공업자는 대체로 상업자본의 지배를 받았지만, 18세기 후반에 이르러서 독자적 생산과 이를 직접 판매하는 수공업자들이 나타났다.

 **정답 및 해설**

01. 조선 후기 광산경영은 경영전문가인 덕대가 상인 물주에게 자본을 조달받아 광산을 경영하는 것이 일반적이었다.

▶ 정답 … 01.③

02 다음의 ㉠~㉢에 대한 설명으로 옳은 것은?

〈조세 제도의 개편〉
- 전세 : ___㉠___ 실시 = 토지에 부과하는 전세를 풍흉에 관계없이 토지 1결당 쌀 4두 ~ 6두로 고정
- 공납 : ___㉡___ 실시 = 토산물 대신 쌀·면포·동전으로 징수, 토지 1결당 쌀 12두 징수
- 군역 : ___㉢___ 실시 = 1년에 2필에서 1필로 조정

---

① ㉠을 보완하기 위해 결작, 잡세로 보충하였다.
② ㉠의 결과 소작 농민에게 도움이 되었다.
③ ㉡은 5군영 운영의 재정 및 양반의 증가로 인해 실시되었다.
④ ㉢의 결과로 농민의 부담이 일시 감소했다가 다시 증가하였다.

✅ **정답 및 해설**

02. ㉠은 영정법이며, ㉡은 대동법, ㉢은 균역법이다.
영정법의 실시로 토지세 부담이 감소하였으나 소작 농민에게는 큰 도움이 되지 않았다. 또한 결작, 잡세로 보충한 것은 균역법이다. 대동법의 실시로 토지가 없는 농민의 부담이 감소하였으며 공인이 등장해 상공업 발전에 이바지 하였다. 그러나 현물세가 여전히 존재해 관리의 부정으로 농민의 어려움은 여전하였다. 5군영의 운영 및 양반 수의 증가로 실시된 세금제도는 균역법이며 그 결과로 농민의 부담이 일시적으로 감소했다가 지주가 결작을 소작농에게 전가해서 다시 농민의 부담이 증가하였다.

▶ 정답 ··· 02.④

03 다음 자료에 나오는 화폐에 대한 내용으로 옳지 <u>않은</u> 것은?

 상공업이 발달함에 따라 교환의 매개로서 자연스럽게 전국적으로 유통되었으며 조선 시대 말까지 사용되었다.

① 효종 때 널리 유통시켰다.

② 상민 이상의 신분만 이 화폐로 물건을 살 수 있었다.

③ 고리대나 재산 축적에 동전이 이용되어 전황현상이 나타났다.

④ 인조 때 주조하여 개성을 중심으로 통용시켜 그 쓰임새를 살펴보았다.

04 다음 밑줄 친 '허생'과 같은 활동을 한 상인은?

<u>허생</u>은 안성의 한 주막에 자리를 잡고 밤, 대추, 감, 배, 귤 등의 과일을 모두 사들였다. 허생이 과일을 한꺼번에 사들이자, 온 나라가 잔치나 제사를 치르지 못할 지경에 이르렀다. 따라서 과일 값은 크게 올랐다. 허생은 이에 10배의 값으로 과일을 되팔았다.

　　　　　　　　　　　　　　　　　　　　　　　　　　　　　－「허생전」－

① 도고　　　　　　　　　　　　　② 공인

③ 객주　　　　　　　　　　　　　④ 덕대

✓ **정답 및 해설**

03. 제시된 화폐는 상평통보이며 인조 때 처음 주조되어 17세기에 효종이 상평통보를 널리 유통시켰다.

② 누구나 상평통보만 가지면 물건을 살 수 있었다.

04. 허생과 같이 대규모의 자본과 조직을 바탕으로 물건을 독점하여 사고파는 도매상인을 도고라고 불렀다. 상업이 발달하면서 도고는 많은 부를 축적하였다.

▶ 정답 … 03.② 04.①

05 다음은 조선 후기 경제 변화에 대한 글이다. 밑줄 친 내용에 대한 설명으로 옳은 것을 〈보기〉에서 모두 고르면?

> 서민들은 점차 경제적 변화를 적극적으로 의식하고, 이에 대응하여 삶의 자세를 바꾸어 갔다. 농민들은 생산력을 높이기 위하여 ㉠ 새로운 영농 방법을 추구하였고, ㉡ 상품 작물을 재배하여 소득을 늘리려고 하였다. ㉢ 상인들도 상업 활동에 적극적으로 참여하여 대자본을 가진 상인들도 출현하였다. ㉣ 수공업 생산도 활발해져 민간에서 생산 활동을 주도하여 갔다. 이러한 과정에서 자본 축적이 이루어졌고, 지방의 상공업 활동이 활기를 띠었으며, 상업 도시가 출현할 수 있었다.

┃보 기┃
- (가) ㉠ – 남부 지방 일부에 처음으로 이앙법이 보급되기 시작하였다.
- (나) ㉡ – 쌀의 상품화가 활발해지면서 밭을 논으로 바꾸는 현상이 활발해졌다.
- (다) ㉢ – 금난전권이 폐지되어 시전 상인의 활동이 크게 활성화되었다.
- (라) ㉣ – 원료의 구입과 제품의 처분에서 대부분 상업 자본의 지배를 받았다.

① (가), (다)

② (나), (라)

③ (가), (나), (라)

④ (가), (다), (라)

✅ **정답 및 해설** ···

05. ㉠ 이앙법은 고려 말에 남부 지방 일부에서 보급되기 시작하였으며, 이를 토대로 조선 전기에는 남부 일부 지역에서 이모작도 가능하였다.
　㉡ 조선 후기에는 쌀이 주곡으로 자리를 잡으면서 그 수요가 증가하여 장시에서 가장 거래가 많이 이루어져 정조 때에는 논의 비율이 밭보다 높아졌다.
　㉢ 육의전을 제외한 시전 상인의 금난전권의 철폐로 시전 상인은 위축되고 사상들의 자유로운 활동이 어느 정도 보장되었으며, 그들 중 일부는 도고로 성장하였다.
　㉣ 민간 수공업자들은 대체로 작업장과 자본의 규모가 소규모여서 원료의 구입과 제품의 처분에서 상업 자본의 지배를 받는 선대제 수공업이 발달하였다.

▶ 정답 ··· 05.②

06 다음 밑줄 친 '자본주의적 관계'의 적절한 사례로 알맞은 것은?

> 조선 후기 농업 기술의 발전에 따라 자급자족적인 경제 관계를 바탕으로 하고 있던 당시 사회에 상업과 수공업, 광업의 발전을 촉진시켰다. 이에 따라 상품 화폐 경제가 널리 성장하게 되었다. 그리하여 종래의 봉건적 사회 관계 내부에서 새로이 근대적 움직임이 발생하였다. 노동력이 상품으로 매매되고 인간 간의 관계가 자본과 임노동의 관계로 이루어지는 새로운 관계 즉 <u>자본주의적 관계</u>가 싹트게 된 것이다. 이러한 자본주의적 관계의 발생은 곧 봉건적 조선 사회를 해체시켜 가는 힘으로 작용하게 되었다.

① 상인 물주와 덕대
② 수령과 농민
③ 시전 상인과 사상
④ 부농과 몰락 농민

 **정답 및 해설**

06. 조선 후기의 광산 개발은 자본을 대는 상인 물주와 광산 경영 전문가인 덕대를 중심으로 이루어졌다. 덕대는 광산의 주인과 계약을 맺고 광물을 채굴하여 광산을 경영하는 사람으로서 현대의 전문경영인과 비슷한 위치라고 할 수 있다.
② 수령과 농민은 지배층과 피지배층의 관계이다.
③ 어용상인인 시전상인과 사상을 통해 자본주의적 관계를 찾을 수는 없다.
④ 부농의 등장만을 자본주의적 관계로 볼 수 없다.

▶ 정답 ⋯ 06.①

07 다음 조선시대의 세금제도에 대한 설명 중 옳지 <u>않은</u> 것은?

> ___㉠___ 은/는 농민이 군역의 대가로 바치는 군포로 1인당 2필을 부담하였다. ___㉡___ 은/는 각 지역의 토산물을 세금으로 내던 제도이다. ___㉢___ 은/는 춘대추납으로 1할의 이자를 가산하였다. ___㉣___ 은/는 토지에 대한 세금이다.

① ㉠ – 방군수포와 대립이 불법적으로 행해졌다.
② ㉡ – 중앙 관청의 서리들이 방납으로 대가를 챙겼다.
③ ㉢ – 향리들이 겨를 섞어 분량을 속이는 '반작'의 방법으로 착복했다.
④ ㉣ – 진결, 도결, 은결 등으로 정액 이상의 세를 징수하였다.

08 다음 (가)에 대한 설명으로 옳지 <u>않은</u> 것은?

> 강원도에는 ___(가)___ 을/를 싫어하는 이가 없는데 충청도, 전라도에는 좋아하는 이와 싫어하는 이가 있습니다. 왜 그렇겠습니까? 강원도에는 양반 지주가 없으나 충청도, 전라도에는 양반 지주가 있기 때문입니다. 특히 전라도에 싫어하는 이가 더 많은데, 이는 양반 지주가 더 많은 까닭입니다. 이렇게 볼 때 양반 지주들만 싫어할 뿐, 농민은 ___(가)___ 을/를 보고 기뻐합니다.

① (가)로 인해 별공과 진상이 사라졌다.
② 공납의 양이 과중하며 수납과정이 복잡했기 때문에 등장하였다.
③ (가)로 인해 공인이 등장하여 상권을 독점하고 수공업을 성장시켰다.
④ 광해군 때 선혜법이라는 이름으로 경기도 지역에 한하여 실시되었다.

⊘ **정답 및 해설** ··

07. ㉠은 군역이며, ㉡은 공납, ㉢은 환곡, ㉣은 전세이다.
　① ㉠ – '방군수포'는 포를 납부하면 군역을 면제해주던 제도이다. '대립제'는 자기 대신 다른사람을 세워서 군역을 하도록 하는 제도이며 둘 다 군역의 폐단이었다.
　② ㉡ – '방납'이란 하급 관리나 상인들이 정부에 공물을 대신 납부하고 백성에게서 높은 대가를 거둔 것을 말하며 공납의 폐단에 해당한다.
　③ ㉢ – '반백'은 겨를 섞어 분량을 속이는 것, '반작'은 출납에 대하여 허위문서를 작성하는 것이다.
　④ ㉣ – '진결'은 황폐한 땅이나 미경작지에 세금을 징수하는 것, '도결'은 관리가 횡령한 공금을 보충하기 위해 정액 이상으로 징수하는 것, '은결'은 토지대장에 기록되지 않은 토지에 징수하는 것으로 전세의 폐단에 해당한다.
08. (가)는 대동법이다. 대동법으로 인해 상공이 전세화 되었으며 국가수입이 증대하였다. 또한 공인에 의한 선대제 민영수공업이 발달하였다. 무전농민의 부담은 감소하여 농민은 대체로 환영하였다.
　① 대동법 시행 이후에도 별공과 진상은 그대로 남았다.

▶ 정답 ··· 07.③ 08.①

09 다음 조치의 결과로 가장 적절하지 <u>않은</u> 것은?

> 평시소로 하여금 20, 30년 사이에 새로 벌인 영세한 가게 이름을 조사해 모조리 혁파하게 하고 형조와 한성부에 분부하여 육의전 이외에 난전이라고 잡혀 온 자들도 벌을 주지 말고, 반좌법을 적용시키면 장사하는 사람들은 서로 매매하는 이익이 있을 것이고 백성들도 곤궁한 걱정이 없을 것입니다. 그 원망은 신이 스스로 감당하겠습니다.

① 이를 계기로 상업이 발전하였다.
② 잡다한 명목의 시전 상인들의 금난전권은 철폐되었다.
③ 시전 상인과 결탁한 남인들의 세력이 약화되었다.
④ 시전들에 의해 몇 배씩 올랐던 재화의 가격이 내렸다.

10 다음 자료에 대한 설명으로 옳지 <u>않은</u> 것은?

> • 만상 : 의주를 중심으로 청과의 무역활동 주도
> • 내상 : 동래를 중심으로 일본과의 무역활동 주도
> • 송상 : 청과 일본의 중계무역

① 내상은 주로 인삼 재배와 판매에서 두각을 나타냈다.
② 17세기 후반의 화폐 발행은 이들의 성장에 도움을 주었다.
③ 자유로운 상업 활동이 보장되면서 사상들이 성장하게 되었다.
④ 배를 이용한 대규모 거래로 포구가 상업 중심지로 성장하였다.

✅ **정답 및 해설**

09. 금난전권은 시전상인들이 가졌던 일종의 독점적 전매특권으로 시전상인은 판매하는 물품을 관에 등록하게 되어있었다. 조선 후기에는 난전이 본격적으로 전개되면서 금난전권은 무의미해졌고, 1791년 정조 때 육의전을 제외한 금난전권이 폐지되어 난전이 합법화되었다(신해통공). 제시된 글은 금난전권의 폐지를 건의한 채제공의 주장이다.
③ 시전과 결탁한 무리들은 노론이었으며 노론의 세력은 약화되지 않았다.

10. ① 인삼 재배와 판매에 두각을 나타낸 이들은 송상이며 개성에서 주로 활동하였다.
송상은 개성을 중심으로 전국에 송방이라는 지점을 설치하고, 주로 인삼을 재배하여 판매하였으며 대외무역에도 관여하였다.
※ 사상의 활동(18세기 이후)
• 사상 : 칠패, 송파 등 도성 주변과 개성, 평양, 의주, 동래 등 지방도시에서 활동하였다. 각 지방의 장시와 연결되어 각지에 지점을 설치하여 상권을 확대하였고 청·일본과의 대외무역에도 참여하였다.
• 종류 : 개성의 송상, 평양의 유상, 의주의 만상, 동래의 내상 등이 유명하였다.

▶ 정답 … 09.③ 10.①

11 다음 자료에 나오는 농법이 일반화 되었던 시기에 대한 설명으로 옳은 것은?

> ······ 제초(풀뽑기)에 편하나 만일 한 번만 큰 가뭄을 만나면 실수하니 농가에 위험한 일이다.
>
> − 「농사직설」 −
>
> ······ 본래 그 금령이 지극히 엄한데, 근래 소민들이 농사를 게을리하고 이익을 탐하여 광작을 하며, 그 형세가 매해 늘어나 지금은 여러 도에 두루 퍼져 있으니 모두 금지하기 어렵다.
>
> − 「비변사등록」 −
>
> ······ 양곡의 소출이 배이며 공력(노동력)은 반뿐인데 직파법은 공력이 배가 든다.
>
> − 「일성록」 −

① 지주와 전호 사이의 신분적 관계가 더욱 중시되었다.

② 논을 밭으로 바꾸는 현상이 활발하였다.

③ 신분제의 동요로 양반의 권위가 떨어졌다.

④ 일정 액수를 소작료로 내는 농민이 감소하였다.

✓ **정답 및 해설**

11. 자료는 모내기법에 대한 것이다. 모내기법은 고려 말 남부지방 일부지역에서 시작되었으며, 조선 후기에 와서 전국 적으로 일반화된 농법이다. 모내기법이 널리 퍼졌던 조선 후기에는 신분제의 동요로 양반의 권위가 떨어졌다.
① 조선 후기에는 지주전호제가 지주와 전호의 신분적 관계보다 경제적 관계로 바뀌어갔다.
② 장시에서 많이 거래되는 쌀의 수요가 늘어 조선 후기에는 밭을 논으로 바꾸는 일이 많았다.
④ 일부 농민들은 소작권을 인정받고 일정 액수를 소작료로 내는 방식을 통해 점차 소득을 증가시킬 수 있었다.

▶ 정답 ··· 11.③

12 다음 내용과 관련된 시기에 대한 설명으로 적절한 것은?

> • 조선 후기에 들어와 농업 경영에 새로운 변화가 나타났다.
> • 교환 경제가 발달하면서 화폐의 수요가 크게 늘어났다.

① 농종법 보급의 증가   ② 광작의 금지

③ 타조법의 일반화   ④ 다수 농민의 몰락

13 다음이 시행된 시기의 농업의 특징이 <u>아닌</u> 것은?

> 도조법은 조선 후기의 소작료 지급 방식이다. 풍년과 흉년을 구분하지 않고 소작인은 지주에게 미리 약속된 액수의 소작료를 지급하는 방식이며 소작료는 지주와 소작인이 소작계약을 맺을 때 정해진다.

① 이앙법과 시비법이 도입되었다.

② 이모작이 확대되어 생산성이 증가하였다.

③ 농민의 토지이탈이 증가되며 농촌사회가 부농, 자작농, 임노동자로 분화되었다.

④ 쌀의 상품화가 활발하여 쌀의 수요가 늘면서 밭을 논으로 바꾸는 비중이 늘어났다.

✅ **정답 및 해설**

12. 모내기법의 보급으로 부농이 증가하였으며, 빈익빈 부익부의 심화로 부농에게 토지 소유권을 빼앗긴 대다수의 농민들이 몰락하였다.
① 조선 후기에는 농종법보다 견종법이 더 확산되었다.
② 1인당 경작면적이 확대되는 광작은 금지된 적이 없다.
③ 일정 액수를 소작료로 내는 도조법이 조선 후기에 증가하였다.

13. 도조법이 성행한 시기는 조선후기이다. 이앙법과 토양이나 작물에 비료성분을 공급하는 시비법은 고려말부터 도입되었다.

▶ 정답 ··· 12.④ 13.①

14 다음 표의 (개)와 관련된 내용으로 옳지 <u>않은</u> 것은?

모내기법의 보급 ⇨ 경작지의 규모 확대 ⇨ 농업 경영의 변화 ⇨ (개) <u>농민의 계층 분화</u>

① 대부분의 농민들은 경작지를 늘려 지주로 성장하였다.
② 도시로 이주하여 상공업에 종사하거나 노동자가 되기도 하였다.
③ 남의 땅을 빌려 경작하거나 품팔이로 생계를 유지하는 농민들이 생겨났다.
④ 새로운 농사 기술을 도입하고 상품 작물을 재배하면서 부농층으로 성장하기도 하였다.

15 다음의 (개), (내)가 비판하는 제도를 옳게 연결한 것은?

> (개) 갈밭마을 젊은 여인 울음도 서러워라. ……
> 시아버지 죽어서 이미 상복 입었고
> 갓난아인 배냇물도 안 말랐는데
> 3대의 이름이 군적에 실리다니.
> (내) 한 톨의 곡식도 일찍이 받아온 일이 없는데도 겨울이 되면 집집마다 곡식 5~7석을 내어 관청의 창고에 바치는데 …… 무릇 '환'이라는 것은 되돌린다는 뜻이며, 갚는다는 뜻이다. 가져가지 않으면 되돌려 줄 것이 없고, 베풀지 않으면 갚는 것도 없는 법이다. 무엇 때문에 '환'자를 쓰는가?
>
> — 정약용, 「목민심서」 —

	(개)	(내)			(개)	(내)
①	군정	전정		②	군정	환곡
③	전정	환곡		④	전정	군정

✅ **정답 및 해설**

14. 농업이 발달하면서 농민층의 분화가 나타나 일부는 부농으로 성장하였으나, 대다수 농민은 농토를 잃고 품팔이를 하거나 도시에서 임노동자가 되었다.

15. (개) 군정 : 농민이 군역의 대가로서 바치는 군포로서 1인당 1필을 부담하는 것이 원칙이었으나 조선 후기 탐관오리들이 대상자 외의 자에게 거둬들이는 등 횡포가 심했다.
(내) 환곡 : 봄에 농민들에게 곡식을 빌려줘서 가을에 추수 후 갚게 한 제도로 1할의 이자를 가산하였다. 고리대의 문제가 심각했다.

▶ 정답⋯14.① 15.②

03 근세의 사회모습

❶ 조선의 신분 제도

(1) 법적인 구분 − 양천제

① 양인 ··· 조세 · 부역, 관직 진출 가능

② 천민 ··· 조세 의무 제외, 비자유민

(2) 실질적인 구분

① 양반 ··· 과거 · 음서 · 천거를 통해 주요 관직 독점, 군역 등 각종 부역 면제

② 중인 ··· 기술관, 하급관리, 서얼(문과 응시 금지) 등 − 직역을 세습함

③ 상민 ··· 농민, 상인, 수공업자 − 조세 · 공납 · 역 부담

④ 천민 ··· 노비, 무당, 백정, 광대 등(솔거노비 − 주인과 함께 거주, 외거노비 − 독립된 생활, 신공을 바침)

❷ 조선 후기 사회 구조의 변화

(1) 신분제의 동요

① 양반층의 분화 ··· 붕당 정치의 변질→권력을 가진 일부 양반과 대다수 몰락하는 양반(잔반, 농민과 다름없는 처지)으로 분화

② 중인 계층의 신분 상승 ··· 신분 상승 운동 전개(집단 상소 등)
   ㉠ 서얼 : 양 난 이후 신분 차별 완화→중앙 관직 진출 확대(정조 때)
   ㉡ 기술직 중인 : 전문 지식과 실무 능력을 바탕으로 신분 상승 추구
   ㉢ 역관 : 사신과 함께 중국 왕래→새로운 문물 수용 주도

③ 상민의 신분 상승 ··· 납속책, 공명첩, 양반의 족보 · 호적 위조→상민의 수가 줄고 양반의 수가 크게 증가

④ 노비의 감소
   ㉠ 신분 상승 방법 : 도망(불법), 군공과 납속(합법)을 통해 신분 해방
   ㉡ 정부의 노비 정책 변화 : 국가 재정과 군역 대상자 확보를 위해 노비 해방→노비종모법 실시(어머니가 노비인 경우만 자식이 노비가 됨), 공노비 해방(순조 때)

⑤ 향촌 사회의 변화
  ㉠ 양반의 권위 약화 : 몰락 양반 증가, 부농층의 영향력 강화
  ㉡ 수령 · 향리의 권한 강화 : 세도 정치 시기 농민 수탈 심화

(2) 향촌 사회의 조직과 운영

① 촌락의 구성
  ㉠ 면리제 : 군현을 면(面)과 리(里)로 나누는 지방행정제도
  ㉡ 오가작통제 : 다섯 집을 하나의 통으로 묶고 통수가 관장함

② 예학과 보학
  ㉠ 예학 : 삼강 오륜을 기본 덕목으로 강조하고 가부장적 종법질서를 구현, 예학을 통해 사림은 향촌 질서에 대한 지배력 강화하고 문벌을 형성함
  ㉡ 보학 : 가족의 내력을 기록하고 암기하는 것, 족보를 통해 종족 내부의 결속 다짐 → 혼인이나 붕당에 영향을 미쳐 양반문벌제도를 강화시킴

핵심 예상 문제

01 다음 글을 쓴 인물에 대한 설명으로 옳은 것은?

> "하느님이 백성 내니, 그 백성은 사농공상(士農工商) 넷이로세, 네 백성 가운데는 선비 가장 귀한지라, 양반으로 불리면 이익이 막대하다. 농사, 장사 아니 하고, 문사(文史) 대강 섭렵하면, 크게 되면 문과 급제, 작게 되면 진사로세. 문과 급제 홍패라면 두 자 길이 못 넘는데, 온갖 물건 구비되니, 이게 바로 돈 전대요 …… 곡식은 학을 위한 것이라, 궁한 선비 시골 살면 나름대로 횡포 부려, 이웃 소로 먼저 갈고, 일꾼 뺏어 김을 매도 누가 나를 거역하리, 네 놈 코에 잿물 붓고, 상투 잡아 도리질하고, 귀얄수염 다 뽑아도, 감히 원망 없느니라."
> 부자가 그 문서 내용을 듣고 있다가 혀를 내두르며, "그만두시오. 그만두시오. 참으로 맹랑한 일이오. 장차 날더러 도적놈이 되란 말입니까" 하며 머리를 흔들고 가서는, 종신토록 다시 양반의 일을 입에 내지 않았다.

① 6좀론을 통해 신분제도의 폐단을 지적했다.
② 「열하일기」, 「과농소초」를 저술하였다.
③ 규장각 검서관 출신으로 청과의 통상강화를 주장했다.
④ 사농공상의 직업적 평등을 주장하고 신분세습을 반대했다.

✓ 정답 및 해설

01. 제시문은 박지원이 쓴 「양반전」 중 일부이다. 박지원은 수레와 선박, 화폐의 필요성을 강조하며 양반문벌제도를 비판하고 선비의 자각을 강조한 중상학파 실학자이다.
① 이익은 노비제도, 과거제도, 양반문벌제도, 기교(사치와 미신), 승려, 게으름을 6좀이라고 하며 비판했다.
③ 박제가는 중상학파 실학자로, 청과의 통상을 강화하고 수레와 배의 활용을 통한 소비촉진을 주장했다.
④ 유수원은 상인간의 합자를 통한 경영규모 확대와 상인이 생산자를 고용하여 생산과 판매를 주관하자고 주장한 중상학파 실학자이다.

▶ 정답 … 01.②

02 고려 · 조선 시대의 신분제에 대한 설명으로 옳은 것을 <u>모두</u> 고른 것은?

> ㉠ 서얼은 관직의 진출이 불가능하였다.
> ㉡ 향리는 토착세력으로서 지방관을 보좌하면서 위세를 부리기도 하였다.
> ㉢ 고려 시대 백정은 일반 농민이고, 조선 시대에는 도살업에 종사하여 천민을 백정이라 하였다.
> ㉣ 노비 주인은 노비에 대한 상속, 매매, 증여권을 가지고 있었다.

① ㉠, ㉡
② ㉠, ㉢
③ ㉠, ㉡
④ ㉡, ㉢, ㉣

03 다음 자료와 관련된 학자의 주장으로 옳은 것은?

> 비유하건대, 재물은 대체로 샘(井)과 같다. 퍼내면 차고, 버려두면 말라 버린다. 그러므로 비단옷을 입지 않아서 나라에 비단 짜는 사람이 없게 되면 여공(女工)이 쇠퇴하고, 쭈그러진 그릇을 싫어하지 않고 기교를 숭상하지 않아서 나라에 공장(工匠)이 도야하는 일이 없게 되면 기예가 망하게 되며, 농사가 황폐해져서 그 법을 잃게 되므로, 사농공상의 사민(四民)이 모두 곤궁하여 서로 구제할 수 없게 된다.

① 영업전 이외의 토지만 매매를 허용하자고 주장하였다.
② 사농공상의 직업 평등과 전문화를 주장하였다.
③ 관리, 선비, 농민 등 신분에 따라 차등 있게 토지를 분배하자고 주장하였다.
④ 상공업 발전을 위해 수레가 다닐 수 있도록 길을 만들도록 하고, 절약보다 소비를 권장해야 한다고 주장하였다.

✅ **정답 및 해설**

02. ㉠ 서얼은 문과 응시가 금지되었지만, 다른 잡과는 응시가 가능하였다.
  ㉡ 고려 시대의 향리는 그 지역의 실질적 지배세력이었으나, 조선 시대에는 수령의 보좌역으로 세습적 아전으로 격하되었지만 세금 징수 등의 역할을 담당하면서 위세를 부리기도 하였다.
  ㉢ 고려의 백정은 양민인 일반농민을 가리키며, 조선 시대의 백정은 도살업에 종사하는 천민을 말한다.
  ㉣ 노비는 주인에게 예속된 존재로서 상속, 매매, 증여의 대상이었다.

03. 제시문은 박제가의 「북학의」 중 일부로 그는 청에 다녀온 후 청의 문물을 적극적으로 수용할 것을 제창하였다. 상공업의 발달, 청과의 통상 강화, 수레와 선박의 이용 등을 역설하였다. 또한 생산과 소비와의 관계를 우물의 물에 비유하면서 생산을 자극하기 위해서는 절약보다 소비를 권장해야 한다고 주장하였다.
①은 이익, ②는 유수원, ③은 유형원의 주장이다.

▶ 정답 … 02.④ 03.④

04 다음 자료에 비추어 고려와 조선의 사회상을 옳게 설명한 것은?

- 우리나라의 풍속은 (남자가) 처가에서 생활하니 처부모를 볼 때 오히려 자기 부모처럼 하고 처의 부모도 또한 자기 아들처럼 대한다.

  − 「성종실록」 −

- 우리 집은 다른 집과 다르니, 출가한 딸에게는 제사를 맡기지 말라. 제사도 또한 선대부터 하던 대로 3분의 1만 주도록 하라.

  − 「부안 김씨 분재기(1669년)」 −

---

① 조선 초기는 고려처럼 일반적으로 자녀 균분 상속이 이루어졌다.

② 고려와 조선 시대에 현저한 모계 중심의 가족 제도를 유지하였다.

③ 조선 초기 재산 상속제도는 예학 발달과 밀접한 관계가 있다.

④ 고려에 비해 조선은 종법 발달로 여성의 사회적 지위가 높았다.

 **정답 및 해설**

04. 제시된 글은 고려 초기와 조선 후기의 사회 · 경제를 보여주고 있다.

② 조선 시대에는 부계 위주의 형태로 변화하여 갔다.

③ 상속은 종법에 따라 이루어졌으며, 조상의 제사와 노비 상속을 중요시하였다. 예학이 보급되기 시작한 것은 16세기 중반이었으나 17세기에는 양난으로 인하여 흐트러진 유교적 질서의 회복이 강조되면서 예학의 시대라 할 정도로 발달하였다.

④ 조선 후기에는 성리학적 의식과 예절이 발달하고 부계 중심의 가족 제도가 확립되면서 장자 중심의 제사와 상속제가 확산되었다. 또한 부계중심의 가족제도가 더욱 강화되었으며 아들이 없는 집안에서는 양자를 들이는 것이 일반화되었다.

▶ 정답 ⋯ 04.①

05 다음과 같은 주장이 조선 사회에 미친 영향으로 옳은 것은?

> 천체가 운행하는 것이나, 지구가 자전하는 것은 그 세가 동하니 분리해서 설명할 필요가 없다. 다만, 9만 리의 둘레를 한 바퀴 도는데 이처럼 빠르며, 저 별들과 지구의 거리는 겨우 반경밖에 되지 않는데도 몇 천만 억의 별들이 있는지 알 수 없는데, 하물며 서로 의존하고 상호작용하면서 천체를 이루고 있는 우주 공간의 세계 밖에도 또 다른 별들이 있다.

① 북벌론의 이론적 근거가 되었다.

② 주자학을 강조하여 강화학파를 형성하였다.

③ 조선을 지키려는 위정척사의 이론적 근거가 되었다.

④ 성리학적 세계관을 비판하는 근거가 되었다.

06 다음에서 설명하는 기관에 대한 내용으로 옳지 <u>않은</u> 것은?

> 고려 말에 구성된 자치조직인 유향소가 지방세력화하고 이시애의 난과 관련되어 세조 때 폐지되었다가 사림의 부활운동으로 성종20년(1489) 향청으로 계승되었다.

① 민의를 대변하는 역할을 하였다.

② 수령자문 · 향리의 비행을 규찰하였다.

③ 명현을 제사하고 인재를 키우기 위해 세웠던 민간 사학기관이다.

④ 향안에 이름이 오른 구성원인 향원들이 모여 향회를 운영하였다.

✅ **정답 및 해설** ┈┈

05. 홍대용이 주장한 지구자전설에 대한 내용으로, 만국지도의 전래와 더불어 중국 중심의 성리학적 세계관을 비판하는 근거가 되었다. 양명학은 지행합일설을 강조하며 실용성을 추구했다.

06. 유향소(향청)에 대해 묻고 있으며 유향소는 지방통치의 협조기관으로 지방 유력자나 벼슬에서 은퇴한 선비들로 구성되어 있었다.
③은 서원에 대한 설명이다.

▶ 정답 ┈ 05.④ 06.③

07 다음 그림과 관련된 신분에 대한 설명으로 옳지 <u>않은</u> 것은?

① 조선 후기의 실학자나 농촌 지식인들로 이루어졌다.

② 이들은 지주 세력을 지지하였다.

③ 부농의 성장이 이들의 몰락 원인이 되었다.

④ 상업 및 수공업으로 생계를 꾸려나가기도 하였다.

08 다음 밑줄 친 내용에 대한 설명으로 옳지 <u>않은</u> 것은?

> 조선은 육지에서와 달리 해전에서 왜군에 큰 타격을 입혔다. 수군이 해전에서 승리한 것과 때를 같이하여 <u>전국 각지에서 의병이 조직되었다.</u>

① 곽재우, 김시민 등이 의병장으로 큰 활약을 하였다.

② 승려들은 승군을 조직하여 왜군에게 대항하였다.

③ 농민들도 고을을 지키기 위해 의병에 참여하였다.

④ 자발적으로 조직되었으며, 관군과 협력하기도 하였다.

✓ **정답 및 해설**

07. 조선 후기 사회경제적 변화 속에서 양반 상호 간에 일어난 극심한 정치적 갈등은 몰락양반(잔반)을 등장시켰으며 이들은 양반관료나 지주와는 이해관계를 달리하였고 농민층의 입장에 설 수밖에 없었다.

08. 의병은 나라를 지키고자 자발적으로 일어난 조직으로, 곽재우, 조헌, 유정, 휴정 등이 의병장으로 활약하였다.
① 김시민은 관군이었다.

▶ 정답 … 07.② 08.①

09 〈보기〉를 통해 알 수 있는 조선 사회 모습에 대한 설명으로 옳지 <u>않은</u> 것은?

> **┃보 기┃**
> • 여성의 재가 사실을 족보에 기록하였다.
> • 외손이 있으면 아들이 없더라도 남의 아들로 양자 삼는 사람이 없다.

① 호적에 출생 순서대로 기재하였다.

② 재산상속은 자녀 균분이 관행이었다.

③ 동족 부락이 만들어져 족보 편찬이 성행하였다.

④ 사위가 처가에서 함께 사는 경우도 많았다.

10 조선 후기의 학문과 사상에 대한 설명으로 옳지 <u>않은</u> 것은?

① 허목은 중농정책의 강화, 호포제 실시 반대 등을 주장하였다.

② 음운에 관한 연구로 신경준의 「훈민정음운해」와 유희의 「언문지」가 있다.

③ 호락논쟁은 인성과 물성이 같다고 주장하는 노론과, 다르다고 주장하는 소론과의 논쟁이다.

④ 이익은 나라를 좀먹는 악폐로 노비제도, 과거제도, 양반문벌, 사치와 미신, 승려, 게으름 등을 들었다.

✓ **정답 및 해설**

09. 〈보기〉의 내용은 조선시대 초기에 대한 설명이며 족보 편찬이 성행한 때는 조선시대 후기이다.

10. ③ 호락논쟁은 노론 내부에서 발생한 논쟁으로, 낙론은 인물성동론을, 호론은 인물성이론을 주장하였다.
　　① 허목은 남인의 영수로, 서인이 추구했던 경장책(서얼허통, 노비속량 등)을 반대하고 조선의 성리학과 지주중심의 봉건질서(신분질서)를 유지하고자 하였다. 따라서 남인은 영남지방의 지주층으로 중농정책을 강화하고자 하였고, 양반에게도 군포를 부과시키고자 하는 호포제 실시를 반대하였다.
　　④ 이익은 나라를 좀먹는 6가지 좀으로, 노비제도, 과거제도, 양반문벌, 사치와 미신, 승려, 게으름을 들었다.

▶ 정답 … 09.③ 10.③

11 다음과 같은 생활을 한 신분에 대한 설명이 <u>아닌</u> 것은?

> 2월 : 거름을 뿌리고 논을 간다.
> 3월 : 볍씨를 뿌린다.
> 7월 : 김매기를 한다.
> 9월 : 마을 사람들과 추수를 한다.

① 법으로 과거 응시를 금하였다.

② 상인보다 높은 대접을 받았다.

③ 수확량의 10분의 1을 전세로 납부하였다.

④ 조세 부담이 커 대체로 가난한 생활을 하였다.

12 조선 통신사에 대한 설명으로 옳은 것은?

① 공식적으로는 선조 때 박서생의 사절단을 처음 파견하였다.

② 조선 통신사는 수상과 동일한 대우인 국빈 대접을 받았다.

③ 「이삼평비」라는 견문록에 당시 두 나라 간의 교류의 실상이 나타난다.

④ 구성 인물은 통역, 군관, 악공 등 다양했으며 규모는 1,000명 정도였다.

✓ **정답 및 해설**

11. 제시문은 농민의 생활이다.
　① 농민은 법적으로 과거 응시가 가능하였으나, 시간과 비용 문제로 현실적으로 과거에 합격하기 어려웠다.

12. 조선 통신사는 일본의 요구로 보내기 시작하여 학문과 문학, 기술 등 우리나라의 선진문화를 전해주었다.
　① 공식적으로는 선조(1607년) 때 통신사(유정)를 최초로 파견하였다. 박서생의 사절단은 공식적인 통신사는 아니었다.
　③ 「해행총재」라는 견문록에 당시 두 나라 간의 교류의 실상이 나타난다. 이삼평비는 임진왜란 때 도자기공으로서 일본에 끌려가서 일본도자기의 시초가 된 이삼평 선생의 공적을 기리기 위한 비석이다.
　④ 규모는 300명에서 500명 정도였다.

▶ 정답 … 11.① 12.②

13 다음의 (가)에 관련된 설명으로 옳지 <u>않은</u> 것은?

> 진실로 백성에게 해가 되는 것이 있으면, 비록 공자가 다시 살아난다고 해도 나는 용서하지 않겠다. 하물며 ___(가)___ 은/는 우리나라에서 존경받는 유학자를 제사하는 곳인데, 지금은 도적의 소굴이 되어 버렸으니 말할 것도 없다.
>
> — 박제형, 「근세조선정감」 —

① 성리학의 보급과 교육의 발전에 기여하였다.

② 선현에 대한 제사와 학문 연구를 담당하였다.

③ 훈구의 결속 강화에 기여했으며 붕당의 근거지가 되었다.

④ 영조는 딸린 노비와 토지 등을 몰수하여 국가의 재원을 마련하였다.

14 다음 자료가 발행된 시기에 대한 설명으로 옳지 <u>않은</u> 것은?

> 이름이 적는 난이 비워져 있는 관직 임명장으로, 양난 이후 정부가 부족해진 재정을 메우기 위해 발행하였다.

① 노비들은 집단 상소 운동을 벌였다.

② 양반의 족보나 호족을 위조하는 행위도 만연했다.

③ 상민의 수가 줄고 양반의 수가 크게 증가하였다.

④ 노비들은 군공과 납속을 통해 신분이 점차 해방되었다.

✓ **정답 및 해설**

13. (가)는 서원이며, ③ 훈구가 아니라 사림의 결속 강화에 기여했다.

14. 공명첩은 정부가 양 난 이후 부족해진 재정을 메우기 위해 명예직 벼슬을 주던 관직 임명장이다. 노비들은 군공(전쟁에서 세운 공적)과 납속(국가 재정을 위해 돈이나 곡식을 받고 신분적 혜택을 부여한 정책)을 통해 신분 해방이 되었다.
① 상소는 중인과 양반들만 올릴 수 있었다.

▶ 정답 ··· 13.③　14.①

15 다음 보고서에서 밑줄 친 부분에 들어갈 내용을 〈보기〉에서 모두 고르면?

> [농민들의 저항과 봉기]
> 1. 배경 : 19세기 세도 정치의 전개 → 탐관오리의 횡포 → 삼정의 문란 → 농민 생활의 피폐
> 2. 농민의 저항 : 소청, 벽서, 괘서 등으로 항거 → 농민 봉기로 변화
> 3. 정부의 대책 : _____ → 실패

> ┃보 기┃
> ㉠ 암행어사 파견　　　　　　　　㉡ 토지 제도 개혁
> ㉢ 삼정이정청 설치　　　　　　　　㉣ 균역법, 대동법 실시

① ㉠, ㉡　　　　　　　　　　② ㉠, ㉢
③ ㉡, ㉢　　　　　　　　　　④ ㉡, ㉣

16 ㉠, ㉡에 들어갈 말을 옳게 연결한 것은?

> 조선 후기에 노비제 운영이 어려워지자 정부는 재정 기반과 군역 대상자를 확보하기 위해 ㉠ 을 실시하여 양인의 수를 늘리고자 하였다. 순조 때에는 ㉡ 를 양인으로 해방시켰다.

　　　　㉠　　　　㉡　　　　　　　　　㉠　　　　㉡
① 일천즉천법　　공노비　　　　② 노비종모법　　공노비
③ 노비종부법　　공노비　　　　④ 일천즉천법　　사노비

✓ **정답 및 해설**

15. 철종 때 정부는 농민 봉기를 수습하고 폐단을 고치기 위하여 임시로 삼정이정청을 설치하고, 암행어사를 파견하였으나 모두 실패로 끝났다.

16. 일천즉천법(부모 중 한쪽이 노비이면 그 자식도 노비)이 노비 비율을 증가시키고 양인의 수를 감소시켜 군역인구를 줄이는 결과를 가져왔기에 조선 후기에 양인의 수를 늘리고자 노비종모법(어머니가 노비일 경우 자식도 노비)을 실시하였다. 또한 순조 때에는 공노비 6만 6천 명을 해방시켰다.

▶ 정답 … 15.② 16.②

17 다음 사건들의 순서를 바르게 연결한 것은?

> (가) 미국 상선 제너럴 셔먼호를 평양 사람들이 불살라 침몰시켰다.
> (나) 통상 요구를 거절당한 독일 상인 오페르트가 남연군의 묘를 도굴하려고 시도하다가 실패하였다.
> (다) 제너럴 셔먼호 사건을 구실로 미국 함대가 강화도에 침략하였다. 어재연이 이끄는 수비대의 저항으로 광성보 전투에서 승리하여 미군이 퇴각하였다.
> (라) 병인박해를 구실로 프랑스 함대가 강화도를 침략하였고 한성근 부대와 양헌수 부대가 프랑스군을 격파하였다.
> (마) 유생들의 천주교 금지 주장 여론이 강해지면서 흥선대원군이 프랑스 선교사와 천주교 신자들을 처형하였다.

① (마)→(가)→(라)→(나)→(다) ② (마)→(라)→(가)→(나)→(다)
③ (마)→(나)→(라)→(가)→(다) ④ (나)→(마)→(가)→(라)→(다)

18 다음 ___(가)___ 내용과 연관된 단어 중 잘못된 것을 고르면?

> ___(가)___ 은/는 경상도 경주에서 시작되었다. 제2대 교주인 최시형에 의해 농촌 사회에 교세가 넓혀져 갔다. 최시형의 포교 활동으로 1870년대 후반에 충청·전라·경상의 삼남 지방에 뿌리를 내리고, 특히 전라도 지역에는 더욱 성하였다. 지도자들은 상당한 재산과 학식을 지닌 인사들로서 교리와 교단 조직 등도 근대 종교에 걸맞게 정비하였다. 충청도 충주에는 중앙기관을 두고 각 지에는 도소(都所)를 두었으며, 그 밑에는 포(包)라는 기본단위를 설치하여 그 책임자를 접주(接主)라 하였다.

① 동경대전 ② 절두산
③ 전주화약 ④ 일진회준

19 다음은 1866년 북경 주재 프랑스 대사가 조선을 침공하기 전에 보낸 서한의 내용이다. 이와 관계가 가장 먼 것은?

> 조선 국왕이 프랑스 선교사 9인 그리고 신도 다수를 살해했다고 한다. 이러한 잔인한 폭력은 패망을 자초하는 것이다. 조선은 중국에 조공을 하는 나라이므로 본국이 장차 군대를 일으켜 죄를 물으러 떠나기 전에 조선 원정을 알리는 것이 도리에 합당한 줄 알고 있다. 조선 국왕이 프랑스 신부를 잔인하게 살해한 날이 곧 조선국 최후 멸망의 날이 될 것이다. 수일 내로 조선 정복을 위해 출정할 것이다.

① 남연군의 묘를 도굴하려다 실패하였다.
② 강화읍에 보관된 외규장각 도서를 약탈해갔다.
③ 이를 계기로 천주교 신자들에 대한 박해는 더욱 심해졌다.
④ 청 주재 프랑스 공사 벨로네가 청의 공친왕에게 보낸 서한이다.

20 다음 자료로 볼 때 조선의 불교 정책의 흐름으로 알맞은 것은?

> • 성종은 시행되고 있었던 승표 허가제인 도첩제를 완전히 폐지하였다.
> • 승과를 폐지하여 승려가 될 수 있는 기회를 공식적으로 차단하였다.

① 승려의 자질을 향상시키는 과정으로 볼 수 있다.
② 유교 질서가 확립되면서 불교의 탄압이 가중되었다.
③ 고려와 비교하였을 때 민간에서는 불교가 더욱 발달하였다.
④ 세조는 불교를 가혹하게 탄압하였다.

✅ **정답 및 해설**

19. 청 주재 프랑스 공사 벨로네가 청의 공친왕에게 보낸 서한으로, 조선의 천주교도 학살·탄압에 대한 선전포고를 하였다. 마침내 1866년 병인박해를 구실로 프랑스 극동함대가 강화도에 침략(병인양요)하였으나, 문수산성(한성근)과 정족산성(양헌수)에서 프랑스 군을 격퇴하였다.
①은 오페르트 도굴사건에 대한 설명이다.

20. 세조는 불교를 숭상하였으며 불교가 가지고 있는 호국성에 근거한 국가·민족의식을 고양하기 위해 원각사를 세우고 간경도감을 신설하여 불경을 간행했다.

▶ 정답 … 19.① 20.②

21 다음 자료의 사회 분위기를 이해하기 위한 탐구 주제로 가장 적절한 것은?

> 옷차림은 신분의 귀천을 나타내는 것이다. 그런데 어찌된 까닭인지 근래 이것이 문란해져 상
> 민과 천민이 갓을 쓰고 도포를 입는 것이 마치 조정의 관리나 선비 같이 한다. 진실로 한심스
> 럽기 짝이 없다. 심지어, 시전 상인이나 군역을 지는 상민까지도 서로 양반이라 부른다.
>
> — 「일성록」 —
>
> 근래 아전의 풍속이 나날이 변하여 하찮은 아전이 길에서 양반을 만나도 절을 하지 않으려
> 한다. 아전의 아들, 손자로서 아전의 역을 맡지 않은 자가 고을 안의 양반을 대할 때, 맞먹듯
> 이 너나 하며 자(字)를 부르고 예의를 차리지 않는다.
>
> — 「목민심서」 —

① 환곡제 시행이 어떤 영향을 끼쳤는가?
② 납속을 이용한 사람들은 얼마나 될까?
③ 주자가례가 향촌 사회에 끼친 영향은 무엇인가?
④ 중앙관서의 공노비를 해방하면 어떤 효과가 날까?

✓ **정답 및 해설** ....

21. 조선 후기에는 부를 축적한 중인, 상민들이 납속책, 공명첩 등을 통해 신분을 상승시켰다.
  납속책은 국가 재정을 보충하기 위해 돈이나 곡식을 받고 신분적 혜택을 부여한 정책이며 공명첩은 정부가 양 난
  이후 부족해진 재정을 메우기 위해 돈이나 곡식 등을 받고 명예직 벼슬을 주던 관직 임명장이다.
  ① 환곡제는 흥선 대원군 때 실시된 것으로 제시문의 내용과는 맞지 않다.
  ③ 대의명분과 신분제를 강조한 주자가례의 내용이 조선 후기 실제 향촌에서는 점차 약화되었다.
  ④ 순조 때 시행된 중앙관서의 공노비 해방을 가지고 양반의 증가를 설명할 수는 없다.

▶ 정답…21.②

04 근세의 문화예술

① 조선 전기의 문화

역사서	「조선왕조실록」·「동국통감」·「고려사」·「고려사절요」
지도, 지리서	혼일강리역대국도지도·「세종실록지리지」·「동국여지승람」·「팔도지리지」
의례서	「국조오례의」·「삼강행실도」
농서	「농사직설」
천문학·역법	천상열차분야지도·혼천의·간의·측우기·앙부일구·자격루·인지의 「칠정산」·「농사직설」
의학	「향약집성방」·「의방유취」
인쇄	계미자·갑인자
그림	고사관수도(강희안)·몽유도원도(안견)·산수화·사군자화
음악	아악(궁중음악) 정리, 「악학궤범」 간행 종묘제례악 : 종묘와 영녕전의 제향에 쓰이는 음악
공예	분청사기 → 백자

② 조선 후기의 문화

(1) 문화·예술

① 진경산수화 … 우리나라의 산천을 사실적으로 표현(정선의 인왕제색도)

② 민화 … 작자 미상의 그림으로 서민들의 생활공간 장식

③ 풍속화 … 생활모습을 생동감 있게 표현(김홍도, 신윤복)

④ 서체 … 김정희의 추사체 확립

⑤ 건축 … 법주사 팔상전, 수원 화성

⑥ 공예 … 백자, 청화백자(흰 바탕에 푸른 그림을 그린 자기) 서민들은 옹기 사용, 목공예품은 주로 생활용품으로 사용

(2) 국학의 발달

우리 민족의 전통과 현실에 대한 관심 증대

① 역사 … 「성호사설」－이익, 「동사강목」－안정복, 「발해고」－유득공, 「연려실기술」－이긍익, 「해동역사」－한치윤

② 지리 … 「택리지」－이중환, 「아방강역고」－정약용, 「동국지도」－정상기, 「대동여지도」－김정호

③ 한글 … 「훈민정음운해」－신경준

④ 백과사전류 … 「동국문헌비고」, 「지봉유설」－이수광, 「성호사설」－이익

⑤ 의학 … 「동의보감」－허준, 「동의수세보원」－이제마

(3) 서양 문물의 수용

① 「하멜 표류기」, 「곤여만국전도」

② 홍대용 … 지전설 주장

(4) 서민 문화의 발달

① 배경 … 신분제 동요, 상민층의 경제력과 사회적 지위 향상, 서당의 보급 → 서민의 사회의식 성장

② 양반의 위선과 부조리 비판 … 판소리와 탈춤 등에서 서민들의 감정 표현 및 현실 풍자

③ 시사(詩社, 시를 짓고 즐기기 위하여 모인 모임) 조직

❸ 실학의 등장

(1) 배경

조선 후기의 사회·경제적 변화, 성리학에 대한 비판과 반성, 청의 고증학의 영향을 받음

(2) 성격

현실 문제 해결 위해 실증적 연구

(3) 중농학파

토지 제도 개혁 주장

① 유형원 … 균전론(신분별 토지 재분배, 자영농 육성), 양반·과거·노비 제도 비판, 「반계수록」 저술

② 이익 … 한전론(생계유지에 필요한 최소한의 토지를 영업전으로 정해 매매 금지), 「성호사설」 저술

③ 정약용 … 여전론(마을 단위의 공동 소유, 수확물 공동 분배), 「목민심서」 저술

(4) 중상학파(북학파)

상공업 진흥, 청의 선진 문물 수용 주장

① 유수원 … 사농공상의 직업적 평등 주장, 「우서」 저술

② 홍대용 … 기술 혁신, 문벌제도 폐지 주장, 「의산문답」 저술

③ 박지원 … 수레와 선박의 이용, 화폐 유통의 필요성 강조, 양반 제도 비판, 「열하일기」, 「양반전」 저술

④ 박제가 … 소비를 자극하여 생산 확대, 청과의 활발한 교류, 수레와 선박의 이용 주장, 「북학의」 저술

(5) 실학의 의의와 한계

① 의의 … 개혁적, 근대 지향적 → 19세기 후반 개화사상에 영향

② 한계 … 개혁안이 정책에 직접 반영되지 못함

핵심 예상 문제

01 다음 자료에서 설명하는 왕이 다스리던 시기에 편찬된 서적을 〈보기〉에서 모두 고른 것은?

> 온건하고 타협적인 의견이나 중용적 인물을 등용하여 왕권에 순종시키는 완론탕평을 시행하였으며, 소론과 연결된 사도세자를 노론의 주장에 따라 뒤주에 가두어 죽게끔 하였다.

┃보 기┃

㈎ 동국문헌비고 ㈏ 동문휘고
㈐ 속병장도설 ㈑ 무원록
㈒ 탁지지

① ㈎, ㈏, ㈑ ② ㈎, ㈐, ㈑

③ ㈎, ㈐, ㈒ ④ ㈏, ㈐, ㈒

 **정답 및 해설**

01. 영조가 통치하던 시기에 편찬된 서적을 고르라는 문제이다.
㈏ 동문휘고 : 조선 후기에 청과 일본의 외교관계 문서로 정조 때 편찬하였다.
㈒ 탁지지 : 호조의 기능을 정리한 사례집으로 정조 때 편찬되었다.

▶ 정답 ⋯ 01.②

02 다음은 조선시대 어느 유학자가 저술한 책의 일부이다. 이 유학자에 대해 바르게 설명한 것을 〈보기〉에서 모두 고르면?

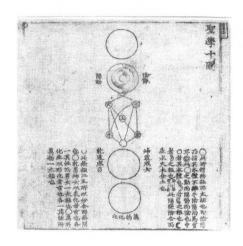

이 책은 ○○이(가) 선조 원년(1568)에 선조가 성군이 되기를 바라는 뜻에서 성리학의 요체를 곁들여 설명한 책으로 경연활동에서 교재로 사용되었다. '성학(聖學)'이란 성인(聖人)이 되기 위한 학문이란 뜻이다.

||보 기||
㉠ 서인의 기호학파형성에 영향을 미쳤다.
㉡ 「격몽요결」, 「동호문답」을 저술하였다.
㉢ 기대승과 사단칠정을 주제로 8년에 걸쳐 논쟁하였다.
㉣ 실학사상 형성에 영향을 미쳤다.
㉤ 일본 성리학에 영향을 미쳤다.

① ㉠, ㉢　　　　　　　　　　　　② ㉠, ㉣
③ ㉡, ㉢　　　　　　　　　　　　④ ㉢, ㉤

정답 및 해설

02. 제시된 유물은 이황의 「성학십도」이다. ㉠, ㉡, ㉣은 모두 율곡 이이에 관한 내용이다.
이황은 주리론으로서 경(敬)사상을 주장하였다. '이'와 '기'는 서로 다르면서 동시에 상호 의존관계에 있어서 '이'는 '기'를 움직이게 하는 근본 법칙이라는 '이기이원론'을 주장하였으며, '경'이란 엄숙하고 차분한 자세요, 옳은 일에 몰두하는 것이라는 뜻이다. 그의 사상은 제자들에 의해 영남학파를 이루었고, 임진왜란 후 일본에 소개되어 그곳 유학계에 큰 영향을 끼쳤다.

▶ 정답 … 02.④

03 다음 그림이 그려진 시기에 성장한 세력의 특징으로 적절한 것은?

① 시사(詩社) 조직　　　　　② 문인화 유행
③ 추사체 확립　　　　　　　④ 청화백자 제작

04 다음의 그림에 대한 설명으로 옳은 것은?

① 서양 유화 기법을 동양화에 접목시켰다.
② 민중의 미적 감각을 잘 나타냈으며 조선 후기 서민층의 성장을 의미한다.
③ 서울 근교와 강원도의 명승지들을 두루 답사하여 사실적으로 그려내었다.
④ 양반과 부녀자의 생활과 남녀 사이의 애정 등을 감각적으로 묘사하였다.

정답 및 해설

03. 조선 후기 서민의 경제적, 신분적 지위가 향상됨에 따라 서민 문화가 발달하였다. 특히 중인층과 서민층의 문학 창작 활동이 활발해지면서 동호인들이 모여 시사(詩社)를 조직하였다.
②, ③ 모두 양반이 즐기던 문화이다.
④ 서민들은 옹기를 사용하였고, 생활용품은 주로 목공예품을 사용하였다.

04. 정선의 인왕제색도는 18세기 전반의 진경산수화의 대표작이며, 중국 남종과 북종 화법을 고루 수용하여 우리의 고유한 자연과 풍속에 맞춘 새로운 화법으로 창안한 것이다.
① 18세기 말 강세황의 영통골 입구도에 대한 설명이다.
② 민화에 대한 설명이다.
④ 18세기 후반 신윤복의 풍속화에 대한 설명이다.

▶ 정답 … 03.① 04.③

05 다음 자료에 대한 설명으로 옳지 않은 것은?

제1장
해동의 육룡이 날아서 하는 일마다 하늘의 복이 있으니 중국의 옛 성인과 같으시니.

제2장
뿌리 깊은 나무는 바람에 움직이지 않으니 꽃이 좋고 열매가 많고, 샘이 깊은 물은 가뭄에 그치지 않으니, 내가 이루어져 바다로 가노니.

---

① 훈민정음으로 기록된 최초의 문헌이다.
② 조선 왕조의 창업을 찬양한 노래로 모두 125장에 이르는 서사시이다.
③ 월인천강지곡과 함께 악장 문학의 대표작이다.
④ 세종 당시 국어 연구의 귀중한 자료로 활용되었다.

 정답 및 해설

05. 제시된 자료는 「용비어천가」이며 훈민정음으로 기록된 최초의 문헌으로, 125자에 이르는 서사시이다.
④ 「석보상절」에 대한 설명이다. 수양대군은 승우와 도선과 함께 부처님의 일대기를 낭송한 후에 훈민정음이 창제된 임시관청 정음청에서 신료들에게 명하여 훈민정음으로 번역하게 한 후에 이를 세종에게 바쳤다.

▶ 정답 … 05.④

05
PART

근대의 정치·경제
·사회·문화

01 근대의 정치활동

❶ 흥선대원군의 개혁 정치

(1) 19세기 국내외 정세

① 국내 … 세도 정치로 인한 정치 혼란, 삼정의 문란으로 농민 봉기 발생, 이양선이 근해에 나타나 통상 요구

② 국외 … 청과 일본의 문호 개방, 영국과 프랑스의 베이징 점령, 러시아의 연해주 차지 → 위기의식 확산

(2) 흥선대원군의 개혁 정치

① **통치 체제 정비** … 왕권 강화, 국가 재정 확보 목적

  ㉠ **정치 개혁** : 안동 김씨 세력 축출, 비변사 폐지(의정부의 기능 회복), 능력에 따라 인재 등용, 「대전회통」, 「육전조례」 편찬

  ㉡ **경제 개혁** : 양전(토지 측량) 실시, 호포제 실시(양반에게도 군포 부과 → 양반층 불만), 사창제 실시(환곡제 폐지), 서원 정리

② **경복궁 중건** … 왕실의 권위를 세우기 위한 목적 → 원납전 징수 · 당백전 발행, 많은 백성 동원 → 양반과 농민들의 불만이 커짐

③ **서원 정리** … 전국에 47곳만 남기고 정리 → 민생 안정, 왕권 강화

(3) 통상 수교 거부 정책

① 천주교 박해와 병인양요

  ㉠ **병인박해**(1866) : 러시아 견제를 위해 프랑스 세력을 끌어들이려 하였으나 실패 → 흥선대원군이 프랑스 선교사와 천주교 신자들 처형

  ㉡ **병인양요**(1866) : 병인박해를 구실로 프랑스 함대의 강화도 침략 → 문수산성(한성근 부대)과 정족산성(양헌수 부대)에서 프랑스군 격파 → 퇴각하던 프랑스군이 외규장각 도서와 문화재 약탈

② **오페르트 도굴사건**(1868) … 독일 상인 오페르트가 남연군의 묘 도굴 시도, 실패 → 서양 세력에 대한 조선인의 반감 고조

③ 신미양요(1871)

　　㉠ 제너럴 셔먼호 사건(1866) : 미국 상선 제너럴 셔먼호가 통상을 요구하며 약탈 자행→평양 관군과 주민들이 제너럴 셔먼호를 불태워 침몰시킴

　　㉡ 신미양요(1871) : 제너럴 셔먼호 사건을 구실로 미국 함대의 강화도 침략→어재연이 이끄는 수비대의 저항(광성보 전투)→미군 퇴각

④ 척화비 건립 … 전국 각자에 척화비를 세워 통상 수교 거부 의지를 알림

⑤ 의의와 한계 … 외세의 침입을 일시적으로 막음(자주적 성격), 조선의 근대화가 늦어짐

② 조선의 개항과 근대적 개혁의 추진

(1) 개항의 배경

① 집권 세력의 변화 … 흥선대원군이 물러남→민씨 정권의 통상 수교 거부 정책 완화

② 통상 개화론의 대두 … 박규수, 오경석, 유홍기 등이 문호 개방 주장

(2) 강화도 조약의 체결(1876)

① 배경 … 일본의 문호 개방 요구 거절→운요호 사건(1875년, 일본이 운요호를 보내 조선에 통상 강요→강화도의 초지진 포대가 운요호에 경고 사격)을 빌미로 조약 체결 강요

② 내용

　　㉠ 제1관 : 조선국은 자주국이며, 일본국과 평등한 권리를 가진다. → 청의 간섭 차단하기 위한 목적

　　㉡ 제4관 : 조선국은 부산 이외 두 곳의 항구(원산·인천)를 개항하고 일본인이 왕래 통상함을 허가한다.

　　㉢ 제7관 : 조선국 연해의 섬과 암초는 극히 위험하므로 일본국의 항해자가 자유롭게 해안을 측량하도록 허가한다. → 해안측량권 인정

　　㉣ 제10관 : 일본국 인민이 조선국이 지정한 각 항구에서 죄를 범할 경우 일본국 관원이 재판한다. → 치외법권 인정(일본인들이 조선에서도 일본의 법에 의해 보호를 받게 됨)

③ 성격 … 조선이 외국과 맺은 최초의 근대적 조약, 불평등 조약

(3) 서양 열강과의 수교

① 통상 조약 체결 … 조선에서 일본의 영향력 확대를 견제하려는 청이 조선과 미국의 수교 주선→조·미 수호 통상 조약 체결(1882)→이후 영국, 러시아, 독일 등과 통상 조약 체결

② 성격 … 치외법권과 최혜국 대우를 규정한 불평등 조약

(4) 근대적 개혁의 추진

① 개화파의 형성과 개화 정책의 추진

    ㉠ 개화사상의 성립 : 북학파 실학사상의 영향을 받음, 개화 정책으로 근대 국가를 수립할 것을 주장

    ㉡ 개화파의 형성 : 김옥균, 박영효, 김윤식 등이 정치 세력으로 성장 → 임오군란 이후 분화

    ㉢ 개화정책의 추진

      • 통리기무아문 설치 : 개화 정책 추진, 개화파 등용

      • 시찰단과 유학생 파견 : 일본에 수신사와 조사 시찰단 파견(정부 기관과 산업 시설 등 근대화된 문물과 제도 시찰), 청에 영선사 파견(무기 제조 기술과 군사 훈련법 습득), 미국에 보빙사 파견

      • 별기군 창설 : 일본인 교관의 훈련을 받은 신식 군대 양성

② 위정척사 운동의 전개

    ㉠ 위정척사 사상 : 양반 유생층 중심, 성리학적 전통 질서를 지키고 외세의 침략을 물리칠 것을 주장

    ㉡ 위정척사 운동 : 서양과 일본의 경제적 군사적 침략에 맞선 반외세 · 반침략적 민족 운동 전개

❸ 임오군란과 갑신정변

(1) 임오군란(1882)

① 배경 ⋯ 별기군과 구식 군대에 대한 차별 대우

② 전개 ⋯ 밀린 급료로 겨와 모래가 섞인 쌀을 받은 분노한 구식 군인들이 봉기함 → 일본 공사관과 궁궐 습격, 정부 고관과 일본인 교관 살해 → 흥선대원군의 재집권 → 청이 흥선 대원군을 납치함 → 민씨 정권의 재집권

③ 결과 ⋯ 청의 내정 간섭 심화('조 · 청 상민 수륙 무역 장정'의 체결로 청 상인의 특권을 인정), 일본과 제물포 조약 체결(일본에 배상금 지불, 일본군의 서울 주둔 허용)

(2) 갑신정변(1884)

① 배경 ⋯ 청의 내정 간섭 심화, 정부의 소극적인 개화정책에 불만

② 전개 ⋯ 일본의 지원을 약속받은 김옥균, 박영효 등의 급진개화파가 우정총국 개국 축하연을 이용해 정변을 일으킴 → 14개 조 정강 발표, 개혁 추진 → 청군의 개입으로 3일 만에 실패 → 김옥균, 박영효 등 일본 망명

③ 결과

    ㉠ 한성조약(조선 – 일본) : 일본에 배상금 지불

    ㉡ 텐진조약(청 – 일본) : 조선에서 청 · 일 양국의 군대 철수, 조선에 파병 시 상대국에게 미리 알릴 것을 약속

④ 의의 … 근대 국가 건설을 목표로 한 최초의 정치 개혁 운동

⑤ 한계 … 외세 의존적, 위로부터의 개혁으로 백성의 지지를 얻지 못함

(3) 거문도 사건(1885~1887)

① 배경 … 갑신정변 이후 심해진 청의 내정 간섭에서 벗어나기 위해 조선 정부가 러시아를 끌어들임

② 전개 … 러시아의 남하를 견제하기 위해 영국이 거문도를 불법 점령→조선을 침략하지 않겠다는 러시아의 약속을 받고 영국 퇴각

③ 결과 … 조선을 둘러싼 열강의 대립 격화→유길준, 독일 부영사 부들러 등이 조선을 중립국으로 만들자는 주장 제기

❹ 동학 농민 운동과 갑오개혁

(1) 동학 농민 운동(1894)

① 배경 … 청과 일본의 경제 침탈 심화, 탐관 오리들의 횡포, 정부에 대한 불만 고조

② 동학의 교세 확산 … 평등사상과 외세 배척 강조로 농민들 사이에 확산

　　㉠ 전라도 삼례 집회 : 교조 최제우의 명예 회복과 동학 박해 중지 요구

　　㉡ 충청도 보은 집회 : 탐관오리 처벌과 외세 배척 주장

③ 동학 농민 운동의 전개

　　㉠ 고부 농민 봉기(1894) : 전라도 고부 군수 조병갑의 부정과 비리→전봉준이 농민들을 이끌고 고부 관아 습격→정부의 주도자 탄압→전봉준, 김개남 등이 '보국안민'과 '제폭구민' 구호를 내걸고 백산에서 농민군을 조직하여 봉기

　　㉡ 농민군의 전주성 점령 : 황토현 전투 승리→전주성 점령→정부가 청에 원군 요청→톈진 조약에 근거하여 일본이 군대파견→폐정 개혁을 조건으로 정부와 전주 화약 체결, 농민군 자진 해산→전라도 각지에 집강소 설치

　　　　☞ 집강소 : 동학 농민군이 전라도 지방에 설치한 자치적 개혁 기구

④ 농민군의 재봉기 … 일본의 경복궁 점령, 청일전쟁 발발→일본을 물리치기 위해 동학 농민군 봉기 →공주 우금치 전투에서 정부군 일본군에게 패배→전봉준 등 지도자 체포, 처형

⑤ 동학 농민 운동의 의의 … 반봉건(신분 차별 철폐, 봉건적 폐습 타파 주장) · 반외세의 민족 운동, 농민군의 개혁 요구가 갑오개혁에 일부 반영됨

(2) **갑오개혁(1894)**

① 1차 개혁 ··· 일본의 개혁 강요→조선 정부의 거부 및 교정청 설치→일본이 김홍집 내각 구성, 군
국기무처를 신설하여 1차 개혁 진행

② 2차 개혁 ··· 일본이 개혁에 개입(군국기무처 폐지, 김홍집·박영효 연립 내각 구성), 고종이 홍범 14
조와 교육입국조서 발표

    ☞ 교육입국조서 : 1895년 2월 고종이 발표한 교육에 관한 특별 조서. 근대식 학제 마련의 계기가 됨

③ 갑오개혁의 내용

    ㉠ 정치 : 개국 연호 사용, 과거제 폐지, 왕실과 정부의 사무 분리

    ㉡ 경제 : 재정 기관의 일원화, 조세의 금납화, 도량형의 개정·통일, 은 본위 화폐제도 채택

    ㉢ 사회 : 신분제 폐지, 과부의 재가 허용, 조혼 금지, 재판소 설치

④ 의의와 한계 ··· 정치·경제·사회 각 분야의 근대화에 기여, 일본의 간섭하에서 추진, 군사와 토지
분야의 개혁 미흡

❺ 을미사변과 아관파천

(1) **삼국 간섭(1895)**

청·일 전쟁에서 승리한 일본이 랴오둥 반도 차지→러시아, 프랑스, 독일이 랴오둥 반도 반환 요구
→일본 굴복

(2) **을미사변(1895)**

민씨 일파가 러시아 세력을 이용하여 일본의 간섭을 약화하고자 함→친러 세력 형성→일본이 명성
황후 시해

(3) **을미개혁(1895)**

을미사변으로 조선에 대한 영향력을 회복한 일본이 개혁 추진→태양력 사용, '건양' 연호 제정, 종두
법 시행, 우편제도 실시, 단발령 실시

(4) **을미의병(1895)**

을미사변과 단발령 실시에 대한 반발→유생들의 주도로 항일 의병 운동 전개

(5) **아관파천(1896)**

일본의 위협을 피해 고종이 러시아 공사관으로 처소를 옮김→을미개혁 중단

❻ 독립협회와 대한제국

(1) 독립협회(1896~1898)

① 배경 … 아관파천 이후 서양 열강의 이권 침탈 심화

② 설립 … 서재필이 정부의 지원을 받아 독립신문 창간 → 개화파 지식인들과 독립협회 조직(자주독립의 목적), 청나라 사신을 모시던 영은문 자리에 독립문 건립

③ 활동

  ㉠ 만민 공동회 개최 : 각 계층의 시민들이 자발적으로 참여, 자주국권운동 전개, 근대적인 정치 개혁 요구

  ㉡ 관민 공동회 개최 : 정부 대신들의 참여, 헌의 6조 제시 → 근대적 의회 설립 추진

  ㉢ 자유 민권 운동 전개 : 언론 집회의 자유, 국민의 신체와 재산권 보호 등 요구

(2) 대한제국(1897~1910)

① 배경 … 자주성 회복을 위해 고종의 환궁을 주장하는 국민 여론 고조 → 고종이 1년 만에 러시아 공사관에서 경운궁(덕수궁)으로 환궁

② 대한제국 수립(1897) … 연호를 '광무', 국호를 '대한제국'으로 정함 → 대한제국이 자주 국가임을 국내외에 선포함

③ 대한국 국제 제정(1899) … 군 통수권, 입법권, 사법권, 외교권 등의 모든 권한을 황제에게 집중시킨 전제 정치 체제 마련

④ 광무개혁 … 구본신참(舊本新參)의 원칙에 따라 점진적 개혁 실시

  ☞ 구본신참 : 옛 법을 근본으로 삼고 새로운 것을 배운다는 19세기 말 개화파의 사상

  ㉠ 군사 : 서울의 시위대와 지방의 진위대 증강

  ㉡ 경제 : 양전 실시, 지계 발급(토지의 소유권을 법적으로 인정하는 문서나 문권)

  ㉢ 산업 : 상공업 진흥 정책 추진, 근대적 시설 마련, 근대적 회사와 공장 설립(섬유·철도·전기·해운·금융 등)

  ㉣ 교육 : 실업학교, 외국어학교 등 각종 학교 설립, 외국에 유학생 파견

  ㉤ 의의 : 교육·과학·기술의 성장, 상공업 진흥, 근대적 토지 소유 제도 확립

  ㉥ 한계 : 지배층의 보수적 성향(전제 군주제 강화, 독립 협회 탄압), 열강의 간섭

❼ 일제의 국권 침탈과 국권 수호 운동

(1) 러 · 일전쟁(1904~1905)

만주와 한반도를 둘러싼 러시아와 일본의 대립 심화 → 일본이 영국과 동맹 체결 후 러시아 공격 → 일본 승리, 포츠머스 조약 체결(1905) → 일본이 대한제국에 대한 우월적인 지위 획득

(2) 을사조약(1905)

일본이 군대를 동원하여 강압적으로 조약 체결

① 내용 … 대한제국의 외교권 박탈, 통감부 설치(초대 통감 : 이토 히로부미) → 일본이 내정 전반을 간섭

② 저항 운동 … 유생들의 상소, 학생들의 동맹 휴학, 상인들의 철시, 장지연이 '시일야방성대곡' 발표, 민영환과 조병세의 자결, 을사의병

③ 고종의 노력 … 헤이그에서 열린 만국 평화 회의에 특사 파견(1907)

(3) 고종의 퇴위와 한 · 일 병합

① 고종 퇴위(1907) … 헤이그 특사 파견을 구실로 일본이 고종을 강제 퇴위

② 국권 피탈 … 한 · 일 신협약(=정미7조약) 체결(1907, 행정 각부의 차관에 일본인 임명), 군대 해산 → 사법권(1909)과 경찰권(1910) 장악 → 한 · 일 병합조약 체결(1910. 8)

(4) 독도와 간도

① 독도의 역사 … 삼국시대 이래 우리 민족의 영토로 인식 → 조선 숙종 때 안용복이 일본 어민들을 쫓아냄 → 대한 제국 때 칙령을 발표하여 독도를 관할 관리

② 일제의 독도 침탈 … 러 · 일 전쟁 중에 일본이 자국 영토로 편입

③ 간도의 역사 … 조선 숙종 때 백두산정계비 건립(1712) → 비석 내용 중 '토문강'을 우리나라는 쑹화강으로, 중국은 두만강으로 해석

④ 간도 협약(1909) … 대한 제국의 외교권을 강탈한 일본이 청과 간도 협약 체결 → 남만주의 철도 부설권 등을 얻는 조건으로 간도를 청의 영토로 인정

(5) 국권 수호 운동

① 항일 의병 운동 … 위정척사를 주장하였던 양반 유생층이 주도
  ㉠ 을미의병(1895) : 명성황후의 시해와 단발령 실시에 반발 → 단발령 철회와 고종의 해산 권고로 해산
  ㉡ 을사의병(1905) : 을사조약 체결에 반발 → 민종식, 최익현, 신돌석(평민) 등이 의병장으로 활약
  ㉢ 정미의병(1907) : 고종의 강제 퇴위와 군대 해산에 반발 → 해산된 군인들이 의병 합류 → 의병의 조직력, 전투력 강화

② 서울 진공 작전(1908): 13도 창의군 결성(총대장 이인영) → 서울 진공작전 시도 → 이인영의 부친 상으로 해산, 실패
　　　⑩ 의병 운동의 위축 : 일본의 토벌 작전 → 국내의 의병 활동 위축 → 국권 피탈 이후 만주·연해주 등지로 이동하여 독립군으로 활동
　② 의거 활동 … 이재명(이완용 습격), 나철·오기호(5적 암살단 조직), 전명운·장인환(외교 고문 스티븐슨 사살), 안중근(이토 히로부미 사살)
　③ 애국 계몽 운동 … 민족의 실력을 길러 국권을 회복하자는 운동
　　　㉠ 애국 계몽 단체
　　　　• 보안회 : 일본의 황무지 개간권 요구 저지
　　　　• 헌정 연구회 : 입헌 군주제 도입을 목표로 정치 개혁 주장
　　　　• 대한 자강회 : 고종의 강제 퇴위 반대 운동 전개
　　　　• 신민회
　　　　　– 조직 : 안승훈·이승훈·양기탁 등이 비밀 단체로 조직(1907)
　　　　　– 활동 : 공화정 수립을 목표로 활동
　　　　　– 민족 교육 실시(오산학교, 대성학교 설립)
　　　　　– 민족 자본 육성(태극 서관, 자기 회사 운영)
　　　　　– 만주 삼원보에 독립운동 기지 건설(신흥 무관 학교 설립) → 일제가 조작한 105인 사건으로 해체(1911)
　　　㉡ 국채 보상 운동(1907) : 국가의 빚을 갚아 국권을 지키자는 운동, 대구에서 시작 → 금주 금연을 통한 모금 → 통감부의 탄압으로 중단

⑧ 일제의 식민지 지배 정책

(1) 무단 통치 시기(1910년대)

① 목적 … 일제의 식민지 지배에 순종하는 한국인 양성

② 내용
　　㉠ 조선 총독부 설립 : 육·해군 대장 출신 중에서 임명, 입법·행정·사법·군 통수권 등 절대 권력 행사
　　㉡ 헌병 경찰 통치 : 헌병이 경찰 업무까지 수행, 재판 없이 한국인 처벌, 조선 태형령 발표(1912)
　　㉢ 민족 운동 탄압 : 한국인의 언론·출판·집회·결사의 자유 박탈, 한국인의 정치·사회단체 해산
　　㉣ 교육 정책 : 일본어 중심의 교육, 초등 교육과 실업 교육만 실시, 교원들에게도 제복을 입히고 칼을 차게 함

(2) 민족 분열 통치 시기(1920년대) (→ 표면적 문화 통치)

① 배경 … 3.1운동을 통해 무단 통치의 한계 절감

② 목적 … 친일 세력을 길러 우리 민족을 분열시킴, 독립운동 약화

③ 내용

    ㉠ 보통 경찰제 : 실제로는 경찰 인원 3배 이상 증가, 치안유지법(1925)시행

    ㉡ 문관 총독 임명 허용 : 실제로는 문관 총독이 임명되지 않음

    ㉢ 언론 · 집회 · 결사의 자유 허용 : 실제로는 검열을 통해 신문 내용을 삭제 · 정간 · 폐간함

    ㉣ 교육 기회의 확대 : 실제로는 초등 기술 교육 위주, 고등 전문 교육 제한

(3) 민족 말살 통치(1930년대~광복)

① 배경 … 경제 대공황의 여파로 일본에서 군국주의 수립 → 일제의 침략 전쟁 확대 · 만주사변(1931) → 중 · 일 전쟁(1937) → 태평양 전쟁(1941~1945)

② 목적 … 우리의 민족정신을 말살→ 침략 전쟁에 필요한 인적 · 물적 자원을 수탈하고자 함

③ 내용

    ㉠ 내선일체(內鮮一體) : '일본과 조선이 동일' 하다는 사상

    ㉡ 일선동조(日鮮同祖) : '일본과 조선의 조상이 하나의 민족'이라는 사상 강조

    ㉢ 창씨개명, 신사 참배, 궁성요배 강요, 황국 신민서사 암기

    ㉣ 우리말 · 우리역사 교육 금지, 조선일보와 동아일보 등 한글 신문 폐간, 한글 잡지 발행 금지, 조선어 학회 해산

④ 병참 기지화 정책

    ㉠ 한반도를 대륙 침략 전쟁의 물자 보급 기지로 이용, 중화학 공업 육성(군수 공업 위주), 지하자원 약탈, 북쪽 지방의 개발에 치중

    ㉡ 인적 물적 자원 수탈

      • 국가 총동원법(1938) 실시 : 많은 청년들을 침략 전쟁에 투입

      • 강제 징용 : 광산이나 공장에서 전쟁물자 생산을 위한 노동을 강요

      • 여성 인력 착취 : 근로정신대(군 위안부)라는 이름으로 많은 여성을 희생시킴

      • 공출 제도 : 식량을 비롯하여 고철, 놋그릇, 수저 등 무기로 쓸 수 있는 모든 재료를 가져감

(4) 3 · 1 운동

① 배경

    ㉠ 국내 : 강압적인 무단 통치에 대한 저항, 고종 황제의 독살설

    ㉡ 국외

      • 파리 강화 회의에서 윌슨이 '민족 자결주의' 제창

☞ 민족자결주의 : 1919년 파리 강화회의에서 미국 대통령 윌슨이 제창한 것으로, 한 민족이 그들 국가의 독립 문제를 스스로 결정짓게 하자는 원칙

- 신한청년당이 파리 강화회의에 김규식을 파견하여 독립 의지를 알림
- 2 · 8독립선언 : 도쿄에서 유학생들이 독립 선언서 발표

② 전개

　㉠ 과정 : 민족 대표 33인이 태화관에서 독립선언식, 학생과 시민들이 탑골 공원에서 시위 전개→전국으로 확대, 농민 · 노동자 · 상인 등 다양한 계층 참여→해외까지 확산

1910년대 만주 · 연해주의 독립운동 기지

　㉡ 결과 : 일제의 무력 탄압→유관순의 순국, 화성 제암리 주민 학살 사건의 발생

③ 의의 및 영향

　㉠ 의의 : 모든 계층이 단결하여 참여한 민족 최대 규모의 독립운동, 우리 민족의 자주독립 의지를 전 세계에 알림

　㉡ 영향 : 대한민국 임시정부의 수립, 일제의 통치 방식이 문화통치로 변화, 중국의 5 · 4운동과 인도의 비폭력 · 불복종 운동에 영향

❾ 대한민국 임시 정부의 수립 및 민족의 독립운동

(1) 임시 정부의 수립

한성 정부(서울), 임시 정부(상하이), 대한 국민 의회(블라디보스토크) 등의 임시 정부 존재→3 · 1 운동 이후 한성 정부를 계승한 대한민국 임시 정부가 상하이에서 출범(1919. 9)

(2) 임시 정부 체제 – 민주 공화정 체제

① 정부 구성 … 대통령 – 이승만, 국무총리 – 이동휘

② 헌법 제정 … 삼권 분립에 기초→임시 의정원(입법) · 국무원(행정) · 법원(사법) 구성

③ 상하이 지역은 일제의 영향력이 약하고 외교활동에 유리함

(3) 임시 정부의 활동과 분열

① 활동 … 조직적 독립운동 전개

　㉠ 외교 활동 : 파리 강화 회의에 김규식을 파견하여 독립 청원서 제출, 미국에 구미위원부 설치(이승만)→한국 독립 문제를 국제 여론화하려 노력

　㉡ 연통제(독립운동 자금 마련), 교통국 운영(국내의 독립운동 연결)

　㉢ 독립신문 간행 : 독립운동 소식을 전하고 방향 제시

ⓔ 한 · 일 관계 사료집 간행 : 독립운동 자료 소개 → 민족의 투쟁 의식 고취

　　ⓜ 군무부 설치 : 만주 지역의 독립군과 연계

② **임시 정부의 분열** … 민족 지도자들 사이의 사상적 갈등과 독립운동 방법에 대한 의견 차이 → 국민 대표 회의를 소집하여 방향 모색 → 김구를 중심으로 체제를 정비하여 꾸준히 독립운동 전개

(4) 국외의 독립운동

① **의열 투쟁 전개**

　　⊙ 의열단(김원봉이 조직) : 김익상(조선 총독부), 김상옥(종로 경찰서), 나석주(동양 척식 주식회사) 등에 폭탄 투척

　　ⓛ 한인 애국단(김구가 조직) : 이봉창(일본 국왕 처단 시도), 윤봉길(상하이 훙커우 공원에 도시락 폭탄 투척 → 중국이 임시 정부 지원하는 계기가 됨)

② **무장 독립 전쟁**

봉오동 · 청산리 전투

　　⊙ 1920년대 : 3 · 1 운동 이후 만주, 연해주 지역에서 무장 투쟁 활발, 국내로 진입하여 일본 관공서 습격, 군대 · 경찰 공격

　　• 봉오동 전투(1920. 6) : 홍범도의 대한 독립군이 일본군에게 승리

　　• 청산리 대첩(1920.10) : 김좌진의 북로군정서군과 독립군 연합 부대가 일본군에게 큰 승리를 거둠

　　• 간도참변(1920) : 독립군의 활약에 대한 일제의 보복으로 만주에 사는 조선인 학살

　　• 자유시 참변(1921) : 대한 독립 군단이 소련의 적색군에 의해 배신당해 자유시에서 학살당함 → 만주로 돌아와 재정비, 3부(참의부 · 정의부 · 신민부) 형성

　　ⓛ 1930년대

　　• 만주

3부→	북만주-혁신 의회→한국 독립군 조직(지청천) →쌍성보 전투 승리
	남만주-국민부→조선 혁명군 조직(양세봉) →영릉가 전투 승리

　　• 중국 관내

중 · 일 전쟁(1937) → 민족 혁명당(조선 의용대) →	조선 독립 동맹(화베이)-조선 의용군
	임시 정부(충칭)-한국 광복군

(5) 대한민국 임시 정부와 한국광복군의 활동

① 임시 정부 개편 … 한국광복군 창설(충칭), 김구가 주석, 삼균주의(정치·경제·교육의 평등)에 기초한 건국 강령 발표

② 한국광복군(1940)의 활동 … 조선의용대를 흡수하고 중국 국민당과 협조하여 대일 선전 포고(1941), 인도와 미얀마 전선에 참전, 미군(OSS)과 함께 국내 진공 작전 계획 → 일제의 패망으로 실패

③ 독립운동의 의의 … 카이로 회담, 포츠담 회담에서 한국의 독립 보장

④ 조선 건국 동맹 … 여운형 등 사회주의 세력, 국내에서 광복 준비

핵심 예상 문제

01 다음의 (개) 시기에 있었던 사실로 옳지 <u>않은</u> 것은?

> 우정국 개국 축하연에 홍영식을 비롯한 수구파가 대부분 모인다는 점을 이용하여 급진개화파인 김옥균, 박영효, 홍영식 등이 쿠데타를 일으켜 이들을 제거하고 권력을 잡으려 했으나 3일 만에 실패하였다.

⇩

(개)

⇩

> 고부군수 조병갑의 학정이 심해지자 전봉준을 앞세운 수백 명의 농민들이 고부관아를 점령함으로써 시작되어 전라도 일대에 집강소를 설치하는 등 세력이 커졌으나 공주 우금치에서 일본군과 관군에게 참패하였다.

① 조선을 둘러싼 열강의 대립이 치열해졌다.
② 조선을 중립국으로 만들자는 주장이 제기되었다.
③ 청과 일본이 연합하여 조선의 내정을 간섭하였다.
④ 농촌 사회에서 일본을 배척하는 기운이 널리 확산되었다.

✓ **정답 및 해설**

01. 갑신정변 후와 동학농민 운동이 일어나기 전의 시대 상황을 묻는 문제이다. 청과 일본은 조선을 두고 서로 견제하는 입장이었기에 연합하여 조선의 내정에 간섭하지 않았다. 청나라는 갑신정변을 수습하고 거문도사건을 직접 중재하여 처리하는 등 당시에는 일본보다 내정간섭을 더욱 많이 하였다.

▶ 정답 ··· 01.③

02 다음 내용과 관련 있는 것을 고르면?

> • 통감부 설치 • 외교권 박탈

① 한 · 일 의정서 ② 제1차 한 · 일협약
③ 을사조약 ④ 한 · 일신협약

03 다음 조선 시대의 토지 제도의 변천 과정을 참고하여, 이런 토지 제도의 변화로 나타난 결과를 가장 타당하게 추론한 것은?

> 과전법 실시 → 직전법 실시 → 관수 관급제 → 현물 녹봉제

① 부농의 대토지 소유 현상이 점차 심화되었다.
② 농민들의 토지 소유는 점차 증가하였다.
③ 양반들의 경제 기반이 점차 강화되었다.
④ 국가가 지급하는 토지가 점차 증가하였다.

정답 및 해설

02. 통감부 설치, 외교권 박탈은 을사조약의 내용이다.

03. 농업기술의 발달로 부농의 대토지 소유현상은 심화되었지만 빈농은 땅을 잃고 도시나 광산으로 떠돌아다니는 등 빈부격차가 심화되었다. 또한 납속책과 공명첩의 남발로 양반의 권위가 추락하며 신분제에 혼란이 왔다.

▶ 정답 … 02.③ 03.①

04 다음 상소문에서 비판하고 있는 인물에 대한 설명으로 옳지 <u>않은</u> 것은?

> 최익현이 상소하기를 "지금의 국사를 보건대 만동묘를 철거한 것은 임금님과 신하의 윤리가
> 무너진 것이요, 서원의 혁파는 스승과 제자 간의 의리가 끊어진 것이며, …… 거기에다 토목
> 공사와 원납전 따위까지 덧붙여 서로 안과 밖이 되어서 백성의 재앙이 되고 나라의 환란이
> 되는 근본이 된지 지금 몇 해가 되었으니, 이것이 선왕(先王)의 옛 법을 변화시키고 천하의
> 윤리를 무너뜨린 것이 아니고 무엇이겠습니까?"라고 하였다.

① 사창제를 실시하였다.
② 호포제를 실시하였다.
③ 경복궁을 중건하였다.
④ 대전통편을 편찬하였다.

 **정답 및 해설**

04. 최익현의 상소는 대원군이 하야하게 되는 계기가 되었다.
　　④ 대전통편 → 대전회통

▶ 정답 … 04.④

05 다음 자료와 관련 있는 인물의 정책에 대한 설명으로 옳지 <u>않은</u> 것은?

> 진실로 백성에게 해가 되는 것이 있으면 비록 공자가 다시 살아난다고 해도 나는 용서하지 않겠다. 하물며 서원은 우리나라에서 존경받는 유학자를 제사하는 곳인데, 지금은 도적의 소굴이 되어버렸으니 말할 것도 없다.
>
> – 박제형, 「근세조선정감」 –

① 삼정을 개혁하여 민심을 수습하고자 했다.

② 대전통편과 육전조례를 편찬하였다.

③ 귀천, 지방, 당색에 관계없이 인재를 고르게 등용하였다.

④ 비변사를 혁파하고 의정부와 삼군부를 부활시켰다.

06 1946~47년에 진행된 좌우합작운동에 대한 설명으로 옳은 것을 〈보기〉에서 <u>모두</u> 고르면?

▌보 기▐
㉠ 미군정의 후원 하에 이 운동이 전개되었다.
㉡ 중도좌파의 김규식과 중도우파의 여운형이 주도하였다.
㉢ 조선공산당은 이 운동에 참여하여 적극적으로 활동하였다.
㉣ 김규식과 여운형은 미소공동위원회를 다시 여는 데 관심을 두었다.

① ㉠, ㉡   ② ㉡, ㉢

③ ㉢, ㉣   ④ ㉠, ㉣

✅ **정답 및 해설**

05. 흥선대원군은 당쟁의 온상이며 국가 재정을 좀먹는 서원을 전국에 47개소만 남기고 철폐하였다.
  ① 민생안정 정책
  ② 대전통편 → 대전회통
  ③ 세도정치 타파
  ④ 통치기구 정비
06. ㉡ 김규식은 중도우파, 여운형은 중도좌파이다.
  ㉢ 조선공산당은 좌우합작운동에 적극적이지 않았다.

▶ 정답 … 05.② 06.④

07 다음은 근대 사회의 의미를 분야별로 정리한 것이다. 이 내용에 근거할 때, 조선 후기에 나타난 근대 지향적 움직임으로 볼 수 <u>없는</u> 것은?

> • 정치면 : 민주주의 정치의 구현
> • 경제면 : 시장경제를 바탕으로 한 자본주의
> • 사회면 : 사상과 행동의 자유가 보장되는 평등 사회
> • 사상면 : 과학적 사고에 바탕을 둔 합리주의 추구

① 농민층의 분화로 인하여 신분 질서가 문란해졌다.
② 고종은 원구단에서 대한 제국을 선포하고 황제로 등극하였다.
③ 박제가 등은 소비를 장려해야 산업이 성장한다고 주장하였다.
④ 통상 개화론자들이 등장하여 개항과 개화를 주장하였다.

08 다음의 (가) 단체에 대한 내용으로 옳지 <u>않은</u> 것은?

> (가)는 삼균제도를 골자로 한 헌법을 실행하여 정치와 경제와 교육의 민주적 실시로 실제상 균형을 도모하며 …… 극빈 계급의 문화 수준이 최고 보장되는 과정을 건국의 제2기라 한다.

① 광복 때까지 비폭력 평화 운동의 원칙을 유지하였다.
② 조직적인 독립운동을 전개하고자 노력하였다.
③ 민주 공화정 체제에 기초하여 평화 운동의 원칙을 유지하였다.
④ 민족 지도자들 사이에 사상적 갈등이 있었다.

✓ **정답 및 해설**

07. ② 고종은 원구단에서 대한 제국을 선포하고 황제로 등극하였다. 이는 보수주의로의 회귀를 의미하며 근대지향적인 움직임과는 관련이 없다.

08. (가) 단체는 대한민국 임시 정부이다.
　① 대한민국 임시 정부는 군무부를 설치하여 만주 지역의 독립군과 연계하여 군사활동을 하였다.

▶ 정답 … 07.② 08.①

09 다음 글이 설명하는 것과 관련이 깊은 것은?

> 1. 청에 의존하려는 생각을 버리고 자주 독립의 기초를 세운다.
> 2. 왕실 전범을 제정하여 왕위계승의 법칙과 종친과 외척과의 구별을 명확히 한다.
> 3. 임금은 각 대신과 의논하여 정사를 행하고, 종실·외척의 내정간섭을 용납하지 않는다.
> 4. 왕실사무와 국정사무를 나누어 서로 혼동하지 않는다.
> 5. 의정부 및 각 아문의 직무, 권한을 명백히 한다.
> 6. 인민이 세를 바침에 있어서 법령에 따라 율을 정하되 멋대로 각목을 붙이거나 징수해서는 안된다.
> 7. 조세의 과징과 경비의 지출은 모두 탁지아문에서 관할한다.
> 8. 왕실비용을 솔선절감하여 각 아문과 지방관청의 모범이 되도록 한다.
> 9. 왕실비와 각 관부의 비용은 1년 예산을 정하여 재정의 기초를 확립한다.
> 10. 지방관제를 속히 개정하여 지방관리의 직권을 제한 조절한다.

① 재정은 탁지부에서 전관하며 예산과 결산을 국민에 공포하였다.

② 무명의 잡세를 폐지하고 공사채의 면제를 주장하였다.

③ 입헌군주제를 주장하며 지주입장을 옹호하였다.

④ 이노우에 공사가 친일내각과 함께 추진하였다.

정답 및 해설

09. 제시문은 제2차 갑오개혁에서 개혁추진의 의지를 밝히며 고종이 종묘에서 반포한 '홍범 14조'이다. 청일전쟁에서
일본이 승세를 잡자, 이노우에 공사가 조선에 대한 적극적 간섭정책을 취하면서 갑신정변의 주동자였던 박영효
와 서광범을 참여시켜 김홍집·박영효 연립내각을 성립시켰다. 2차 갑오개혁은 이 친일내각에 의해 추진되었다.
① 독립협회에 대한 설명이다.
② 동학의 폐정개혁안에 대한 설명이다.
③ 갑신정변에 대한 설명이다.

▶ 정답 … 09.④

10 다음 법령이 발표된 시기와 관련된 내용을 〈보기〉에서 모두 고르면?

> 제11조 태형은 감옥 또는 즉결 관서에서 비밀리에 행한다.
> 제13조 본령은 조선인에 한하여 적용한다.

▌보 기▐

㉠ 일제의 산미 증식 계획 실시
㉡ 강제 징병 및 공출 제도 시행
㉢ 군대의 경찰인 헌병들의 강압적인 한국인 지배
㉣ 회사 설립 시 조선 총독부의 허가를 받는 회사령 실시

① ㉠, ㉡   ② ㉠, ㉢
③ ㉡, ㉢   ④ ㉢, ㉣

11 다음 도표의 (가)에 들어갈 내용은?

| 을사조약 체결 | ⇨ | (가) | ⇨ | 고종의 강제 퇴위 | ⇨ | 한 · 일 신협약 체결 |

① 일본인 차관 임명   ② 헤이그에 특사 파견
③ 사법권과 경찰권 박탈   ④ 서울 진공 작전 전개

✓ **정답 및 해설**

10. 제시된 법령 조항은 1910년대의 일본의 무단통치기에 실시된 조선 태형령이며, 헌병 경찰은 즉결 처분권을 가지고 있어 정식 재판 절차를 거치지 않고도 벌금, 태형 등의 처벌을 기할 수 있었다. 이 시기에는 ㉢ 헌병 경찰이 지배했고 ㉣ 회사령과 전매 제도를 실시했었다. ㉠ 산미 증식 계획은 1920년대 민족 분열 통치 시기에 실시하였다. ㉡은 1930년대의 민족 말살 통치시기에 관한 설명이다.

11. 을사조약이 체결된 후 고종은 헤이그에서 열린 만국 평화 회의에 특사를 파견하였다. 그러나 일본의 방해로 3인의 특사는 회의에 참석하지 못하였다. 고종의 퇴위 후(1907. 7. 20)직후 한 · 일 신협약(정미7조약)이 체결되어 ① 행정 각부의 차관에 일본인을 임명하였다. ③ 사법권(1909)과 경찰권(1910) 장악, ④ 서울진공작전(1908)이 차례로 이뤄졌다.

▶ 정답 … 10.④ 11.②

12 다음 글의 빈칸 ㈎에 해당하는 내용을 〈보기〉에서 모두 고르면?

> 1929년 발생한 경제 대공황의 영향으로 위기에 빠진 일제는 군부가 정권을 잡으면서 태평양 전쟁을 일으켰다. 일제는 우리 민족을 침략 전쟁에 효율적으로 동원하기 위해 ___㈎___ 을/를 실시하였다.

┃보 기┃

㉠ 헌병 경찰제 실시   ㉡ 내선일체 주장
㉢ 황국 신민 서사 암송 강요   ㉣ 창씨개명

① ㉠, ㉡   ② ㉡, ㉣

③ ㉢, ㉣   ④ ㉡, ㉢, ㉣

 **정답 및 해설**

12. ㈎는 민족 말살 정책이다. 일제는 경제 대공황의 위기를 계기로 중·일 전쟁(1937), 태평양 전쟁(1941) 등의 침략 전쟁을 일으켰다.
일본은 우리 민족의 전통과 문화를 뿌리 뽑고 일본인에 동화시키기 위해서 내선일체를 주장하고, 황국 신민 서사를 암송하도록 하였으며, 일본식 성명으로 바꾸도록 강요하였다.
㉠ 헌병 경찰제는 무단 통치 시기에 실시하였다.

▶정답···12.④

13 다음 (가) 기관에 대한 설명으로 옳지 <u>않은</u> 것은?

> <u>(가)</u> 은/는 13년(1931년) 4월에 대외 선언을 발표하고 삼균 제도의 건국 원칙을 천명하였으니, 이른바 보통 선거 제도를 실시하여 정권을 균(均)히 하고, 국유 제도를 채용하여 이권을 균히 하고, 공비(公費) 교육으로써 학권(學權)을 균히 하며 국내외에 대하여 민족 자결의 권리를 보장하여 민족과 민족, 국가와 국가의 불평등을 과감히 제거할지니, …… 이는 삼균제도의 제1차 선언이니 이제도를 발양 확대할 것이다.
>
> — <u>(가)</u> 의 건국 강령(1941년) —

① 독립운동 자금 마련을 위해 애국 공채를 발행했다.
② 군무부를 설치하여 연해주 지역의 독립군과 연계하였다.
③ 연통제와 교통국은 국내와 임시정부의 연락 업무를 맡았다.
④ 파리 강화 회의에 김규식을 파견하여 독립 청원서를 제출하였다.

14 다음 밑줄 친 '이 조약'에 관련된 설명으로 옳은 것은?

> <u>이 조약</u>은 비단 우리 대한뿐만 아니라 동양 3국의 분열하는 조짐을 만들어 낸 것인즉 …… 아아, 분하도다! 우리 2천만, 타국인의 노예가 된 동포여! 살았는가! 죽었는가!

① 통감부가 설치되고 초대 통감에 이토 히로부미가 부임하였다.
② 재외공관이 외교를 관장하고 일본은 청과 간도협약을 맺었다.
③ 외부대신 인을 가져다 날인하였으며 고종은 협박에 못이겨 인준하였다.
④ 일본은 간도를 러시아의 영토로 인정해주고 안봉선 철도 부설권을 획득하였다.

✅ **정답 및 해설**

13. (가)는 3 · 1 운동을 계기로 수립된 '대한민국 임시 정부'이다.
② 군무부는 임시정부의 국방관계 행정부서이며 '만주'지역의 독립군과 연계하였다.

14. 1905년 을사조약으로 대한 제국의 외교권이 박탈당하였다. 제시된 글은 장지연의 '시일야방성대곡' 이다.
② 재외공관은 철수되고 일본 외무성이 외교를 관장하였다.
③ 고종은 끝까지 조약체결을 인준하지 않았다.
④ 간도를 청의 영토로 인정해주고 안봉선 철도 부설권을 획득하는 간도협약을 체결하였다.

▶ 정답 … 13.② 14.①

02 근대의 경제생활

❶ 열강의 경제 침탈

(1) 개항기의 경제적 침투

① 강화도 조약(1876) ⋯ 부산 · 원산 · 인천 개항, 거류지 무역

② 조 · 청 상민 수륙 무역 장정(1882) ⋯ 청 상인들이 개항장 밖 내륙까지 무역(최혜국 규정) → 청 상인과 일본 상인의 상권 경쟁 심화

③ 청 · 일 전쟁 이후(1894) ⋯ 일본 상인들이 주도권 장악

(2) 제국주의 열강의 경제적 침투

아관 파천 이후 열강의 이권침탈은 극심해져 철도부설권, 광산채굴권, 삼림채벌권 등이 일본 러시아 · 미국 · 영국 등에 넘어감

열강의 이권 침탈

(3) 경제적 침탈에 대한 저항

① 방곡령 시행 ⋯ 일제의 미곡 유출에 대항하여 함경도, 황해도에서 방곡령 실시(조병식)

　　☞ 방곡령 : 조선 고종 때 식량난을 해소하기 위해 곡물의 수출을 금지한 명령

② 상권 수호 운동 ⋯ 황국중앙총상회 조직(서울 상인), 증기선 도입(경강 상인)

(4) 화폐 정리 사업(1905)

일본 재정 고문관인 메가다의 주도로 일본 제일 은행권을 본위 화폐로 삼음 → 기존의 상인들이 사용하던 백동화의 가치 절화로 많은 손실을 보게 됨

(5) 국채 보상 운동(1907)

대구에서 시작(서상돈) → 서울에서 국채 보상 기성회 설립, 언론 기관(대한 매일 신보)의 도움 → 통감부가 지도자인 양기탁을 구속하는 등의 탄압으로 인해 실패

❷ 일제의 식민지 경제 체제의 구축

(1) 토지 조사 사업(1912~1918)

① 목적 … 토지세의 공정한 부과, 근대적 토지 소유권 확립(명분)식민 통치 기초 자료 및 총독부 재정 기반 마련(실질)

② 내용 … 정해진 기간에 토지 신고 원칙, 신고기간이 짧고 절차가 복잡하여 신고의 기회를 놓친 사람들은 모두 토지 상실

③ 결과 … 지주제 강화, 소작농 증가, 농민층 몰락

(2) 산업 침탈

회사령, 광업령, 어업령, 산림령 등 실시

① 회사령 공포(1910) … 회사 설립 시 조선 총독의 허가를 받도록 규정 → 민족 자본 성장 억압. 조선을 일본의 상품 판매 시장화

② 전매 제도 실시 … 인삼, 소금, 담배 등 → 조선 총독부의 수입 증대

③ 각종 시설 설치 … 철도, 도로, 항만 등 → 자원 수탈과 대륙 침략 기반 마련

④ 결과 … 민족 산업 침체, 조선 총독부와 일본인이 경제권 장악

(3) 산미 증식 계획

① 목적 … 일본의 식량 부족 문제를 한반도에서 해결하고자 함

② 내용 … 품종 개량, 수리 시설 확충, 개간 등을 통해 논농사 중심의 구조로 쌀 증산

③ 결과 … 생산량은 증가하였지만 목표량에는 미치지 못함 → 증산량보다 많은 쌀을 일본으로 가져가서 조선의 식량난이 가중되고 농민이 몰락하게 됨

[산미증식 계획과 농민경제]

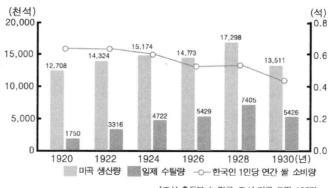

(조선 총독부, 농림국, 조선 미곡 요람, 1937)

(4) 경제 침탈의 확대

① **회사령 철폐(1920년대)** … 일본 기업이 한국에 자유롭게 투자할 수 있도록 신고제로 변경, 관세 폐지 → 한국의 값싼 노동력 이용

② **신은행령(1928)** … 한국인 소유의 은행을 강제 합병 → 민족 자본 억제 목적

③ **결과** … 한국은 일본에 값싼 노동력과 원료를 제공하고 일본 상품을 소비하는 시장으로 전락 → 일본의 식민지 경제 체제 속으로 편입

핵심 예상 문제

01 다음은 우리나라 소작관행의 변화에 관한 글이다. 이러한 변화를 초래한 역사적 사실로 옳은 것은?

> 예전에는 소작계약이 구두약속일 뿐만 아니라 소작기간도 이를 정하는 일이 없었고 소작은 대개 연속·계속된 것으로 오늘날과 같이 지주가 제멋대로 소작권을 거두는 일은 많지 않았다. 그러나 요즘은 소작계약에 소작증서를 사용하고, 소작 기간을 정하게 되었다.

① 농지개혁
② 전매 제도
③ 산미증식계획
④ 토지조사사업

정답 및 해설

01. 제시된 내용은 영구소작제에서 기한부 계약 소작제로 바뀐 배경을 묻고 있으며, 농민들이 기존의 영구소작권을 상실하고 기한부 계약에 따른 소작농으로 전락한 것은 토지조사사업이 실시되었기 때문이다.

토지 조사 사업(1912~1918)은 겉으로는 토지세의 공정한 부과와 근대적 토지 소유권을 확립한다는 명분으로 실시되었지만 실제로는 식민 통치의 기초자료로 이용되었고 총독부의 재정 기반을 마련하기 위해 실시되었다. 정해진 기간에 토지를 신고하는 것이 원칙이었고 신고한 토지만 소유지로 인정하게 했는데 일제는 신고 기간은 짧게, 신고 절차는 복잡하게 하여 한국인의 토지 신고를 방해하였고, 반일 감정 때문에 신고를 하지 않은 사람이 많았다. 이렇게 신고하지 못한 토지들은 모두 총독부 소유가 되었고 동양 척식 주식회사와 일본인 지주에게 토지를 헐값으로 팔아넘겼다. 농민들은 경작권과 개관권을 잃게 되어 소작농으로 전락하였다.

▶ 정답 … 01.④

02 다음의 민족 운동과 관련된 설명으로 옳은 것은?

> 지금 우리들은 정신을 새로이 하고 충의를 떨칠 때이니, 국채 1천 3백만 원은 우리 대한제국의 존망에 직결된 것입니다. 이것을 갚으면 나라가 보존되고 이것을 갚지 못하면 나라가 망할 것은 필연적인 사실이나, 지금 국고에서는 도저히 갚을 능력이 없으며 …(중략)…2천만 인민들이 3개월 동안 흡연을 금지하고, 그 대금으로 한 사람에게 매달 20전씩 거둔다면 1천 3백만 원을 모을 수 있습니다.

① 대한매일신보에서 후원하였다.
② 평양에서 조만식을 중심으로 시작되었다.
③ 총독부의 방해로 큰 성과를 이루지 못하였다.
④ 서상돈에게 국채 보상금을 횡령하였다는 누명을 씌워 구속하였다.

03 개항 이후 일본 상인들의 활동을 잘못 설명한 것은?

① 갑신정변 이후 조선에 대한 무역을 거의 독점하였다.
② 불평등 조약을 배경으로 약탈적인 무역 활동을 벌였다.
③ 임오군란 이후 청·일 상인 간의 치열한 경쟁이 있었다.
④ 개항 직후에는 개항장에서 10리 이내로 활동이 제한되었다.

✅ **정답 및 해설**

02. ① 국채 보상 운동은 대한매일신보 등의 신문사에서 후원하였다.
일본은 한국을 재정적으로 예속시키기 위하여 차관을 도입하게 하였다. 국채 보상 운동은(1907년) 대구에서 서상돈, 김광제 등 지식인과 상공인들이 일제에 진 빚을 갚기 위해 시작하여 전 국민 운동으로 확산되었다. ②는 물산 장려운동에 대한 설명이며 국채 보상 운동은 ③ '통감부'의 방해로 큰 성과를 이루지 못하였다. ④ 국채 보상 기성회의 간사인 양기탁에게 국채 보상금을 횡령하였다는 누명을 씌워 구속하였다.

03. ① 청·일전쟁 이후 조선의 시장을 완전 독점하였다.
일본은 개항 초기에는 거류지 무역을 중심으로 약탈, 중계 무역을 하였으며 임오군란 이후에는 청국 상인들과 경쟁하였다. 개항 초기에는 외국 상인의 활동 범위가 개항장 주변 10리 이내로 제한되었으나 1880년대에는 개항장 100리 까지 확대되어 외국 상인들의 활동 무대가 내륙까지 확대되어 갔다. 1890년 전후로는 농촌에 진출하여 곡물 수매에 주력하여 곡물가가 폭등해 빈민층이 생계에 위협을 겪게 되었다. 청·일전쟁(1894) 이후 일본상인이 조선시장을 독점적으로 지배하게 되었으며 러·일전쟁(1904)이후에는 차관을 강요하고 화폐정리사업, 토지 약탈 등을 통해 우리나라를 병합하기 위한 경제적 침투를 차례로 시작하였다.

▶정답 … 02.① 03.①

04 다음 ㉠과 관련된 내용으로 옳지 않은 것은?

> • (㉠)은(는) 일본 상인의 농촌 시장 침투와 지나친 곡물의 반출을 막기 위하여 내린 조치였
> 다. 일본 측은 (㉠)을(를) 실시하기 1개월 전에 지방관이 일본에 통고해야 한다는 다음의
> 조·일 통상 장정의 규정을 구실로 조선 측을 강압하여 결국 (가)을(를) 철회하도록 하였다.
> • 제37조 만약 조선국에 가뭄·수해·병란 등의 일이 있어 국내 식량 결핍을 우려하여 조선
> 정부가 잠정적으로 양미(糧米)의 수출을 금지하고자 할 때는 반드시 먼저 1개월 전에 지방관
> 이 일본 영사관에 통고해야 한다. 또한 그러한 때는 그 시기를 미리 항구의 일본 상민에게
> 예고하여 그대로 준수해야한다.
>
> – 조·일통상장정 –

① ㉠은(는) 함경도 관찰사 조병식이 시행하였다.
② 조·일통상장정의 의무를 어겨 외교문제가 되었다.
③ 일본에 의해 ㉠을(를) 철회하고 배상금을 지불하였다.
④ ㉠은(는) 흉년이 들면 중앙정부에서 직접 실시하였다.

✔ **정답 및 해설**

04. ④는 방곡령이며 방곡령은 조선 말기에 시행되었던 경제 정책 가운데 하나로서, 식량난 해소를 위해 식량 수출
을 금지하는 명령을 말한다. 흉년이 들면 지방관의 직권으로 실시할 수 있었다. 방곡령은 개항 이후 모두 100여
차례 내려졌으나 대부분은 정부의 중재로 일본과 큰 마찰없이 해결되었다. 그러나 개항 이후 곡물의 일본 유출
이 늘어나면서 곡물 가격의 폭등 현상이 일어났고, 여기에 흉년이 겹쳐서 함경도 관찰사 조병식 등 지방관들은
정부지시를 무시하고 방곡령을 강행하였고(1889년), 이에 대해 일본측이 트집을 잡음으로써 방곡령은 외교 문제
로 번졌다.
일본 측은 방곡령을 실시하기 한 달 전에 지방관이 일본에 통고해야 한다는 조·일 통상 장정의(1883년) 규정을
구실로 조선을 압박하고 거액의 배상금을 요구하였고, 결국 조선 정부는 일본에 배상금을 지불하게 되었다.

▶ 정답…04.④

05   다음 중 (나)시기에 해당하는 사실로 옳은 것은?

	(가)	(나)
1910 ⇨	1919 ⇨	1931

① 회사령을 발표하여 민족기업을 억압하였다.

② 토지조사사업을 실시하여 토지를 약탈하였다.

③ 산미증식계획의 추진으로 이농민이 증가하였다.

④ 공업원료 증산을 목적으로 남면북양정책을 추진하였다.

 **정답 및 해설**

05. 1920년대에 실시된 정책은 ③ 산미증식계획이다.

① 회사령과 ② 토지조사사업은 1910년대에 실시되었다.

④ 남면북양 정책은 1930년대에 조선총독부가 조선의 농민에게 강요한 정책으로 일본 제국의 공업 원료 증산 정책의 하나다. 한반도의 남쪽에서는 면화를 재배하게 하고, 북쪽에서는 가구당 5마리씩 양을 사육하게 한 정책이다. 일본의 입장에서는 조선 반도를 값싼 원료 공급기지로 삼아, 일제의 병참기지화하고 당시 경제대공황의 여파를 극복하기 위해 경제 부흥을 이루려 한 정책이다.

▶ 정답 … 05.③

06 다음 자료에 대한 설명으로 옳지 <u>않은</u> 것은?

> 1929년 9월 8일 함경남도 덕원군 문평리에 있던 라이징 선(Rising Sun) 석유회사의 일본인 감독이 한국인 유조공을 구타하자, 노동자 120명이 감독 파면과 처우개선을 요구하며 파업을 일으켰다. 파업이 길어지자 1만 명이 넘는 노동자 가족의 생활은 어려워졌다. 이에 원산노동연합회는 생계를 위해 양식을 배급하였고 이 소식이 알려지면서 전국 각지의 노동조합, 청년단체, 농민단체 등의 후원과 일본 · 중국 · 프랑스 노동단체의 격려가 잇따랐다. 일본경찰은 수백 명의 경관을 출동시켜 노동자 40명을 체포하였다. 이후에도 노동자 파업이 전국 각지에서 일어났다.

① 항일민족운동과 결부되어 일어났다.
② 일제의 탄압과 수탈로 점차 약화되었다.
③ 노동쟁의는 회사령의 발표로 종식되었다.
④ 세계공황이후 파업투쟁건수가 급격히 증가하였다.

 정답 및 해설

06. 일제는 1910년 회사령을 발표하여 조선인의 회사 설립을 억제하면서 자본축적이 불충분한 단계에서 본국기업의 진출을 도모하고자 하였다. 이런 이유로 한국인 노동자들은 극심한 착취와 학대 속에서 '생산수단'으로 이용, 전락될 수밖에 없었다. 일제는 1930년대에 한국 노동자의 임금을 더욱 인하하고 노동시간을 연장하였으며 각종 부담금을 강제로 징수하였다. 그리하여 노동자들의 생활은 급격히 악화되었고 계속적인 파업이 발생하였으며, 마침내 노동자들은 지하조직을 갖춘 노동조합을 결성하여 지속적으로 노동쟁의를 전개하였다. 일제의 탄압으로 약화되기도 하였지만 1930년대 이후로도 노동쟁의는 계속 일어났다.

※ 참고 : 일제강점기 노동쟁의의 변화 추이

일반적 노동쟁의	➡	혁명적 노동운동
임금 인상	➡	항일 민족 운동
노동조건 개선	➡	8시간 노동제 쟁취
해고 반대	➡	노동계급 해방
임금 인하 반대	➡	일본제국주의 타도

▶ 정답 … 06.③

07 다음 사건과 비슷한 시기에 일어났던 일로 옳은 것은?

> 일본이 한국 금융을 지배하고자 하는 목적으로 '한국의 화폐가 문란하고 재정이 고갈되었으나 화폐를 급속히 정리하고 국가재정의 원천인 세금제도를 개혁해야 한다'는 명목아래 금본위 화폐제도를 실시하였다. 그리고 한국의 백동화와 엽전을 일본의 제일은행권과 교환하였다. 결국 한국 화폐의 가치는 하락하였고 한국의 금융산업은 일본에 예속되고 말았다.

① 신간회가 설립되었다.
② 6 · 10만세운동이 일어났다.
③ 국권을 강제로 강탈하였다.
④ 한일의정서로 한반도가 일제의 군사기지화 되었다.

 **정답 및 해설**

07. 화폐 정리 사업은 1905년에 실시되었다.
　　④ 한일의정서는 1904년(광무 8) 2월 23일, 러시아와 전쟁을 일으킨 일본이 한국을 그들의 세력권에 넣으려고 공수동맹(攻守同盟)을 전제로 하여 체결한 외교문서이다.
　　① 신간회는 1927년 설립되었다.
　　② 6 · 10만세운동은 1926년 순종의 장례일에 학생들이 독립 만세 시위를 주도하여 일어났다.
　　③ 한일병합은 1910년

▶ 정답 ⋯ 07.④

☐☐ 근대의 사회모습

❶ 근대의 사회모습

(1) 신분제의 폐지

공노비 해방(1801) → 서얼·중인을 비롯한 모든 계층의 관직 진출 허용(1882) → 노비 세습제 철폐 (1886) → 신분제 폐지(1894)

(2) 일상생활의 변화

① 도시 성장 ··· 개항장, 공업중심지를 토대로 도시 형성

② 교통·통신 ··· 철도 개통(식민 지배의 중심 역할), 전차 이용, 우편·전산망 발달

③ 의식주 ··· 양복·양장·단발머리 유행, 빵·커피·겸상 풍습, 개량 한옥·서양식 주택·콘크리트 빌딩 등 등장

④ 여성 ··· 신교육을 받은 여성들이 늘어남 → 여성의 사회 진출 확대

⑤ 대중문화 ··· 서양 문화 유행, 영화(나운규의 아리랑), 대중가요 유행, 스포츠 보급

❷ 민족 운동과 사회주의 사상

(1) 실력 양성 운동(1920년대)

경제·교육·문화 방면에서 운동 전개

① 물산 장려 운동 ··· 경제적 자립을 위해 국산품 애용을 통해 민족의 경제력을 기르자는 운동

② 민립 대학 설립 운동 ··· 우리 힘으로 대학을 설립하자는 운동

③ 농촌 계몽 운동 ··· 브나로드 운동(동아일보), 문맹 퇴치 운동(조선·동아일보)
   ☞ 브나로드 운동(v-narod): 일제강점기에 동아일보사가 주축이 되어 일으킨 농촌계몽운동

④ 사회 차별 철폐 운동 ··· 형평 운동
   ☞ 형평 운동: 1923년부터 일어난 백정들의 신분해방운동

⑤ 학생들의 민족 운동
   ㉠ 6·10 만세 운동(1926): 순종의 장례일에 학생들이 독립 만세 시위 주도 → 시민 합세
   ㉡ 광주 학생 항일 운동(1929): 광주에서 한·일 학생 간 일어난 충돌이 계기 → 민족 차별 철폐 주장
   → 3·1운동 이후 최대 항일 운동(신간회가 진상 조사단을 파견)

(2) 사회주의 사상의 유입

① 사회주의 사상의 유입 … 1920년대 학생 · 지식인들에게 확산

② 농민(소작쟁의) · 노동자 운동(노동 쟁의)에 영향→항일 민족 운동으로 발전

(3) 신간회의 성립

국내 최대 규모의 항일 단체

① **구성** … 자치에 반대하는 비타협적 민족주의 세력 + 사회주의 세력

② **활동** … 전국에 지회 설치, 민중 계몽 강연, 농민 · 노동 운동 지원, 광주 학생 항일 운동 지원, 근우회(여성 자매단체)에 영향

핵심 예상 문제

01 다음 자료와 관련된 민족 운동에서 제기된 주장을 〈보기〉에서 고른 것은?

> 새야 새야 파랑새야
> 녹두밭에 앉지 마라.
> 녹두꽃이 떨어지면
> 청포 장수 울고 간다.

┃보 기┃

ㄱ 청상과부의 재가를 허용하라.
ㄴ 언론과 집회의 자유를 보장하라.
ㄷ 탐관오리는 그 죄목을 조사하여 엄징하라.
ㄹ 중대 범죄를 공판하되, 피고의 인권을 존중하라.

① ㄱ, ㄴ   ② ㄱ, ㄷ

③ ㄴ, ㄷ   ④ ㄴ, ㄹ

정답 및 해설

01. 동학 농민 운동의 지도자 '전봉준'을 기리기 위해 백성들이 불렀던 노래이며 ㄴㄹ은 독립협회의 주장이다.
동학 농민 운동은 폐정개혁안을 통해 탐관오리·횡포한 부호·양반 유생의 정벌, 노비문서 소각, 천인들에 대한
처우개선, 과부의 재가허용, 모든 무명잡세의 폐지, 문벌과 지벌을 타파한 인재의 등용, 토지의 평균분작을 주장
하였다. 그리고 전주화약 이후 설치된 집강소에서는 폐정을 개혁하면서 노비문서와 토지문서를 소각하고 창고를
열어 식량과 금전을 농민에게 나누어 주는 등 농민 자치개혁을 하였다.

▶ 정답 ··· 01.②

02 다음 평가와 관련된 정치 세력의 활동에 대해서 연구할 때 적절한 자료는?

> '조선은 곧 작은 중국'이라는 자부심과 정통 성리학 체제에서 벗어나지 않으려는 한계를 드러내고 있다.

① 조선책략의 내용   ② 을미의병의 활동

③ 유길준의 상소   ④ 갑신정변의 내용

03 다음 시대에 볼 수 있는 풍경으로 옳지 <u>않은</u> 것은?

> 최초의 철도인 경인선이 미국인 모스에 의해 착공되고, 일본에 의해 완공되어 노량진에서 인천까지 철도로 오갈 수 있게 되었다.

① 대한매일신보를 보는 시민의 모습

② 경복궁에서 관리에게 전화를 걸고 있는 왕

③ 서대문에서 청량리까지 전차가 운행하는 모습

④ 정부가 국립병원인 광제원을 설립하는 모습

✅ **정답 및 해설**

02. 제시문의 정치 세력은 성리학 중심의 사상을 가졌던 양반 유생층이다. 정부의 개화 정책 추진에 대해 유생층은 성리학적 전통 질서를 지키고 외세를 배척하는 위정척사 운동을 전개하였다. 이들은 개항과 개화를 반대하는 상소를 올렸으며, 을미사변 때에는 을미의병을 주도적으로 일으켰다.
①, ③, ④ 모두 개화파와 관련되어 있다.

03. 경인선은 1899년에 완공되었다.
① 대한매일신보는 1905년에 창간되었다.
② 전화는 1896년에 경복궁 내에 처음 가설되었다.
③ 전차는 1899년에 서대문에서 청량리까지의 첫 운행이 시작되었다.
④ 광제원은 1899년 설립되어 지석영이 종두법을 연구하고 보급하였다.

▶ 정답 … 02.② 03.①

04 다음 주장이 제시된 시기에 대한 설명으로 옳은 것은?

> 우리의 지리적 위치는 벨기에와 같고, 중국에 조공하던 것은 터키에 조공하던 불가리아와 같다. 불가리아의 중립은 유럽 열강들이 러시아를 막기 위함이고, 벨기에의 중립은 유럽 열강들이 자국을 보전하기 위함이었다. 우리나라가 아시아의 중립국이 된다면 러시아를 방어할 수도, 아시아 국가들이 서로 보전할 수도 있을 것이다. 오직 중립만이 우리를 지키는 방책인데, 우리 스스로가 제창할 수도 없으니 중국에 청하도록 하자. 아시아에 관계있는 여러 나라들이 화합해 조선의 중립을 확인받는 것이다. 이것은 비단 우리만 위한 것이 아니라 중국이며 다른 여러 나라가 서로 보전하는 계책도 될 테니 무엇이 괴로워서 하지 않겠는가?
>
> – 유길준, 조선 중립화론 –

① 일본은 러시아와 손을 잡는다.
② 영국인 부들러는 김윤식에게 한반도의 중립을 건의한다.
③ 유길준의 중립화론은 흥선대원군의 제재를 받았다.
④ 청, 일본, 러시아, 영국이라는 4개의 나라가 조선에 눈독을 들이게 된다.

✅ **정답 및 해설**

04. 영국은 러시아의 남하를 저지한다는 구실로 우리나라의 거문도를 불법으로 점령하며 러시아의 남하가 한참일 때 이를 막기 위해 일본은 영국과 손을 잡는다. 따라서 청, 일본, 러시아, 영국이라는 4개의 나라가 조선에 눈독을 들이게 된다. 이에 조선주재 독일 부영사인 부들러는 조선의 외교 담당관이었던 김윤식에게 한반도의 중립을 건의한다(1885). 또한 미국에 유학을 다녀온 유길준 역시 조선 중립화론을 주장하지만, 민씨정권은 그를 김옥균, 서재필과 같은 급진 개화파의 무리로 몰아버리는 바람에 조선 중립화론은 흐지부지된다.

▶ 정답 ··· 04.④

05 다음 자료에 해당하는 종교에 대한 설명으로 옳은 것은?

> 1909년 단군교로 창시되었고 1910년 본부를 만주로 이동하였다.
> 1911년 북간도에 중광단을 조직하고 독립 정신과 애국 사상을 고취하였다.
> 1919년 대한 정의단을 결성하여 독립군을 양성하였다.
> 1920년 김좌진이 이끄는 북로군정서는 청산리 대첩에서 승리하였다.

① 인내천 사상을 바탕으로 평등주의를 표방하였다.
② 신사참배 거부운동을 벌였다.
③ 137명의 유림대표가 서명한 독립탄원서를 파리 강화회의에 제출하였다.
④ 나철·오기호가 창시하여 민족의식을 고취하였다.

 **정답 및 해설**

05. 대종교는 나철·오기호가 창시하였으며, 단군을 교조로 하여 민족 고유의 하느님을 신앙하는 종교이다.
　① 동학, ② 개신교, ③ 유교에 대한 설명이다.

▶ 정답 … 05.④

06 다음 자료는 미국에 파견된 사절단이다. 이 사절단과 관련된 탐구 활동으로 적절한 것을 〈보기〉에서 고른 것은?

> 조미 수호 통상 조약의 체결로 1883년 주한공사 푸트(Foote, L. H.)가 부임하자 이를 계기로 조선에서 최초로 미국 등 서방 세계에 파견된 외교 사절단이다. 고종이 1883년 5월 민영익, 홍영식, 유길준 등의 개화파 인사들을 서방 세계에 파견하였다.

┃보 기┃
㉠ 통리기무아문 설치에 영향을 주었다.
㉡ 최초로 근대적 서양문명을 견문하였다.
㉢ 최혜국 대우 조항이 처음으로 나타난 조약을 조사한다.
㉣ 최초로 미국식 우편제도를 도입하여 우정국을 창설하였다.

① ㉠, ㉡
② ㉠, ㉢
③ ㉠, ㉡, ㉣
④ ㉡, ㉣

 **정답 및 해설**

06. '보빙사'는 1883년(고종 20) 최초로 미국에 파견된 사절단이며 조·미수호통상조약의 체결 후 이듬해 공사 푸트(Foote, L.H.)가 내한하자 이에 대한 답례와 양국 간 친선을 위하여 사절을 파견하였다. 구성원은 전권대신 민영익, 서광범, 미국인 로웰 등 모두 11인이었다.
㉠ 청나라에 파견한 영선사가 통리기무아문 설치에 영향을 주었다.
㉢ 조·미수호통상조약에 관한 내용이다.

▶ 정답 … 06.④

07 다음 내용과 관련이 있는 언론 단체는?

> 브나로드(V narod)는 '민중 속으로'라는 뜻의 러시아 말로, 지식인들이 민중을 직접 깨우쳐야 한다는 의미가 담겨 있다. 이 구호 아래서 농촌 계몽 운동과 문맹 퇴치 운동을 전개하였다.

① 동아일보   ② 황성신문

③ 조선일보   ④ 독립신문

08 다음 자료의 내용에 따라 설립된 근대식 관립 학교는?

> 짐은 정부에 명하여 학교를 널리 세우고 인재를 양성하며, 그대들 신민의 학식으로써 국가 중흥의 큰 공을 세우고자 하노니, 그대들 신민은 충군하고 애국하는 마음으로 너희의 덕과 몸과 지를 기를지어다. …… 왕실의 안전이 그대들 신민의 교육에 있고, 국가의 부강도 그대들 신민의 교육에 있다.
>
> -「교육 입국 조서」-

① 한성사범학교

② 오산학교

③ 배화학당

④ 원산학사

✅ **정답 및 해설**

07. 브나로드 운동은 동아일보에서 전개한 운동이다.
③ 조선일보는 문자 보급 운동을 전개하였으며 ④ 독립신문은 독립 협회에서 간행하였다.
② 황성신문은 식민 통치 이전에 간행되었던 신문이다.

08. 고종이 반포한 교육입국조서는 '국가의 부강은 지식의 개명에 달려 있으니, 교육은 실로 국가를 보존하는 근본이라.'는 내용으로, 이 교육입국정신에 따라 정부는 소학교, 중학교, 사범학교, 외국어학교 등 각종 관립학교를 세웠다.

▶ 정답 … 07.① 08.①

09 다음 자료에서 추론할 수 있는 당시 농민들의 봉기 이유를 〈보기〉에서 <u>모두</u> 고르면?

[공주부 농민의 요구 사항]
• 각종 군포를 소민들에게만 편중되게 부담시키지 말고, 각 호마다 균등하게 부담시킬 것
• 환곡의 폐단을 없앨 것
• 전정의 세미(전세, 대동미, 삼수미 등)를 거둘 때 기한에 앞서 거두지 말 것

　　　　　　　　　　　　　　　　　　　　　　　　　　　　　　- 송근수, 「용호한록」 -

❙보 기❙
㉠ 탐관오리의 수탈이 심하였다.
㉡ 삼정의 문란으로 농민의 고통이 매우 컸다.
㉢ 붕당 정치의 폐단으로 정치 기강이 문란해졌다.
㉣ 상품 화폐 경제의 발달로 신분제가 강화되었다.

---

① ㉠, ㉡　　　　　　　　　　　　　　　② ㉠, ㉢
③ ㉡, ㉢　　　　　　　　　　　　　　　④ ㉡, ㉣

10 다음 사건과 관련된 내용으로 옳은 것은?

1866년 미국의 상선이 평양 가까이 다가와 통상을 요구하며 행패를 부리자 평양 군민들이 상선을 불태워 침몰시켰고, 미국은 이를 보복하기 위해 침략하였다.

---

① 고종은 전국에 탕평비를 세웠다.
② 미군은 외규장각에 보관 중이던 서적들을 약탈하였다.
③ 대원군은 미국 세력을 이용하여 러시아의 남하를 막으려 하였다.
④ 어재연이 이끄는 조선군은 광성보에서 격렬히 저항하였다.

✅ **정답 및 해설** ....

09. 세도정치로 인한 삼정의 문란으로 탐관오리의 수탈이 심해 농민의 고통이 컸다.

10. 미국은 제너럴 셔먼호 사건을 구실로 신미양요(1871)를 일으켰으며 어재연은 광성보 전투에서 활약하였다.
　　① 흥선대원군이 탕평비를 세웠으며, ②는 프랑스에 대한 설명이다.
　　③ 대원군은 프랑스 세력을 이용하여 러시아의 남하를 막으려 하였으나 실패하였다.

▶ 정답 … 09.① 10.④

11 다음 도표의 (가)에 해당하는 의병에 대한 설명으로 옳은 것은?

| 을미의병 | ⇨ | (가) | ⇨ | 정미의병 | ⇨ | 국내 진공 작전 전개 |

① 유인석과 이소응 등이 활약하였다.

② 고종의 강제 퇴위에 반발하여 일어났다.

③ 을미사변과 단발령에 반발하여 일어났다.

④ 신돌석과 같은 평민 출신 의병장이 등장하였다.

12 다음 자료의 현상이 나타난 시기에 대한 설명으로 옳지 <u>않은</u> 것은?

> 가을에 한 늙은 아전이 대궐에서 돌아와서 처와 자식에게 "요즘 이름 있는 관리들이 모여서 하루 종일 이야기를 하여도 나랏일에 대한 계획이나 백성을 위한 걱정은 전혀 하지 않는다. 오로지 각 고을에서 보내오는 뇌물의 많고 적음과 좋고 나쁨만에 관심을 가지고 어느 고을의 수령이 보낸 물건은 매우 넉넉하다. 어떤 고을의 수령이 보낸 물건은 성의가 없고 양이 적다고 말한다. 이름 있는 관리들이 말하는 것이 이러하다면 지방에서 거두어들이는 것이 반드시 늘어날 것이다. 나라가 어찌 망하지 않겠는가?" 하고 한탄하면서 눈물을 흘렸다.
>
> ― 「목민심서」 ―

① 삼정의 문란으로 국가 재정이 악화되었다.

② 비변사에서 의정부와 6조의 일을 대신하였다.

③ 정치 기강이 문란해지고 매관매직이 성행하였다.

④ 순조 때는 풍양 조씨, 헌종 때는 안동 김씨가 권력을 잡았다.

정답 및 해설

11. (가)는 을사조약(1905)에 반발해서 일어난 을사의병이다. 을사의병에서는 신돌석과 같은 평민 출신 의병장이 등장하였다.
①, ③은 을미의병 ②는 정미의병에 대한 설명이다.

12. 19세기부터 시작된 세도정치에 대한 설명이다. 세도정치는 특정한 가문의 정권 독점 현상을 의미하며 ④ 순조와 철종 때는 안동 김씨가, 헌종 때는 풍양 조씨가 권력을 독점하였다.

▶ 정답 … 11.④   12.④

13 다음 자료와 관련된 단체의 활동을 〈보기〉에서 고른 것은?

1. 외국에게 의지하지 말고 관민이 동심 협력하여 전제 황권을 공고히 할 것
2. 외국과의 이권에 관한 계약과 조약은 각 대신과 중추원 의장이 합동 서명하고 시행할 것
3. 국가 재정은 탁지부에서 모두 관리하고 예산과 결산을 국민에게 공포할 것
4. 중대 범죄를 공판하되, 피고의 인권을 존중할 것
5. 지방관을 임명할 때에는 정부에 그 뜻을 물어 중의에 따를 것
6. 정해진 규칙을 시행할 것

┃보 기┃

㉠ 신교육 운동
㉡ 고종 퇴위 반대운동
㉢ 황무지개간권 철회 운동
㉣ 독립신문 · 황성신문 간행

① ㉠, ㉡　　　　　　　② ㉠, ㉣

③ ㉠, ㉢　　　　　　　④ ㉡, ㉢

 정답 및 해설

13. 독립협회의 헌의6조에 관한 자료이다. 만민공동회의 규탄을 받던 보수정부가 무너지고 개혁파인 박정양이 정권을 장악하자 독립협회는 관민공동으로 국정개혁을 선언할 필요가 있다고 판단했다. 전제군주제를 입헌군주제로 바꿀 것을 목표로 하는 헌의 6조라는 건의문을 채택하여 국왕의 실시 동의까지 받았으나 실현되지 못하였다.
㉡ 대한자강회에 대한 설명이다.
㉢ 황무지개간권의 철회 운동은 보안회의 활약상이다.

▶ 정답 ⋯ 13. ②

14 다음 인물들을 중심으로 결성된 단체의 활동을 〈보기〉에서 <u>모두</u> 고르면?

• 안창호   • 이승훈   • 양기탁

보 기
㉠ 국채 보상 운동 전개   ㉡ 이화 학당, 배재 학당 설립 ㉢ 자기 회사, 태극 서관 운영   ㉣ 만주 삼원보에 신흥 무관 학교 설립

① ㉠, ㉡   ② ㉠, ㉢

③ ㉡, ㉢   ④ ㉢, ㉣

15 민족 분열 통치 시기의 모습으로 옳은 것을 〈보기〉에서 <u>모두</u> 고르면?

보 기
㉠ 보통 경찰 제도 실시   ㉡ 문관 출신 조선 총독 임명 ㉢ 경찰 관서와 경찰 수 대폭 감소   ㉣ 조선일보, 동아일보 등의 민족 신문 발행

① ㉠, ㉡   ② ㉠, ㉢

③ ㉠, ㉣   ④ ㉡, ㉢

✅ **정답 및 해설** ....

14. 신민회는 안창호, 이승훈, 양기탁 등이 1907년에 조직한 항일 비밀 단체이다. 국권회복과 공화정체의 국민국가 수립을 위한 실력양성운동을 목표로 설립되었으며 일제에 의해 105인 사건으로 해체되었다(1911).
  ㉡ 평양에 대성학교를 세우고, 청주에 오산학교를 건립하였다.
  ㉢ 또한 산업진흥을 위해서 평양 마산동에 자기회사를 만들어 운영하였으며 출판활동을 위해 태극서관을 세웠다.
  ㉣ 만주 삼원보에 신흥 무관 학교를 설립하여 무장 독립전쟁을 수행하였다.

15. 3·1 운동으로 인해 당황한 일제는 식민통치 정책을 이른바 문화통치체제로 전환하였다.
  문관출신도 조선총독에 임명이 가능하도록 하였으나 실제로 해방될 때까지 단 한명의 문관도 총독으로 임명되지 않았다. 헌병경찰제도를 보통경찰제도로 전환하였지만 오히려 경찰서가 3배나 확대되었고, 경찰 인력도 증가하였으며, 민족의식을 말살하려는 고등경찰제도를 두고 감옥도 증설하였다. 조선일보, 동아일보가 창간되었지만 검열은 엄격하였고 언론을 우리 민족 분열의 수단으로 악용하기도 하였다.

▶ 정답 ⋯ 14.④ 15.③

16 다음 〈보기〉와 관련된 설명으로 옳은 것은?

> **┃보 기┃**
> ㉠ 일본을 상대로 무장 투쟁을 벌인다는 것은 공연한 힘의 낭비입니다. 우리는 일본을 압박할 수 있는 강대국에 일제의 부당성과 우리의 독립 열망을 전하여 독립을 얻어 내야 합니다.
> ㉡ 강도 일본이 정치·경제의 양 방면으로 억압해 올 때 무엇으로 실업을 발전시키고 교육을 진흥시킬 수 있겠습니까? 무장 투쟁만이 독립을 쟁취할 수 있습니다.

① ㉠을 주장한 사람들은 이른바 임시 정부 창조파로 불렸다.

② ㉠은 독립 청원 운동으로 발전하여 임시 정부의 기본 노선이 되었다.

③ ㉡은 실력 양성과 민족 개조를 주장하였다.

④ ㉡은 조선의 절대 독립을 요구한 인물의 주장이었다.

정답 및 해설

16. ㉠은 이승만의 외교 독립론에 대한 입장이며, ㉡은 신채호의 「조선 혁명 선언」에 수록된 독립 전쟁론에 대한 입장이다.

④ 신채호는 외교 독립론, 실력 양성론 등을 모두 비판하고 민중 중심의 철저한 반일 민족 해방 투쟁을 주장하였다.

① ㉠을 주장한 사람들은 이른바 임시 정부 고수파로 외교 독립론 세력이다.

② 임시 정부는 설립 초기부터 노선 갈등을 겪었으며 이로 인해 많은 임원들이 탈퇴하였다.

③ 실력 양성을 주장한 사람은 안창호, 민족 개조를 주장한 사람은 이광수이다.

▶ 정답 ··· 16.④

17 다음의 ㉠에 대한 설명으로 옳지 <u>않은</u> 것은?

> 문 : 고부에서 기포하였을 때에 ___㉠___ 이 많았는가, 원통한 사람들이 많았는가?
> 답 : 비록 원통한 사람들과 ___㉠___ 이 합세하였으나 ___㉠___ 은 적었으며 원통한 사람들이 많았다.
> 문 : 다시 난을 일으킨 것은 무슨 이유인가?
> 답 : 그 후에 들은즉 일본이 개화라 칭하고, 처음부터 한마디 말도 없이 민간에게 전달하여 배
> 포하고, 또 알리는 글도 없이 군대를 거느리고 우리 서울에 들어와 밤중에 왕궁을 공격하
> 여 임금을 놀라게 하였다. 그러므로 시골의 백성들이 임금에게 충성을 다하고 나라를 사
> 랑하는 마음으로 강개함을 이기지 못하여, 의병을 규합하고 일본인과 접전하여 이 사실을
> 일차 묻고자 함이었다.

① 주기론과 사회 진화론을 바탕으로 한다.
② 황토현 전투에서 최초로 관군을 물리쳤다.
③ 탐관오리의 제거, 조세 수탈의 시정 등을 주장하였다.
④ 잔반과 농민층이 많이 참여하였으며 지주제를 부정하였다.

18 밑줄 친 '이 신문'에 대한 설명으로 옳지 <u>않은</u> 것은?

> 신문으로는 여러 가지 신문이 있었으나, 제일 환영 받기는 영국인 베델이 경영하는 이 신문이
> 었다. 관 쓴 노인도 사랑방에 앉아서 이 신문을 보면서 혀를 툭툭 차고 각 학교 학생들은 주
> 먹을 치고 통론하였다.
>
> — 유광열, 「별건곤」 —

① 국민의 힘으로 국채를 갚아야 한다는 운동을 주도하였다.
② 고종은 을사조약의 부당성을 폭로하는 친서를 발표하였다.
③ 양기탁이 신민회를 조직하면서 신민회의 기관지 역할을 하였다.
④ 을사조약 체결을 비판하는 '시일야방성대곡'이라는 사설이 발표되었다.

✅ **정답 및 해설**

17. ㉠은 동학이며, 전봉준과 일본 경찰의 심문 내용이다. 동학 농민 운동은 고부와 태인에서 봉기하여 황토현 전투
에서 최초로 관군을 물리치고, 정읍, 고창, 함평, 장성 황룡촌 전투에서 승리한 다음 전주를 점령하였다. '균전사'
는 왕실이 전라도 서북부 11개 고을의 개간 사업을 추진하기 위해 파견한 관리를 말하며, 왕실은 개간 자금을 지
원했다는 이유로 농민들의 토지를 관리하며 지대를 거두어 반발심을 일으켰다.
① 사회 진화론을 바탕으로 하는 것은 개화사상이다.

18. 대한매일신보이다.
④ '시일야방성대곡'은 장지연의 글로 황성신문에 게재되었다.

▶ 정답 ⋯ 17.① 18.④

19 다음 표는 항일의병의 전투상황을 나타낸 것이다. 표에 나타난 시기의 의병활동에 대한 설명으로 옳지 <u>않은</u> 것은?

연도	전투 횟수	참가 의병수
1907(8월~12월)	323	44,116
1908	1,452	69,832
1909	898	25,763
1910	147	1,891
1911(1월~6월)	33	216

① 군대해산과 고종퇴위가 원인이 되었다.
② 해산된 군인의 합류로 전투력이 크게 향상되었다.
③ 전국의 의병부대가 연합하여 서울 진공작전을 시도하였다.
④ 이소응, 유인석 등의 유학자 출신 의병이 크게 활약하였다.

 **정답 및 해설**

19. 1907년의 정미의병은 고종퇴위와 군대해산을 계기로 의병투쟁의 규모·성격이 일본군에 대한 직접적인 전쟁양상을 보였다. 이는 해산군인이 합류하여 조직과 화력 등 전투력이 강화된 결과였다.
④ 이소응, 유인석은 1895년에 을미의병 때 의병장이었다.

▶ 정답 … 19.④

20 다음의 자료와 관련된 이해로 옳은 것은?

> "우리에게 먹을 것이 없고 의지하여 살 것이 없으면 우리의 생활은 파괴가 될 것이다. 우리는 이와 같은 견지에 서서 우리 조선 사람의 물산을 장려하기 위하여 조선 사람은 조선 사람이 지은 것을 쓰고. 둘째, 조선 사람은 단결하여 그 쓰는 물건을 스스로 제작하여 공급하기를 목적하노라."
>
> – 「산업계」 –

① 105인 사건으로 와해되었다.
② 대한매일신보에서 이 운동을 주도하였다.
③ 이 운동은 지주 중심의 자급을 주장했다.
④ 조선물산장려회를 중심으로 실력양성운동의 일환으로 추진된 것이다.

21 다음 인물들과 관련된 설명을 〈보기〉에서 모두 고르면?

> • 이항로   • 최익현

> ┃보 기┃
> ㉠ 반외세, 반침략적 민족운동을 전개하였다.
> ㉡ 성리학적 전통 질서를 지켜야 한다고 주장하였다.
> ㉢ 일본을 오랑캐로 여기고 일본과의 접촉을 반대하였다.
> ㉣ 영은문 자리에 독립문을 세워 자주독립의 의지를 고취하였다.

① ㉠, ㉡   ② ㉠, ㉢
③ ㉠, ㉡, ㉢   ④ ㉡, ㉢, ㉣

✓ **정답 및 해설**

20. 지문의 내용은 물산장려회 궐기문이다.
   ① 신민회에 대한 설명이다.
   ② 국채보상운동에 대한 설명이다.
   ③ 물산장려운동은 소생산자 중심의 자급을 주장했다.

21. 이항로와 최익현은 위정척사 운동을 전개한 대표적 인물들로, 전통적인 유교 문화를 지켜야 한다고 주장하였다.
   ㉣ 영은문 자리에 독립문을 세워 자주독립의 의지를 고취한 것은 독립협회의 활동이다.

▶ 정답 … 20.④ 21.③

22 다음의 자료와 관련된 단체에 대한 설명으로 옳은 것은?

```
1. 한국은 공화국이다.
2. 정부는 의회제도의 형식을 취한다.
3. 종교와 양심의 자유를 완전히 보장한다.
4. 언론·출판·집회와 청원의 자유를 보장한다.
5. 귀족의 특권을 폐기한다.
6. 교회와 국가를 완전히 분리한다.
7. 상비군은 국가의 안전·독립·주권을 유지하기 위해 국민군으로 대체한다.
8. 소수자의 권리가 보호되어야 한다.
9. 독립된 사법제도를 실시한다.
10. 교육의 특별한 조성을 실시한다.
11. 사회적 청렴의 기풍을 고무하기에 노력한다.
```

① 황국협회에 의해 해산되었다.

② 최초로 신분제가 폐지되었다.

③ 중추원을 설치하고 지계를 설치하였다.

④ 초대 내각으로 대통령은 이승만, 국무총리에 이동휘가 당선되었다.

✅ **정답 및 해설**

22. 1919년 3·1 운동 이후 수립된 임시정부의 헌법이다. 임시정부의 초대 대통령으로 이승만, 국무총리에 이동휘가 당선되었다.
　① 1896년~1898년의 독립협회에 대한 설명이다.
　② 1894년의 갑오개혁에 대한 설명이다.
　③ 1897년의 대한제국에 대한 설명이다.

▶ 정답 ··· 22.④

23 다음 자료와 관련한 단체에 대한 설명으로 옳지 <u>않은</u> 것은?

---

1. 동학교도와 정부와의 숙원을 없애고 공동으로 서정(庶政)에 협력할 것
2. 탐관오리의 죄상을 자세히 조사 처리할 것
3. 횡포한 부호를 엄중히 처벌할 것
4. 불량한 유림과 양반을 징벌할 것
5. 노비문서를 불태울 것
6. 칠반천인(七班賤人)의 대우를 개선하고 백정의 머리에 쓰게 한 평양립(平壤笠)을 폐지할 것
7. 청상과부의 재혼을 허가할 것
8. 무명의 잡부금을 일절 폐지할 것
9. 관리 채용에 있어 지벌(地閥)을 타파하고 인재를 등용할 것
10. 일본과 상통하는 자를 엄벌할 것
11. 공사채(公私債)를 막론하고 기왕의 것은 모두 면제할 것
12. 토지는 균등하게 분작(分作)하게 할 것

---

① 철학적으로 주기론에 가까웠다.

② 반외세 · 반봉건적 성격을 띠었다.

③ 중인층과 개혁적 양반이 주도하였다.

④ 사상적으로는 시천주, 인내천 사상을 강조하였다.

 **정답 및 해설**

23. 제시된 자료는 동학 농민 운동의 '폐정개혁안 12개조'이다.
　　③ 동학 농민 운동은 하층농민과 몰락양반이 주체가 되었다.
　　④ 시천주란 절대자이며 초월적 존재인 천주를 모신다는 뜻이며, 인내천은 '사람이 곧 하늘'이라고 하는 평등사
　　　상이다.

▶ 정답 ⋯ 23.③

24 다음 조약의 특징으로 옳은 것은?

> - 바닷가 통상에 편리한 항구 2개소를 앞으로 20개월 내에 개항한다.
> - 조선국 해안을 일본국의 항해자가 자유로이 측량하도록 허가한다.
> - 일본국 인민이 조선국 항구에 머무르는 동안 죄를 범한 것이 조선국 인민에 관계된 사건일 때에는 일본국 법에 의거하여 모두 일본 관원이 심판한다.

① 흥선대원군이 다스릴 시기에 체결되었다.
② 부산, 마산, 인천의 3개 항구가 개항되었다.
③ 영국의 간섭을 차단하기 위해 조선을 자주국으로 규정하였다.
④ 강화도의 초지진 포대가 운요호에 경고 사격한 것을 빌미로 체결되었다.

25 다음의 내용과 관련된 민족 운동에 대한 설명으로 옳은 것은?

> 1,300만 원이나 되는 외채를 갚아 버리면 나라가 존재하고 갚지 못하면 나라가 망하는 것은 대세가 반드시 그렇게 이르는 것이다.

① 일본 총독부의 방해로 실패하였다.
② '내 살림은 내 것으로'라는 구호 아래 국산품 애용 운동을 벌였다.
③ 대한매일신보, 황성신문 등의 언론 기관이 적극적으로 후원하였다.
④ 대구에서 이광수, 최남선 등의 주도로 국민대회가 처음 시작되었다.

✅ **정답 및 해설**

24. 강화도 조약의 내용이다. 강화도 조약은(1876) 일본 배인 운요호 사건을 계기로 체결되었다.
　① 고종의 통치 시기에 체결되었다.
　② 부산, 원산, 인천의 3개 항구가 개항되었다.
　③ 청나라의 간섭을 차단하기 위해 조선을 자주국으로 규정하였다.
25. 제시된 내용은 국채보상운동이다. 이 운동은 대한매일신보, 황성신문, 제국신문 등의 언론사 후원으로 대대적인 금연과 폐물, 폐지 운동을 벌여 초기에는 상당한 성과를 거두었다.
　① 일본 통감부의 방해로 실패하였다.
　② '내 살림은 내 것으로'라는 구호를 주장한 것은 물산장려운동이다.
　④ 서상돈, 김광제의 주도로 시작되었다.

▶ 정답 … 24.④ 25.③

04 근대의 문화예술

❶ 근대의 교육 · 언론 · 시설 · 문예

(1) 근대 교육의 시작

① 개항 초기

   ㉠ 원산 학사 : 함경도 덕원 주민들이 설립

   ㉡ 동문학 · 육영 공원 : 정부가 설립 → 신지식과 외국어 교육

> ☞ 육영공원 : 한국 최초의 근대식 공립교육기관으로, 근대 교육으로 발전하는 다리 역할을 하였다. 고급 양반 자제만을 대상으로 영어 교육에만 치중하여 국민 대중 교육에까지는 영향을 미치지 못하였다.

   ㉢ 배재 학당 · 이화 학당 등 : 개신교 선교사가 설립 → 신지식과 외국어, 개신교 교육

② 갑오개혁 시기

   ㉠ 교육입국 조서 반포(1895)

   ㉡ 소학교, 사범학교, 외국어 학교 설립

(2) 언론 활동

① 한성순보 ··· 최초의 신문, 박문국에서 발행, 정부의 개화 정책 홍보

② 독립신문 ··· 한글 · 영문판으로 발행, 근대적 지식과 국내외의 정세 전달

③ 황성신문 ··· 을사조약 비판, 장지연의 '시일야방성대곡' 게재

④ 제국신문 ··· 서민과 부녀자 대상, 자주독립과 개화 강조

⑤ 대한매일신보 ··· 영국인 베델이 발행인으로 참여, 국채 보상 운동 홍보, 외국인이 창간하여 일제의 간섭을 덜 받음

(3) 근대 시설

① 박문국 ··· 출판 인쇄

② 기기창 ··· 무기 제조

③ 전환국 ··· 근대적 화폐 발행

④ 우정총국 설립 ··· 근대적 우편 제도 실시

⑤ 근대 의료 시설 설립 ··· 광혜원 등

⑥ 전화 설치, 전차 가설, 철도 개통 ··· 경인선, 경부선, 경의선 등

(4) 문예

① 신체시 … 해에게서 소년에게

② 신소설 … 혈의 누, 금수회의록

③ 번역 문학 발달 … 걸리버 여행기, 로빈슨 표류기

④ 창가 유행

⑤ 원각사 설립

❷ 민족 문화 수호 운동

(1) 국어

① 조선어 연구회 … 한글날 제정, 한글 잡지 발행

② 조선어 학회 … 한글 강습회 개최, 한글 맞춤법 통일안과 표준어 제정, 「우리말 큰사전」 편찬 시도
→ 실패

(2) 국사

① 민족주의 사학 … 박은식 · 신채호 등 – 민족정신 · 주체적 발전 강조

② 백남운 … 한국사가 세계사의 보편 법칙에 따라 발전했음을 강조

③ 실증 사학 … 이병도, 손진태 등, 진단학회 조직, 한국사의 실증적 연구에 힘씀

(3) 종교

① 불교 … 한용운(불교 유신론)을 중심으로 민족 불교의 전통을 계승

② 대종교 … 나철이 창시, 만주에서 무장 투장 전개(북로군정서군)

③ 천도교 … 농촌 계몽 운동, 「개벽」 창간

④ 천주교 … 민중 계몽 운동, 만주에서 무장 항일 투장 전개

⑤ 개신교 … 교육 사업에 힘씀, 일제 말기 신사 참배 거부 운동

⑥ 원불교 … 저축 · 근로 중시, 새생활 운동(남녀평등, 허례허식 폐지)

(4) 문화

① 문학 … 이육사, 윤동주, 한용운 등이 민족의식 고취, 일제에 저항

② 영화 … 나운규의 '아리랑'(민족 저항 의식과 한국적 정서 부각)

핵심 예상 문제

01 다음 자료와 관련된 세력에 대한 설명으로 옳은 것은?

> 군신, 부자, 부부, 붕우, 장유의 윤리는 하늘에서 얻은 것이고, 인간의 본성에 부여된 것으로서, 천지를 통하는 만고불변의 이치입니다. 그리고 위에 존재하는 것으로서 '도'가 됩니다. 이에 대하여 배, 차, 군대, 농업, 기계 등 백성을 편하고 국가를 이롭게 하는 것들은 외형적인 것으로서 '기'가 됩니다. 신이 변혁을 꾀하고자 하는 것은 '기'이지 '도'가 아닙니다.
>
> – 윤선학의 상소문, 「승정원 일기」 –

① 김옥균, 박영효 등이 중심인물이었다.

② 민씨일파와 함께 친청적 성격을 띠었다.

③ 일본의 메이지 유신과 같은 형태의 개혁을 주장하였다.

④ 우정총국의 축하연 때 권력을 잡았다가 3일만에 실패하였다.

정답 및 해설

01. ② 고종 18년(1881)에 윤선학이 발표한 상소문으로 온건개화파의 사상에 관련된 내용이다.

1882년 임오군란을 계기로 개화파의 정치적 위기의식이 날로 높아지면서 이를 타개하려는 방법을 두고 온건개화파와 급진개화파로 분리되었다. 온건개화파의 중심인물은 김홍집·어윤중·김윤 등이다. 이들은 부국강병을 위해 여러 가지 개혁정책을 실현하되, 민씨 일파와 타협하면서 기존의 유교사상을 기반으로 서양의 근대 과학기술문명을 받아들여, 점진적으로 개혁을 수행하자는 입장을 취하였다(동도서기론). 또 청나라와 계속 사대 관계를 유지할 것을 주장하였는데, 기본적으로는 청나라에서 실시하고 있던 양무운동의 개혁과 비슷하다. 반대로 김옥균·박영효·서광범 등 급진개화파는 일본의 메이지유신을 모델로 삼아 서양의 과학기술 문명뿐 아니라 근대적인 사상·제도까지 적극 도입해야 한다는 입장을 취하였다.

급진개화파는 1884년 갑신정변의 실패와 함께 몰락하였으며 온건개화파의 점진적 개혁 역시 급진개혁파와 위정척사파 사이에서 입지를 넓히지 못하고, 백성들의 호응도 얻지 못해 결국 실패하였다.

▶ 정답 ··· 01.②

02 다음 글의 ㉠ 책과 관련된 설명으로 옳지 <u>않은</u> 것은?

> 오늘날 조선이 세워야 할 책략으로 러시아를 막는 것보다 더 급한 일이 없다. 이를 막는 책략은 무엇인가? 중국과 친(親)하고, 일본과 맺고(結), 미국과 이어짐(聯)으로써 자강을 도모할 뿐이다.
>
> – 황 쭌셴, ㉠ –

① 김홍집이 일본에서 가져와 국내에 유포되었다.
② 조선이 미국과 수교하는 데 결정적 역할을 하였다.
③ 이 책의 유포 후 영남 유생들이 정부에 개화 정책 반대 상소를 올렸다.
④ 이 책의 유포를 계기로 정부의 개화 정책에 반대하는 움직임이 약해졌다.

03 다음에 관련된 인물에 대한 설명으로 옳지 <u>않은</u> 것은?

> 역사란 무엇이뇨, 인류 사회의 아(我)와 비아(非我)의 투쟁이 시간에서 발전하여 공간까지 확대하는 심적 활동의 상태의 기록이니, 세계사라 하면 세계 인류의 그리되어 온 상태의 기록이며, 조선사라 하면 조선 민족이 그리되어 온 상태의 기록이니라.

① 「독사신론」을 편찬하고 신민회에 참여하였다.
② 민족정신을 '혼'으로 파악하였으며 임시 정부에서 활약하였다.
③ 조선 혁명 선언에서 민중의 폭력 혁명으로 독립 쟁취를 주장하였다.
④ 주로 고대사 연구에 치중하여 「조선 상고사」, 「조선사 연구초」 등을 저술하였다.

✅ **정답 및 해설**

02. ㉠은 일본 제2차 수신사였던 김홍집이 가지고 들어온 「조선책략」이며 주일 청국 공사 황쭌셴이 1880년경 저술하였다. 「조선책략」은 일본의 대륙진출을 방지하고 러시아의 남진을 막기 위해서는 친중국(親中國), 결일본(結日本), 연미방(聯美邦)의 외교정책을 써야 하며 나라가 부강하려면 서양의 제도와 기술을 배워야 한다는 것이 골자이다. 조 · 미수호통상조약에 영향을 주었으나 유생들의 반발을 초래하였다.
④ 이 책의 유포를 계기로 이만손의 '영남만인소'를 시작으로 전국적으로 개화 반대 움직임이 강해졌다.

03. 제시된 자료는 신채호의 「조선 상고사」 중 일부이다.
② 박은식에 대한 설명이다. 박은식은 「한국통사」와 「한국독립운동지혈사」를 저술하였으며 민족정신을 혼으로 파악하여 혼이 담겨 있는 민족사의 중요성을 강조하였다.

▶ 정답 ··· 02.④ 03.②

04 다음 전시관에 전시될 수 있는 주제로 적절하지 **않은** 것은?

> 제4관 거리의 함성
>
> 우리 민족 최대의 항일독립운동을 주제로 전시하고 있다. 이 운동은 일제의 무단통치에 맞서 우리나라가 독립국이며 우리민족이 자주민임을 선언한 저항운동이었다. 이 전시관에서는 이 운동의 발전과정을 살펴볼 수 있다.

① 순종의 장례식
② 제암리 학살사건
③ 학생들의 만세운동
④ 유관순열사의 고문

05 다음은 어떤 단체의 활동에 대한 판결문이다. 어느 단체를 말하는 것인가?

> 이 단체는 1919년 만세소요사건(3·1운동)의 실패에 비추어 조선의 독립을 장래에 기하기 위하여 문화 운동에 의한 민족정신의 환기와 실력양성을 급무로 삼아서 대두된 실력 양성운동이 출발점이었고, 그 뒤 1931년 이후에는 피고인 이극로를 중심으로 하는 어문운동을 벌여 조선의 독립을 목적한 실력양성단체를 조직하였다. 「우리말큰사전」을 편찬하려고 했으나 성공하지 못하였다.

① 신간회
② 신민회
③ 조선어학회
④ 조선청년총동맹

✓ **정답 및 해설**

04. ①순종의 장례식은 6·10만세운동(1926)과 관련이 있다.
3·1운동은 제1차 세계대전 후 미국대통령 윌슨의 민족자결주의(1918)에 영향을 받았고, 1919년 1월 21일 고종황제가 갑자기 승하하게 되자 일본인들에 의한 독살설이 유포되어 한민족의 일본에 대한 증오는 극에 달하였다. 이에 고종 인산일 직전인 3월 1일을 거사일로 민족적 항거가 일어나게 되었다. 민족 대표자 33인은 인사동 태화관에서 모여 조선독립선언을 선포하였으며 학생들의 탑골공원 독립선언과 시위가 확산되어 지방 218개 군 중 211군이 참여하였다. 처음에는 비폭력·비무장이었지만 점차 무장항거로 변하였다. 경기도, 평안도 지역이 가장 활발하여 수원 제암리 학살사건이 일어났으며 충청도 천안의 유관순 열사는 주모자로 잡혀 고문을 당하였다.

05. 조선어학회는 조선어연구회를 개편하여 조직한 한글연구단체로서 한글을 보급하여 민족문화의 향상, 민족의식의 고취를 위해 노력하였다. 한글 맞춤법통일안과 표준어를 제정하였으며, 한글 강습회를 개최하였다. 또한 「우리말큰사전」의 편찬에 착수하였으나 일제의 방해로 성공하지 못하였다. 일제는 조선어 학회를 독립 운동 단체로 간주하여 관련 인사들을 체포하고 1942년 강제로 해산하였다.

▶ 정답 ⋯ 04.① 05.③

06 다음 신문에 대한 설명으로 옳은 것은?

① 영국인 베델이 발행인이었으며 국채 보상 운동을 홍보하였다.

② 을사조약을 비판하는 장지연의 '시일야방성대곡'논설을 실었다.

③ 서민과 부녀자를 대상으로 하였으며 자주 독립과 개화를 강조하였다.

④ 최초의 신문으로 박문국에서 정부의 개화 정책을 홍보하기 위해 발행되었다.

06. 제시된 사진은 한성순보로써 정부의 개화 정책을 홍보하기 위한 최초의 신문이었다.

① 대한매일신보는 영국인 베델이 발행인으로 참여하여 비교적 통감부의 통제를 적게 받아 민족의식을 고취하는 논설과 기사를 많이 실을 수 있었다.

② 황성신문에 '장지연의 시일야방성대곡'이 실렸다.

③ 서민과 부녀자를 대상으로 하는 신문은 제국신문이었다.

▶ 정답 ··· 06.④

07 애국공채와 관련된 설명으로 옳은 것은?

① 해외동포에게 발행하여 독립운동 자금을 마련하였다.

② 이승만 대통령이 미국에 설치한 외교 담당 기관이다.

③ 독립 운동 자료를 소개하여 민족의 투쟁의식을 고취하였다.

④ 국내의 정보 수집, 교환, 연락을 담당한 임시 정부의 통신 기관이다.

08 다음의 민족 운동이 벌어진 무렵에 있었던 일로 옳은 것은?

> 교육에도 종류가 있어서 민중의 보통적인 지식은 이를 보통교육으로써 능히 할 수 있으나 심원한 지식과 오매한 진리는 고등교육에 의하지 않으면 불가능하다. 사회 최고의 비판을 구하고 유능한 인물을 양성하려면 최고 학부의 존재가 필요하다.

① 회사령을 공포하였다.

② 조선태형령을 발표하였다.

③ 토지 조사 사업을 실시하였다.

④ 봉오동 · 청산리전투에서 일본군에 큰 승리를 거두었다.

정답 및 해설

07. 독립운동 자금 마련을 위해 미국과 중국 등에 독립공채를 발행한 애국공채에 대한 설명이다. 대한민국 임시정부는 ④ 교통국과 ⑤ 연통제를 조직하여 국내와 독립운동 단체를 연결하고 독립운동 자금 마련을 위해 미국과 중국 등에 독립공채를 발행하였다. 이승만 대통령이 미국에 설치한 외교 담당 기관은 ② 구미위원부이며 독립 운동 자료를 소개하여 민족의 투쟁의식을 고취한 것은 ③ 한 · 일 관계 사료집이다.

08. ① 회사령은 회사 설립 시 조선 총독의 허가를 받도록 한 규정이며 민족 자본 성장을 억압하기 위해서 1910년에 이루어졌다.

② 조선태형령은 헌병 경찰이 즉결 처분권을 갖고 정식 재판 절차를 거치지 않고도 벌금, 태형 등의 처벌을 가할 수 있는 일제의 무단 통치 방식으로 1912년에 발표되었다.

③ 토지 조사 사업은 1912년에서 1918년까지 이루어졌으며 식민 통치의 기초 자료와 총독부의 재정 기반을 마련하기 위해 이루어졌다.

④ 봉오동 · 청산리전투는 1920년대 초반에 이루어졌다.

▶ 정답 … 07.① 08.④

현대사회의 발전

01 민주주의의 시련과 발전

❶ 대한민국의 수립과 6 · 25 전쟁

(1) 광복과 통일 정부 수립 노력

① 광복(1945. 8. 15.)의 배경
   ㉠ 제2차 세계대전에서의 연합군 승리, 일본 패배
   ㉡ 우리 민족의 꾸준한 독립운동 → 연합국의 독립 약속(카이로 선언과 포츠담 선언)

② 분단의 시작 … 미국과 소련의 이념 대립 심화로 분단 고착화
   ㉠ 남한 : 미군정의 지배, 좌 · 우익 대립 격화
   ㉡ 북한 : 소련의 지원으로 사회주의 세력이 권력 장악

(2) 신탁 통치 문제와 통일 정부 수립 노력

① 모스크바 3국 외상 회의(1945. 12.) … 미 · 소 · 영의 외무 대표들이 모스크바에 모여 한반도의 문제 논의
   ㉠ 한국에 임시 민주 정부 수립 논의
   ㉡ 미 · 소 공동 위원회 설치
   ㉢ 미 · 영 · 중 · 소에 의한 최대 5년간의 신탁 통치 결정

② 모스크바 3국 외상 회의 결정을 둘러싼 갈등
   ㉠ 민족주의 진영(우익) : 신탁 통치 반대 운동 전개
   ㉡ 사회주의 진영(좌익) : 신탁 통치 반대 → 회의 결정 지지로 바뀜

(3) 미 · 소 공동 위원회(1차 : 1946. 3., 2차 : 1947. 7.)

① 미 · 소의 주장
   ㉠ 소련의 주장 : 모스크바 회의 결정을 지지하는 단체만 정부 구성에 참여할 것
   ㉡ 미국의 주장 : 참가를 희망하는 모든 단체를 포함할 것

② 결과 … 미 · 소의 합의 실패, 냉전의 심화로 결렬

(4) 통일 정부 수립을 위한 노력

① 좌우 합작 위원회 … 1차 미 · 소 공동위원회 결렬 후 김규식, 여운형을 중심으로 구성(1946. 7) → 좌 · 우익의 의견 차이를 좁히지 못함 → 정읍 발언(1946. 6. 3, 이승만이 남한만의 단독정부 수립을 공식적으로 주장)

② 통일 정부 수립 노력 … 2차 미·소 공동위원회 결렬→한국 문제의 유엔 상정→유엔이 남북한 총
선거를 통한 정부 수립 결의→유엔 한국 임시 위원단 파견(1947. 11.), 소련이 위원단의 방북 거부
→유엔 소총회에서 남한만의 총선거 결정→남북 협상 추진(김구와 김규식을 중심으로 1948년 4월
평양에서 남북 지도자 회의 참석→미·소 양국의 대립 속에 성과 없이 끝남)

③ 좌·우익 대립 격화 … 제주 4·3사건, 여수·순천 10·19 사건 발생

(5) 남·북한 정부의 수립

① 대한민국 정부의 수립 … 5·10 총선거 실시(1948)→제헌 국회 구성→제헌 헌법 제정 및 공포
(1948. 7. 17.)→초대 대통령에 이승만 선출→대한민국 정부 수립(1948. 8. 15.)

② 북한 정부의 수립 … 북조선 임시 인민 위원회 구성(1946)→무상·몰수, 무상·분배에 의한 토지 개
혁 및 산업 국유화(사회주의 체제 기반 강화, 5정보 상한)→북조선 인민 위원회 설립(1947)→조선
최고 인민 회의에서 헌법 제정→김일성을 수상으로 선출→조선 민주주의 인민 공화국 수립(1948.
9. 9.)

(6) 6·25 전쟁

① 배경

　㉠ 남한 : 미군 철수, 좌익의 반정부 시위, 정당과 사회단체의 난립

　㉡ 북한 : 소련과의 군사 협정 체결 및 군사력 증강→남침 준비

　㉢ 미국 : 주한 미군 철수, 애치슨 선언(1950. 1.)

TIP

애치슨 선언
미국 국무장관 애치슨이 미국의 일차적인 태평양 방위선이 알류샨 열도, 일본 오키나와, 필리
핀으로 이어진다고 선언한 것으로, 미국의 극동 방위선에서 한반도가 제외되어 북한 남침의 계
기가 되었다.

② 전쟁의 전개

　㉠ 전쟁 발발 : 북한군의 남침(1950. 6. 25.)→서울 함락→국군의 병력 부족으로 한 달 만에 낙동강
　　부근까지 후퇴→부산을 임시 수도로 정함

　㉡ 남한의 반격 : 정부의 도움 요청으로 유엔군 파병→국군과 유엔군의 인천 상륙 작전(1950. 9. 15)
　　으로 전세 역전→서울 수복→압록강까지 진격

　㉢ 중국군 개입 : 북한의 요청으로 중국군 개입→서울 다시 함락(1·4 후퇴)→이후 서울 재탈환 등
　　3·8도선 부근에서 치열한 공방전 전개

　㉣ 휴전 성립(1953. 7. 27.) : 전쟁 장기화에 따른 부담 발생→2년간의 협상 끝에 휴전 협정 체결

③ 6 · 25 전쟁의 영향
  ㉠ 인적 피해 : 사상자 · 전쟁 고아 · 이산 가족 발생
  ㉡ 물적 피해 : 생산 시설의 42% 파괴, 인플레이션 가속, 물자 부족
  ㉢ 정신적 피해 : 민족 간의 적대감 심화, 분단의 고착화 및 남북의 이질감 증대
  ㉣ 정치적 변화
    • 남한−이승만 정부가 반공 체제를 이용하여 권력 유지
    • 북한−김일성이 반대파를 제거하고 독재 체제 강화

❷ 자유 민주주의 시련과 발전

(1) 이승만 정부

① 발췌 개헌(1952)
  ㉠ 배경 : 제2대 국회의원 선거(1950. 5.) 결과 이승만 반대 성향의 무소속 의원 대거 당선→국회의원에 의한 간선제 방식으로 이승만의 대통령 재선 가능성이 희박
  ㉡ 과정 : 6 · 25 전쟁 중 임시 수도인 부산에서 자유당 창당 후 계엄령 선포→야당 국회의원 연행 · 협박
  ㉢ 내용 및 결과 : 대통령 직선제 개헌안 통과→이승만이 제2대 대통령에 당선
② 사사오입 개헌(1954)
  ㉠ 배경 : 이승만과 자유당의 장기 집권 추구를 위해 대통령 중임 제한 규정의 개정 필요
  ㉡ 과정 : 개헌 통과 정족수에 1표 부족하여 개헌안 부결→사사오입 논리를 내세워 통과
  ㉢ 내용 및 결과 : 초대 대통령에 한해 중임 제한 규정 철폐→이승만이 제3대 대통령에 당선
③ 독재 체제의 강화 ··· 1956년 정 · 부통령 선거에서 민주당의 장면이 부통령에 당선, 무소속 조봉암의 선전→진보당 사건(조봉암 탄압), 정부에 비판적인 경향신문 폐간, 국가 보안법 개정(1958)
④ 전후 복구와 원조 경제
  ㉠ 전후 복구 : 산업 시설과 사회 기반 시설 복구, 귀속 재산 처리 등
  ㉡ 원조 경제 : 미국이 잉여 농산물 제공→삼백 산업(밀, 사탕수수, 면화) 발달
⑤ 북한의 변화
  ㉠ 김일성 1인 독재 체제 강화 : 반대 세력 숙청, 주체사상 강조
  ㉡ 사회주의 경제 체제 확립 : 소련 · 중국의 원조, 협동 농장 체제 수립, 모든 생산 수단 국유화

(2) 4 · 19 혁명과 장면 내각

① 4 · 19 혁명(1960)

　　㉠ 배경 : 1960년 정 · 부통령 선거에서 이승만과 이기붕을 당선시키기 위해 3 · 15 부정 선거 실행

　　㉡ 전개 : 부정 선거 규탄 시위 발생→마산에서 김주열 학생의 시신 발견→전국으로 시위 확산→
　　　비상 계엄령 선포→대학 교수들의 시국 선언 발표 및 시위 참여→이승만 하야

　　㉢ 결과 : 허정 과도 정부 구성→내각 책임제와 양원제 국회 구성을 골자로 한 개헌 성립

　　㉣ 의의 : 학생과 시민 주도로 독재 정권을 붕괴시킨 민주 혁명

② 장면 내각(1960)

　　㉠ 성립 : 새 헌법에 따라 치른 7 · 29총선에서 민주당 압승→대통령 윤보선 선출, 국무총리 장면 지정

　　㉡ 정책 : 경제 개발 계획 마련, 정부 규제 완화

　　㉢ 한계 : 부정 선거 책임자 처벌에 소극적, 민주당 구파와 신파의 대립으로 인한 정치 불안 초래

(3) 5 · 16 군사 정변과 박정희 정부

① 5 · 16 군사 정변(1961) … 박정희를 중심으로 군부 세력이 정변 일으킴→국가 재건 최고회의 설치
　(군정 실시)

　　㉠ 정치 : 부패한 공직자 처벌, 구정치인의 활동 금지

　　㉡ 경제 : 경제 개발 5개년 계획을 추진

　　㉢ 개헌 : 대통령 중심제와 단원제 국회 구성을 주요 내용으로 하는 개헌 단행

② 박정희 정부

　　㉠ 성립 : 민주 공화당 창당→박정희가 대통령에 당선(1963)

　　㉡ 한 · 일 국교 정상화(1965) : 한 · 미 · 일 안보 체제 강화, 경제 개발에 필요한 자금을 확보 목적
　　　• 과정 : 김종필 · 오히라 비밀 각서 체결→한 · 일 회담 반대 시위(6 · 3 시위. 1964)→계엄령 선포
　　　• 결과 : 한 · 일 협정 체결

　　㉢ 베트남 전쟁 파병(1964~1973) : 미국의 요청으로 브라운 각서 체결(경제 · 군사적 지원 약속)→경
　　　제 성장

　　㉣ 3선 개헌(1969) : 박정희가 재선 성공 후에 3선 개헌안 통과→개정 헌법에 따라 박정희의 3선 성
　　　공(1971)

③ 유신 체제

　　㉠ 유신 체제 성립 : 1970년대 냉전 완화(닉슨 독트린), 경제 불황
　　　• 과정 : 비상 계엄령 선포, 국회 해산, 정당 · 정치 활동 금지→유신 헌법 의결 · 공고(1972)→통
　　　일 주체 국민 회의에서 박정희를 대통령으로 선출
　　　• 내용 : 대통령 간선제(통일 주체 국민 회의에서 선출), 대통령 중임 제한 조항 삭제, 대통령 임기
　　　6년, 대통령에게 긴급 조치권, 국회 해산권, 국회의원 1/3 추천권 부여

    ㄉ 유신 체제 반대 투쟁 : 개헌 청원 100만인 서명 운동 전개, 3 · 1 민주 구국 선언→긴급 조치 발표, 민청학련 사건과 인혁당 사건 조작

    ㄊ 유신 체제 붕괴
- 배경 : 국회의원 선거에서 야당 득표율 증가(1978), 경제위기 고조(제2차 석유 파동), YH 무역 사건 과정에서 김영삼의 국회의원 자격 박탈→부 · 마 항쟁 발생
- 결과 : 박정희 대통령 피살(1979. 10 · 26 사태)로 유신 체제 붕괴

(4) 5 · 18 민주화 운동과 자유 민주주의의 발전

① 민주화 열망의 고조

    ㅇ 12 · 12 사태(1979) : 10 · 26 사태 직후 전두환 중심의 신군부 세력이 권력 장악

    ㅈ 서울의 봄(1980) : 시민과 학생들이 신군부 퇴진, 유신 헌법 폐지를 요구하며 시위 전개
    →비상계엄령 선포 및 전국 확대

② 5 · 18 민주화 운동(1980)

    ㅇ 배경 : 신군부 세력 집권과 비상계엄 확대에 반대하는 광주 시민들을 계엄군이 과잉 무력 진압

    ㅈ 의의 : 1980년대 민주화 운동의 기반이 됨.

③ 전두환 정부

    ㅇ 신군부 집권 과정 : 국가 보위 비상 대책 위원회(국보위) 설치→삼청교육대 설치, 언론 통폐합 등

    ㅈ 전두환 집권 : 통일주체 국민회의에서 전두환을 11대 대통령으로 선출(1980. 8)
- 개헌 : 대통령을 선거인단에 의해 선출, 대통령 임기는 7년 단임제 적용
- 개헌 이후 : 대통령 선거인단에서 전두환을 12대 대통령으로 선출(1981. 2)

    ㅉ 전두환 정부 정책
- 강압책 : 언론 통제, 민주화 운동 탄압
- 유화책 : 두발과 교복 자율화, 야간 통행금지 해제, 프로야구단 창단, 해외여행 자유화

④ 6월 민주 항쟁(1987)

    ㅇ 배경 : 대통령 직선제 개헌 운동 고조, 박종철 고문 치사 사건 발생

    ㅈ 4 · 13 호헌 조치 : 전두환 정부는 대통령 직선제 개헌안 요구를 거부하고 간선제 유지를 발표→시민들의 반발 확산, 이한열 사망→호헌 철폐 요구하며 시위 확산

    ㅉ 6 · 29 민주화 선언 : 민주 정의당 대통령 후보인 노태우가 대통령 직선제 개헌 요구 수용

    ㅊ 결과 : 대통령 직선제, 5년 단임제의 개헌 실현

(5) 민주화 진전

① 노태우 정부

    ㉠ 성립 : 야권 분열 과정에서 노태우가 대통령에 당선 → 이후 3당 합당(노태우, 김영삼, 김종필)

    ㉡ 성과 : 북방 외교 추진(공산권 국가들과 수교), 서울 올림픽 개최, 5공 청문회, 남북한 유엔 동시
        가입

② 김영삼 정부 ⋯ 지방 자치제 전면 실시, 금융 실명제 시행, OECD(경제 협력 개발 기구) 가입, 외환
    위기(IMF) 초래

③ 김대중 정부

    ㉠ 성립 : 선거를 통한 최초의 평화적 여야 정권 교체가 이루어짐

    ㉡ 성과 : 국제 통화 기금(IMF) 지원금 조기 상환, 국민 기초 생활 보장법 제정, 대북 화해 협력 정
        책(햇볕 정책) → 제1차 남북 정상 회담 개최, 6 · 15 남북 공동 선언 채택(2000)

④ 노무현 정부 ⋯ 권위주의 청산 지향, 제2차 남북 정상 회담 개최, 10 · 4 남북 공동 선언 채택(2007)

⑤ 이명박 정부 ⋯ 한 · 미 FTA 추진, 기업 활동 규제 완화

핵심 예상 문제

01 다음 선언문의 결과 등장한 정부에 대한 설명으로 옳지 <u>않은</u> 것은?

> 오늘 우리는 전 세계 이목이 우리를 주시하는 가운데 40년 독재정치를 청산하고 희망찬 민주
> 국가를 건설하기 위한 거보를 전 국민과 함께 내딛는다. 국가의 미래요 소망인 꽃다운 젊은이
> 를 야만적인 고문으로 죽여 놓고 그것도 모자라서 뻔뻔스럽게 국민을 속이려 했던 현 정권에
> 게 국민의 분노가 무엇인지를 분명히 보여 주고, 국민적 여망인 개헌을 일방적으로 파기한
> 4 · 13 폭거를 철회하기 위한 민주 장정을 시작한다.

① 전국교직원노동조합이 만들어졌다.
② 동유럽 및, 중국, 소련과의 수교가 이루어졌다.
③ 대학의 자율권을 부여하고 교수 재임용 제도를 폐지하였다.
④ 지방의회와 지방자치단체장을 뽑는 지방자치제를 실시하였다.

 정답 및 해설

01. 제시된 자료는 6 · 10 국민대회 선언문의 일부이다. 6월 민주항쟁으로 국민의 민주화 요구가 받아들여져 대통령
직선제 개헌을 주요내용으로 하는 6 · 29민주화선언이 발표되었다. 이어서 국회에서는 5년 단임의 대통령 직선제
등을 골자로 하는 헌법이 마련되었고 이 헌법에 따라 대통령 선거가 실시된 결과 노태우 정부가 성립되었다
(1988).
④ 기초 · 광역의원선거는 실시되었으니 지방자치 단체장을 실시하지 않았기 때문에 지방자치제도는 부분적으로
실시되었다고 할 수 있다.

▶ 정답 … 01.④

02 표는 제 ○ 대 정·부통령 선거를 정리한 것이다. 선거 이후 ㈎~㈐의 활동으로 옳은 것을 〈보기〉에서 고른 것은?

후보		선거 구호	결과
대통령	부통령		
㈎	이기붕	갈아봤자 별수 없다. 구관이 명관이다.	대통령 당선
신익희	㈏	못살겠다. 갈아보자.	부통령 당선
㈐	박기출	이것저것 다 보았다. 혁신밖에 살 길 없다.	대통령 유효 득표 30% 차지

┃보 기┃
㉠ ㈎ – 정부에 비판적인 신문을 폐간시켰다.
㉡ ㈏ – 대통령 직선제 개헌을 주도하였다.
㉢ ㈐ – 진보당을 창당하여 제2야당의 당수가 되었다.
㉣ ㈏, ㈐ – 4·19 혁명을 계기로 집권하였다.

① ㉠, ㉡　　　　　　　　　　② ㉠, ㉢
③ ㉡, ㉢　　　　　　　　　　④ ㉡, ㉣

 **정답 및 해설**

02. ㈎는 이승만, ㈏는 장면 ㈐는 조봉암이다.
　㈏ 장면과 신익희는 민주당을 결성하였다. 대통령 후보였던 신익희는 내각책임제를 주장하며 이승만의 유력한 대항주자였으나 호남유세를 가기위한 기차안에서 뇌출혈로 급사하였다.
　㈐ 조봉암은 진보당을 결성하여 대통령 후보로 나서 '평화적인 남북통일', '피압박 대중의 승리' 등을 내세웠다.
▶정답 … 02.②

03 다음과 같은 내용이 보도가 된 시점은 어느 사건 이후인지 고르시오.

> 우리는 남방만이라도 임시 정부 혹은 위원회 같은 것을 조직하여, 38 이북에서 소련이 철퇴하도록 세계 공론에 호소하여 될 것이니 여러분도 결심하여야 될 것이다.

① 8 · 15 광복

② 모스크바 3상회의

③ 1차 미소공동위원회

④ 트루먼독트린

04 광복 이후의 다음 사건을 시대 순으로 바르게 나열한 것은?

> ㉠ 모스크바 3상회의
> ㉡ 남북협상
> ㉢ UN 한국임시위원단 파견
> ㉣ 1차 미 · 소 공동위원회
> ㉤ 5 · 10 총선거

① ㉠ - ㉡ - ㉢ - ㉣ - ㉤

② ㉠ - ㉣ - ㉢ - ㉡ - ㉤

③ ㉠ - ㉣ - ㉡ - ㉤ - ㉢

④ ㉣ - ㉠ - ㉢ - ㉡ - ㉤

✓ **정답 및 해설**

03. 제시된 자료는 이승만의 정읍 발언이 보도된 신문 기사의 일부이다. 이 발언은 1차 미 · 소 공동 위원회가 결렬되어 교착 상태에 빠진 후 나온 발언이다.

04. ㉠ 모스크바 3상회의는 45년 12월
㉣ 미소공동위원회는 46년 3월
㉢ UN 한국임시위원단 파견은 47년 11월
㉡ 남북협상은 48년 4월
㉤ 5 · 10 총선거는 48년 5월이다.

▶ 정답 ··· 03.③ 04.②

05 다음 자료와 관련된 사건에 대한 내용으로 옳지 <u>않은</u> 것은?

> 시간이 없는 관계로 어머님 뵙지 못하고 떠납니다.
> 끝까지 부정선거에 데모로 싸우겠습니다.
>
> 지금 저와 저의 모든 친구들
> 그리고 대한민국의 모든 학생들은
> 우리나라 민주주의를 위하여 피를 흘립니다.
>
> 어머니,
> 데모에 나간 저를 책하지 마시옵소서.
> 우리들이 아니면 누가 데모를 하겠습니까?
>
> 저는 아직 철없는 줄 잘 압니다.
> 그러나 국가와 민족을 위하는 길이
> 어떻다는 것을 잘 알고 있습니다.
>
> 저희 모든 학우들 죽음을 각오하고 나간 것입니다.
> 저는 생명을 바쳐 싸우려고 합니다.

① 3 · 15 부정선거를 원인으로 한다.
② 시민들의 대통령 직선제 개헌 요구가 수용되었다.
③ 내각제와 양원제를 기본으로 하는 헌법이 통과되었다.
④ 대통령에는 윤보선이 국무총리에는 장면이 선출되었다.

✅ **정답 및 해설**

05. 4 · 19 혁명 당시 한성여자중학교 학생 진영숙 양이 남긴 글이다. 4 · 19혁명은 이승만대통령의 부패에 항거한 민주화 운동이며 많은 학생들이 참여하였다.
② 87년 6월 민주항쟁의 결과로 대통령 직선제 개헌 요구가 수용되었다.

▶ 정답 … 05.②

06 다음과 같은 포고문이 발표된 직후 개정된 헌법에 대한 설명으로 옳지 <u>않은</u> 것은?

> 1. 모든 정치 활동 목적의 옥내 외 집회 및 시위를 일절 금한다. 정치 활동 목적이 아닌 옥내
>   외 집회는 허가를 받아야 한다. 단, 관혼상제와 의례적인 비정치적 종교 행사의 경우는 예
>   외로 한다.
> 2. 언론, 출판, 보도 및 방송은 사전 검열을 받아야한다.
> 3. 각 대학은 당분간 휴교 조치한다.
> 4. 정당한 이유 없는 직장 이탈이나 태업 행위를 금한다.
> 5. 유언비어의 날조 및 유포를 금한다.
> 6. 야간 통행 금지는 종전대로 시행한다.

① 국가재건최고회의를 통해 대통령을 간접 선출하였다.
② 국회의 고유 권한이었던 국정감사권을 폐지시켰다.
③ 긴급조치권이라는 초법적 권한을 대통령에게 주었다.
④ 정치뿐만 아니라 문화, 예술 분야도 정부가 간섭하였다.

 **정답 및 해설**

06. 제시된 자료는 1972년 10월 17일 박정희 정부가 선포한 비상 계엄의 일부 내용이다. 이를 통해 박정희 정부는 국민들의 기본권을 제한하고, 대통령에게 초법적 권한을 부여하는 유신 체제의 시작을 알린다. 개정 당시 유신 헌법의 기본적인 성격은 '조국의 평화적 통일 지향', '실질적인 경제적 평등을 이룩하기 위한 자유 경제 질서의 확립, 자유와 평화 수호의 재확인'이라 하였다. 그러나 사실상 유신 헌법은 박대통령의 장기 집권을 위한 개헌이었고, 국민의 기본권 침해, 권력구조상에 있어 대통령 권한의 비대로 독재를 가능하게 한 헌법이었다.
① 국가재건최고회의는 1961년 5·16 군사정변 직후 입법·사법·행정의 3권이 집중되었던 과도 군사정권의 최고통치기구이다.

▶ 정답 … 06.①

07 다음 자료와 관련된 회의 결과에 대한 설명으로 옳은 것은?

① 한국에 임시 민주 정부를 수립할 것을 결정하였다.

② 민족주의 진영은 신탁통치 찬성 운동을 전개하였다.

③ 미 · 프 · 영 · 소에 의한 최대 5년간의 신탁 통치가 발표되었다.

④ 모스크바 3상 회의의 결정사항이 전해지자 우익 진영은 찬성하였다.

 **정답 및 해설**

07. 1945년 12월에 미 · 영 · 소의 외무 대표들이 모스크바에 모여 한반도 문제를 논의하였다. 그 결과 한국에 임시 민주 정부를 수립할 것을 결정하였으며 이를 위한 미 · 소 공동 위원회 설치와 미 · 영 · 중 · 소에 의한 최대 5년 간의 신탁 통치를 결정하였다.
② 민족주의 진영(우익)은 신탁 통치 반대 운동을 전개하였다.
③ 미 · 영 · 중 · 소에 의한 최대 5년간의 신탁 통치를 결정하였다.
④ 우익 진영은 반대하였다.

▶ 정답 ⋯ 07.①

08 박정희 정부가 베트남 파병을 결정한 이유를 〈보기〉에서 모두 고르면?

┃보 기┃

㉠ 한·미 동맹 강화
㉡ 공산주의 확산 방지
㉢ 박정희 정부의 영구 집권
㉣ 미국의 차관을 통한 경제적 이득 획득

① ㉠, ㉡

② ㉠, ㉡, ㉢

③ ㉠, ㉡, ㉣

④ ㉠, ㉡, ㉢, ㉣

09 교사의 질문에 대한 학생의 답변으로 적절하지 <u>않은</u> 것은?

교사 : 5·18 민주화 운동 후 성립된 전두환 정부는 어떤 활동을 하였을까요?
학생 : _____

① 언론사를 통폐합하고 뉴스를 사전 검열하였습니다.
② 사회 정화를 명목으로 삼청교육대를 운영하였습니다.
③ 학생 운동과 시민운동 등 민주화 운동을 탄압하였습니다.
④ 외환 위기를 극복하고 대북 화해 협력 정책을 추진하였습니다.

✓ **정답 및 해설**

08. 프랑스 지배하에 있던 베트남이 독립하려고 하자 프랑스와 베트남 독립동맹군 사이에서 발생한 전쟁과 공산주의 정당 '베트남독립동맹'이 북베트남을 지배하자 미군이 반대 세력을 지원하면서 양측에서 발생한 전쟁을 베트남 전쟁이라 한다. 베트남 전쟁이 발발하자 미국은 우리나라에게 파병을 요청하였으며 당시 박정희 정부는 한·미 동맹을 강화하며 파병의 대가로 받는 차관을 통해 경제적 이득을 얻고, 공산주의의 확산을 방지하기 위해 파병을 결정하였다.

09. ④ 외환위기 극복은 김대중 정부 때 이루어졌다.

▶ 정답 … 08.③ 09.④

10 북한에서 일어난 사건순으로 바르게 연결한 것은?

> (가) 합영법 제정
> (나) 3대 혁명 소조 운동 시작
> (다) 김정일의 국방위원장 취임
> (라) 사회주의 헌법 공포 및 주체사상 공식화

① (가) – (나) – (라) – (다)　　　　② (가) – (라) – (나) – (다)
③ (나) – (라) – (다) – (가)　　　　④ (라) – (나) – (가) – (다)

11 다음 자료가 발표된 이후의 상황에 대한 설명으로 옳지 않은 것은?

> 첫째, 여야 합의하에 조속히 대통령 직선제 개헌을 하고 새 헌법에 의해 대통령 선거를 통해
> 1988년 2월 평화적 정부 이양을 실현토록 해야겠습니다. 오늘 이 시점에서 저는 사회적 혼란
> 을 극복하고 국민적 화해를 이룩하기 위해서는 대통령 직선제를 택하지 않을 수 없다는 결론
> 에 이르게 되었습니다.
> 둘째, 직선제 개헌이라는 제도의 변경뿐만 아니라 이의 민주적 실천을 위해서는 자유로운 출
> 마와 공정한 경쟁이 보장되어 국민의 올바른 심판을 받을 수 있는 내용으로 대통령 선거법을
> 개정하여야 한다고 봅니다.

① 지방자치 제도가 부분적으로 실시되었다.
② 권위주의 체제의 후유증과 계속된 사회 혼란이 있었다.
③ 7년 단임의 대통령 직선제를 골자로 하는 헌법이 마련되었다.
④ 신군부의 핵심세력이었지만 민주화로의 점진적 이행을 주도하였다.

✅ 정답 및 해설

10. (라) 사회주의 헌법 공포 및 주체사상 공식화(1972) → (나) 3대 혁명 소조 운동 시작(1973) → (가) 합영법 제정(1984)
→ (다) 주석제 폐지 및 김정일의 국방위원장 취임(1993)

11. 노태우 민정당 총재의 6·29 선언문의 일부이며, 이를 계기로 국회에서는 5년 단임의 대통령 직선제 등을 골자
로 하는 헌법을 마련하였다. 그는 신군부의 핵심세력의 하나였지만 민주화로의 점진적인 이행을 주도했다는 긍
정적인 평가를 받기도 했다. 야당측이 요구하는 개헌, 즉 대통령 직접선거방식을 수용하였으며 전두환 정부에 비
해 입법부와 사법부의 자율성이 상대적으로 강화됨으로써, 권력균형의 원리가 정착되기 시작했다.

▶ 정답 … 10.④　11.③

12 다음 현대사의 시기별 변천 사항에 관한 설명으로 옳지 <u>않은</u> 것은?

① 제1공화국에서 발췌 개헌과 사사오입 개헌 등의 부정이 있었다.

② 제2공화국에서 내각책임제와 양원제 국회가 수립되었다.

③ 제3공화국에서 대통령 3기 계속 재임 허용안이 통과되었었다.

④ 제4공화국에서 통일주체국민회의에 의한 대통령 직선제가 도입되었다.

13 자료와 관련된 행사를 개최한 정부에 대한 설명으로 옳은 것은?

> 하늘 높이 솟는 불 우리의 가슴 고동치게 하네.
> 이제 모두 다 일어나 영원히 함께 살아가야 할 길 나서자.
> 손에 손 잡고 벽을 넘어서 우리 사는 세상 더욱 살기 좋도록
> 손에 손 잡고 벽을 넘어서 서로서로 사랑하는 한마음 되자 손잡고.

① 7 · 4 남북 공동 성명을 발표하였다.

② 국제 통화 기금에 구제 금융을 공식 요청하였다.

③ 남북 경제 협력을 위해 개성 공단을 조성하였다.

④ 소련과 수교를 맺는 등 북방 외교를 추진하였다.

정답 및 해설

12. ④ 제4공화국의 유신체제 때는 통일주체국민회의에 의한 대통령 간선제가 도입되었으며, 대통령의 권한이 막강해졌다. 통일주체국민회의는 1972년 12월 유신헌법에 의해 조국의 평화적 통일을 표면적 목적으로 조직된 헌법기관이다. 그러나 설치 목적과는 다르게 대통령 선출을 위한 정치적 수단으로 이용됨으로써 박정희 유신 독재정권의 산물이라는 역사적 오명을 남기고, 1980년 10월 개정된 헌법에 의해 폐지되었다.

13. 1988년 서울 올림픽을 개최한 노태우 정부에 대해 묻고 있다.
① 7 · 4 남북 공동 성명 – 1972년 박정희 정부
② IMF에 구제 금융을 공식 요청 – 1997년 김영삼 정부
③ 개성 공단 조성 – 2002년 김대중 정부
④ 소련과 수교 – 1990년 노태우 정부

▶ 정답 … 12.④ 13.④

14 역대 대통령 재임 기간 중 있었던 사실을 옳게 고른 것은?

	대통령	주요 사실
㉠	박정희	새마을 운동 추진
㉡	노태우	OECD가입
㉢	김영삼	외환위기
㉣	노무현	남북 6.15 정상회담

① ㉠, ㉡   ② ㉠, ㉢

③ ㉡, ㉢   ④ ㉡, ㉣

✅ **정답 및 해설**

14. OECD가입은 1996년 김영삼 대통령 때 이루어졌다. 그러나 1997년 말 외환 보유고 감소로 인해 IMF 외환위기를 겪었다. 2000년 김대중 대통령 때 방북을 하여 6.15 정상 회담을 갖고 남북 공동선언을 발표하였다.

▶ 정답 ⋯ 14.②

ㅇ근 경제발전과 사회문화의 변화

① 경제 성장과 사회 변화

(1) 광복 이후

① 산업 시설 미비, 인구 증가, 생필품 부족, 물가 폭등으로 혼란

② 정부 수립 이후 … 유상 매수·유상 분배 원칙의 농지개혁법 시행(1950), 1가구당 3정보 상한으로 토지 소유 제한, 경자유전의 원칙
  ☞ 경자유전의 원칙: 농지는 농사를 짓는 사람만 소유할 수 있다는 원칙(耕者有田)

③ 6·25 전쟁 이후 … 경제 원조를 바탕으로 경제 재건 노력→삼백 산업과 같은 소비재 공업 발달, 미국의 값싼 농산물 유입으로 국내 농촌 피해, 1950년대 후반 미국의 무상 원조가 유상 차관 방식으로 전환(→기업 파산, 실업률 증가)

TIP

삼백 산업
1950년대 한국 산업에서 중추적 역할을 했던 제품이 흰색을 띠는 세 가지(三白) 즉, 밀가루(제분)·설탕(제당)·면직물(면방직 공업) 산업을 지칭

(2) 1960년대 이후의 경제 성장

① 1960년대 … 노동 집약적 산업 및 경공업 육성(→수출 증가), 외국의 차관 및 베트남 전쟁 특수로 외화 유입(→경제 성장의 토대), 5년 단위로 경제 개발 계획의 추진

② 1970년대 … 철강·기계·화학·조선 공업 등 중화학 공업 육성→'한강의 기적'이라고 불릴 만큼 고도의 경제 성장, 석유 파동으로 타격

③ 1980년대 … 경제 위기 극복, 중화학 공업에 대한 투자 조정, 부실기업 정리, '3저 호황'으로 수출 증대

④ 1990년대
  ㉠ 경제 협력 개발 기구(OECD) 가입, 반도체·전자·자동차 등 기술 집약 산업으로 다양화
  ㉡ 외환 위기(1997년 말) : 대기업의 과잉 투자, 외채 증가 등으로 외환 보유고 부족→국제 통화 기금(IMF)의 긴급 구제 금융→김대중 정부의 구조 조정, 외국 자본 유치 등으로 극복(2001)

⑤ 2000년대 이후 … 중화학 공업과 첨단 산업에 주력, 여러 나라와 자유 무역 협정(FTA) 체결

3저 호황

1986~1988년에 저달러 · 저유가 · 저금리의 이른바 '3저(低) 현상'에 의해 우리 경제가 유례없는
호황을 누렸던 것을 일컫는 말

(3) 사회 변화

① **일상생활의 변화** … 핵가족의 보편화, 반일 생활권화(고속 국도의 확대와 고속철도의 개통), 휴대전
화와 컴퓨터 사용 일반화, 교육 수준 향상, 의학 기술 및 생활 수준 향상에 따른 평균 수명 증가

② **농촌 · 노동 문제**

　㉠ **농촌 문제** : 이촌 향도 현상에 따른 노동력 부족, 도시와의 소득 및 문화 격차 심화, 고령화 현상
발생, 1990년대 이후 외국 농축산물 개방으로 타격

　㉡ **노동문제** : 산업화에 따른 노동자 증가→저임금, 장시간 노동에 시달림

　㉢ **전태일 분신 사건(1970)** : 근로 조건 개선(근로기준법 준수) 주장→이후의 노동 운동에 영향을 미침

③ **복지 제도의 확대와 시민운동의 발전** … 사회 보장 정책(국민연금 제도, 기초 생활 보장 제도)실시,
의무 교육 실시에 따른 교육 수준의 향상, 민주화 성장 이후 다양한 분야의 시민단체(NGO) 활동

④ **언론과 대중문화의 발전**

　㉠ **언론** : 6월 민주 항쟁 이후 언론의 자유 신장

　㉡ **대중문화** : 라디오 · 텔레비전 · 인터넷 등 대중 매체 보급→다양한 대중문화 발달

❷ 통일을 위한 노력과 주변국과의 관계

(1) 북한 독재 체제의 확립

① **김일성 중심의 독재 체제**

　㉠ **1960년대 이후** : 중국과 소련 간에 사회주의 분쟁 발생→독자 노선 모색→주체사상을 유일사상
으로 채택, 김일성 우상화 작업 시작

　㉡ **1970년대 이후** : 사회주의 헌법 공포(1972)→주체사상을 통치 이념으로 공식화, 주석제 도입→
김일성 1인 독재 체제 확립

② **독재의 세습**

　㉠ **김정일 세습** : 김정일의 3대 혁명 소조 운동 주도(1973) →1980년 김정일 세습체제 공식화→합
영법(1984) →국방위원회 위원장 취임(1993, 주석제 폐지 후 군사권 장악)→김일성 사후 최고
권력자로 등장

　㉡ **김정은 세습** : 3대 권력 승계 작업 추진(2012~)

(2) 북한의 정치·경제 변화

① 1960년대 … 천리마 운동 실시 → 사회주의 경제 체제 확립, 4대 군사노선과 주체노선 강조

　　☞ 천리마 운동 : 노력과 경쟁을 통하여 생산 증대를 꾀하려는 북한의 노동강화운동으로 1958년부터 본격적으로 시작되었다. 1970년대에
　　들어서 천리마 운동이 퇴색하는 기색이 나타나기 시작하자, 1976년부터는 '3대 혁명 붉은기 쟁취운동'이라는 또 다른 이름의 경쟁운동으로
　　이어지고 있다.

② 1970년대 … 경제 개발 계획의 지속적 추진 → 주민들의 궁핍한 생활 지속, 강경노선 완화, 실무형 관료와 혁명 2세대 등장

③ 1980년대 … 소련과 동유럽 사회주의 국가들의 붕괴 등으로 경제 위기

④ 1990년대 이후 … 나진·선봉 자유 무역 지대 개설(1991), 금강산 관광 사업·개성 공단 건설 등 교류 확대 → 기술 낙후, 물자 부족, 국제적 고립 등으로 빈곤 상황 지속

나진·선봉 자유 무역 지대

(3) 통일 정책의 변화

① 1960년대 … 중립화 통일론·남북협상론 제기 → 5·16 군사정변으로 진전되지 않음

② 1970년대 … 냉전의 완화로 인해 '7·4 남북공동성명' 발표 → '자주·평화·민족적 대단결'의 통일원칙을 내세움

③ 1980년대 … 남한의 '민족화합 민주통일방안'과 북한의 '고려민주주의 연방공화국 방안' 제시

④ 1990년대 … 남·북한 간에 '화해와 불가침 및 교류 협력에 관한 합의서' 채택, '한반도 비핵화 공동선언' 채택

TIP
─────────────────────────

푸에블로호 납치 사건

미 해군정보함이 북한의 영해를 침범하자 1968년 1월 23일 미해군 정보수집함 푸에블로호(Pueblo 號)가 북한 원산항 앞 공해 상에서 북한으로 납치되었다. 미국은 미 승무원 82명과 유해 1구의 송환을 위해 푸에블로호의 북한 영해침범을 북한에 시인·사과하는 내용의 문서에 서명하였는데, 이는 후일 미국의회에서 정치문제가 되기도 하였다.

TIP
─────────────────────────

7.4 남북 공동 성명

첫째, 통일은 외세에 의존하거나 외세에 간섭을 받음이 없이 자주적으로 해결하여야 한다.
둘째, 통일은 서로 상대방을 반대하는 무력 행사에 의거하지 않고 평화적 방법으로 실현하여야 한다.
셋째, 사상과 이념, 제도의 차이를 초월하여 우선 하나의 민족으로서 민족 대단결을 도모하여야 한다.

(4) 통일을 위한 노력

① 7 · 4 남북 공동 성명(1972) ··· 평화 통일 3대 원칙 합의(자주 통일, 평화 통일, 민족적 대단결)→남북 조절 위원회 설치

② 전두환 정부 ··· 이산가족 고향 방문단과 예술 공연단 교환(1985)

③ 노태우 정부(1991) ··· 남북한 유엔 동시 가입, 남북 기본 합의서 채택(남북 사이 화해와 불가침, 교류와 협력)

④ 김영삼 정부 ··· 북한에 경수로 원자력 발전소 건설 사업 지원

⑤ 김대중 정부 ··· 대북 화해 협력 정책(햇볕 정책), 금강산 관광 사업 시작, 남북 정상 회담 개최(6.15 남북 공동 선언)

    ㉠ 6 · 15 남북 공동 선언(2000) : 남측의 연합제 통일안과 북측의 연방제 통일안의 공통성 인정

    ㉡ 개성 공단 건설, 이산가족 상봉, 경의선 복구 사업 진행

⑥ 노무현 정부 ··· 제2차 남북 정상 회담(2007)→10 · 4 남북 공동 선언

(5) 영토 문제와 역사 갈등

① 일본의 독도 영유권 주장 ··· 러 · 일 전쟁 중 독도를 일본 영토로 불법 편입→광복 이후 반환→일본의 독도 영유권 주장→국제 사법 재판소를 통해 국제 분쟁화→'시마네 현의 고시' 등 끊임없는 도발

② 중국의 동북 공정 ··· 중국 동북 지방의 역사를 중국의 역사로 편입하려 함→고구려와 발해를 중국의 지방 정권의 하나라고 주장→사료 확보, 국력 강화를 통해 대처해야 함

핵심 예상 문제

01 다음은 남북한 간 합의문 중 일부이다. 이 합의문의 특징으로 알맞은 것은?

> • 통일은 외세에 의존하거나 외세의 간섭을 받음이 없이 자주적으로 해결하여야 한다.
> • 통일은 서로 상대방을 반대하는 무력행사에 의거하지 않고 평화적 방법으로 실현하여야 한다.
> • 사상과 이념 제도의 차이를 초월하여 우선 하나의 민족으로서 민족적 대단결을 도모하여야 한다.

① 분단 이후 최초로 통일의 3대 기본원칙에 합의하였다.
② 내정간섭을 하지 않고 무력침략을 하지 않기로 하였다.
③ 호혜평등의 원칙하에 모든 국가에 문호를 개방하기로 하였다.
④ 국가적 실체를 인정하고 상호 화해와 불가침을 선언하였다.

정답 및 해설

01. 제시된 자료는 1972년 7 · 4남북공동성명의 민족통일 3대원칙의 기본 강령이다. 남북한 당국이 국토분단 이후 최초로 통일과 관련하여 합의 후 발표한 역사적인 공동성명으로, 당시 이후락 중앙정보부장과 김영주 노동조직지도부장이 서울과 평양에서 동시에 발표한 이 통일정책은 기존의 군사적, 이념적 대결에서 벗어나 조국통일의 올바른 원칙을 제시했다는 점에서 의의가 있다.
② 남북한 상호 불가침협정 체결제의에 대한 내용이다. (1974.1)
③ 6 · 23선언의 내용이다. (1973.6)
④ 남북한 화해와 불가침 · 교류 협력에 관한 합의서에 대한 설명이다.(1991.12)

▶ 정답 ··· 01.①

02 광복 이후 정부의 농지 개혁에 대한 설명으로 옳은 것을 보기에서 모두 고르면?

> ㉠ 무상 몰수, 무상 분배의 방식으로 시행
> ㉡ 농지 개혁법을 토대로 한 토지 국유화 추진
> ㉢ 전통적인 지주 · 소작제의 붕괴
> ㉣ 유상매수, 유상 분배의 방식으로 시행

① ㉠, ㉡   ② ㉠, ㉢

③ ㉡, ㉢   ④ ㉢, ㉣

03 1950년대 우리나라의 경제 상황과 관련된 내용을 〈보기〉에서 모두 고르면?

▌보 기▐
㉠ 삼백 산업 발달   ㉡ 미국의 경제 원조
㉢ 중화학 공업 발달   ㉣ 베트남 경제 특수

① ㉠, ㉡   ② ㉠, ㉢

③ ㉠, ㉣   ④ ㉡, ㉢

✅ 정답 및 해설

02. 이승만 정부는 유상매수 · 유상 분배의 방식에 따라 1가구 당 3정보로 토지 소유를 제한하여 농지 개혁을 시행하였다. 이로 인해 전통적 지주 · 소작제는 사라지고 많은 농민들이 자기 땅에서 농사를 지을 수 있었다.

03. 삼백 산업은 1950년대 한국 산업에서 중추적 역할을 했던 산업으로서, 제품이 흰색을 띠는 세 가지 즉, 밀가루 · 설탕 · 면직물을 지칭하는 말이다. 삼백산업은 전쟁 이후 경공업이 중심을 이루었던 시대에 정부의 보호 아래 독점적으로 성장한 대표적인 산업이었다. 당시 원료 구입 자금은 대부분 미국의 경제원조와 융자에 의존하였고, 원료 또한 해외에서 구입하였다. 그리하여 국내에서 가공한 생산품은 대부분 국내에서 소비하는 내수성 산업 구조였다.

▶ 정답 … 02.④ 03.①

04 다음 화폐 개혁에 대한 설명으로 옳은 것은?

> 정부는 2월 15일 대통령 긴급 명령 13호를 통해 전쟁으로 인한 생산력 저하와 전쟁 비용 증대로 인한 통화 팽창을 억제하기 위하여 긴급 통화 조치령을 발표하였다. 그때까지 써오던 원 단위의 화폐 유통을 중지하고, 환 단위의 새 화폐로 바꾸었는데, 128,000원이었던 쌀 한 말 값이 1,280환이 되었다.

① 제일은행권을 본위 화폐로 하였다.
② 경제 개발 자금을 마련하기 위하여 실시하였다.
③ 기존 화폐를 갑, 을, 병종으로 구분하여 교환해 주었다.
④ 화폐 남발로 인한 혼란과 인플레이션을 수습하기 위해 실시하였다.

 **정답 및 해설**

04. 1953년 정부는 '긴급통화조치령'을 발표했는데, 화폐 남발로 인한 혼란과 인플레이션을 수습하기 위해 실시하였으나 화폐가치가 1백원에서 1환으로 평가절하되면서 우리 경제는 극심한 혼란에 빠지게 된다.

▶ 정답 … 04.④

05 다음 자료에 나타난 민주화 운동에 대한 설명으로 옳은 것은?

> 국가의 미래요 소망인 꽃다운 젊은이를 야만적인 고문으로 죽여 놓고 그것도 모자라 뻔뻔스럽게 국민을 속이려 했던 현 정권에게 국민의 분노가 무엇인지를 분명히 보여 주고, 국민적 여망인 개헌을 일방적으로 파기한 4·13 호헌 조치를 철회시키기 위해 민주 장정을 시작한다.

① 자유당 정권을 무너뜨렸다.
② 야당 당수의 국회의원직 제명이 원인이다.
③ 긴급조치권이 발동되어 탄압받았다.
④ 대통령 직선제 개헌을 이루어냈다.

06 장발금지령이 시행되었던 시기의 사회상으로 옳은 것을 〈보기〉에서 고른 것은?

> **┃보 기┃**
> ㉠ 프로농구가 출범하였다.
> ㉡ 언론의 자유가 확대되었다.
> ㉢ 정권에 대한 저항 문화가 확산되었다.
> ㉣ 미니스커트의 단속도 함께 이루어졌다.

① ㉠, ㉡   ② ㉠, ㉢
③ ㉡, ㉢   ④ ㉢, ㉣

✅ **정답 및 해설**

05. 제시된 글은 1987년 6.10 국민대회 선언문이다. 전두환 전대통령의 4.13 호헌조치에 반대하는 박종철의 사망으로 기폭제가 된 6월민주항쟁을 기념하여 1987년 6월 10일 국민대회를 열고 당시의 선언문을 발표한 것이다. 6.10 선언 이후 노태우 전대통령이 6.29 선언으로 시민의 대통령 직선제 요구를 수용하였다.

06. 70년대 후반부터 박정희 대통령은 장발금지령과 미니스커트 단속을 함께 시행함으로써 국민의 일상을 통제했다. ㉠ 프로농구 출범은 1997년 김영삼 정부 때이다.

▶ 정답 … 05.④ 06.④

07 다음 ㈎에 대한 설명으로 옳지 <u>않은</u> 것은?

> 5·16 군사정변으로 성립된 군사정부는 '경제적 후진국의 극복과 국민경제의 균형적 발전 도모' 등을 기본 경제 정책으로 농어촌 고리채 정리와 부정축재 처리 등을 과감하게 추진하고, 1962년부터 ___㈎___ 을(를) 수립하여 우리나라의 지속적인 경제성장의 기틀을 마련하였다. ___㈎___ 의 성공적인 추진으로 국민 총생산은 연평균 7.6% 성장하였고, 기간산업도 확충되고 수출증대를 계속 추진하여 이른바 ' 한강의 기적' 을 이루었다.

① 정부주도형 경제정책이다.

② 공업건설에 집중적 지원이 이루어졌다.

③ 성장에만 치중하여 분배에 소홀하였다.

④ 외국자본에 의존하지 않고 자립적으로 이루어졌다.

 정답 및 해설

07. ㈎는 경제개발 5개년 계획이다.

제1~2차 경제개발 5개년 계획은 기간산업을 육성하고, 경공업의 신장에 주력하였으며 제1970년대 3~4차 경제 개발계획부터는 중화학공업의 육성에 주력하여 광공업 비중이 증가되었고, 공업구조가 경공업 중심에서 중화학 공업으로 변화하여 수출주도형 성장전략이 이뤄졌다. 경부고속도로를 비롯한 도로와 항만, 공항 등의 사회간접 시설이 확충되었으며, 간척사업과 작물의 품종개량으로 식량생산이 증대되었다. 수출이 비약적으로 증대하는 등 고도의 경제성장을 이루었으며, 국내 자본이 축적되어 외국자본에 의존하던 자본구조가 어느 정도 개선되었다. 그러나 소수 재벌에 의해 자본의 집중이 심화되었고, 국내산업의 수출의존도가 심해졌다.

④ 경제 발전을 위하여 외자도입을 적극적으로 추진하였다.

▶ 정답 ⋯ 07.④

08 다음 자료와 관련된 남한의 농지개혁에 대한 설명으로 옳지 <u>않은</u> 것은?

구분	총농지	자작지	소작제(비율)
1945년	2,226	779	1,447(65.0)
1951년	1,958	1,800	158(8.1)

① 임야 등 비경지도 포함하였다.

② 자본주의 경제 체제가 자리 잡기 시작하였다.

③ 지주제가 철폐되고 자영농 중심의 생산 체제가 형성되었다.

④ 소작 쟁의를 줄여서 사회적 · 경제적 안정에 크게 기여하였다.

 정답 및 해설

08. 제시된 자료는 남한의 농지 개혁 전후의 소작지 변화를 나타낸 표이며 ① 임야와 비경지는 제외하였다.

남한의 농지개혁은 1949년 6월 농지를 농민에게 적절히 분배함으로써 농가 경제의 자립과 농업 생산력의 증진으로 농민생활의 향상과 국민 경제의 균형 발전을 이루기 위해 실시되었다(경자유전의 원칙). 어느 정도 자작농이 증가하는 계기가 되었으며 지주층이 지가증권의 투매 등으로 산업자본가로 전환하는 계기가 되었고 일본인 소유의 공장 등은 민간에게 특혜 불하함으로써 신흥재벌 탄생의 계기가 되었다.

※ 남북한의 농지개혁 비교

남한	구분	북한
산림이나 임야 제외	대상	모든 토지
1949년 6월	농지개혁법 공포	1946년 3월
유상몰수 · 유상분배	원칙	무상몰수 · 무상분배
3정보	토지상한	5정보
6 · 25로 중단되었다가 1953년 완성	특징	농촌위원회가 주체

▶ 정답 ··· 08.①

서원각과 함께

꿈의 날개를 펴라

기업체 시리즈